G. Eisele

W0195467

3. 06. 2015.

# Zionismus

Christlich-jüdischer Wettlauf
nach Jerusalem

**Impressum:**

Ulrich Kadelbach

Zionismus
Christlich-jüdischer Wettlauf
nach Jerusalem

1. Auflage 2015
© by Gerhard Hess Verlag

**Gesamtherstellung:**

Gerhard Hess Verlag
www.gerhard-hess-verlag.de

Die Bilder im Inhalt wurden vom Archiv
der Württembergischen Landeskirche
zur Verfügung gestellt.

ISBN: 978-3-87336-481-3

# Zionismus

## Christlich-jüdischer Wettlauf nach Jerusalem

*Ulrich Kadelbach*

Gerhard Hess Verlag

„*Der geneigte Leser muß vor allen Dingen wissen,*
*dass es zwei gelobte Länder in der Welt gibt,*
*das eine ist das Land Canaan oder Palästina,*
*das andere ist Württemberg.*"

Christian Gottlob Barth
(1799-1862)

# DANK

*Geschichtsschreibung ist ein undankbares Geschäft, weil die Geschichte meist nur in Form von Interpretationen auf uns überkommt. Umso dankbarer bin ich den Interpreten, die mir den Weg zu den Quellen gezeigt oder erschlossen haben. An erster Stelle darf ich da Dr. Hermann Ehmer, den langjährigen Leiter des Landeskirchlichen Archivs in Stuttgart und Honorar-Professor an der Universität in Tübingen nennen, dem ich für seinen Rat und die kritische Durchsicht meines Manuskripts besonders dankbar bin. Ebenso Dr. Samir Akel, Professor für Pädagogik in Reutlingen und Ludwigsburg für seine langjährige Freundschaft und die tiefen Einblicke in die kulturellen, historischen und politischen Verhältnisse in Israel / Palästina. Besonderer Dank gilt Dr. Jakob Eisler von der Universität in Haifa und derzeit Mitarbeiter des Landeskirchlichen Archivs und des Historischen Instituts der Universität Stuttgart für seine Hilfe bei der Auswahl der Bilder und deren Bereitstellung aus den Beständen des Landeskirchlichen Archivs. Sein unerschöpfliches Wissen über die Beziehungen zwischen Württemberg und Palästina im 19. Jahrhundert erschließt neue Zugänge zum Verständnis der gegenwärtigen Situation hier wie dort. Danken möchte ich auch der „Stiftung Bücherei des Judentums" in Buchen / Odenwald für die Gewährung eines Sachstipendiums.*

*Nicht unerwähnt lassen möchte ich zwei, leider schon verstorbene Historiker, die mich auf den steinigen Wegen in die Wüsten nahöstlicher Vergangenheit begleitet haben. Professor August Strobel, von 1983 -92 Leiter des „Deutschen Evangelischen Instituts für Altertumswissenschaft des Heiligen Landes" in Jerusalem und Professor Alex Carmel, Historiker an der Universität Haifa und Gründer des „Gottlieb-Schumacher-Instituts zur Erforschung des christlichen Beitrags zum Wiederaufbau Palästinas im 19. Jahrhundert".*

*Ulrich Kadelbach*

7

# Inhalt

# Zur Einführung

Im Bewusstsein vieler Zeitgenossen ist die Judenpolitik der Machthaber des Dritten Reiches mit der sogenannten ‚Endlösung' im Holocaust der wesentliche Grund für die Entstehung des modernen Staates Israel. Sicher war diese Katastrophe sui generis in der gesamten Menschheitsgeschichte dann das entscheidende Ereignis, das den langen Prozess jüdischer Selbstfindung für immer unumkehrbar machte. Die dafür entscheidenden Kräfte entwickelten sich aber schon im 19. Jahrhundert. Ohne dessen Entwicklungen wäre die Gründung des Staates Israel nicht in dieser Vehemenz und in diesem Tempo voran gegangen. Selbstverständlich hatten diese Entwicklungen auch schon ihre Vorgeschichte. Ihre Verdichtung aber im 19. Jahrhundert ließ eine Bewegung entstehen, die nicht mehr aufzuhalten war und konsequent ein klares Ziel verfolgte. Die zunächst auf die europäischen Länder beschränkte Judenemanzipation zu Beginn des 19. Jahrhunderts ist ein Kind der Aufklärung, und der Nationalismus die Konsequenz aus Napoleons gescheiterten Machtansprüchen. Die erwachende christliche Sehnsucht nach dem Heiligen Land entsprang schon dem Pietismus im 18. Jahrhundert und der aus ihm hervorgegangenen Erweckungsbewegung im 19. Jahrhundert. Mit der Befreiung Palästinas durch Ibrahim Pascha 1831/32 begann der unaufhaltsame Zustrom von Europäern: Siedler, Handwerker, Pilger, Touristen, Mönche, Nonnen, Diakonissen und Missionare. Nirgends hat es so viele Missionare wie damals in Jerusalem gegeben. Auch das große Interesse der europäischen Regierungen wurde entfacht. Graf Helmuth von Moltke schlug sogar vor, in Palästina einen deutschen Fürsten an die Spitze der Verwaltung zu setzten.

Neben den politischen Konstellationen und Bedingungen spielte die Entfaltung der Presse im 19. Jahrhundert eine wesentliche Rolle, sowohl beim Aufbruch der Christen nach Palästina als auch beim ungeahnten Wachstum des zionistischen Gedankenguts und seiner

Umsetzung in die Tat. Die Juden hatten die besondere Bedeutung dieses Mediums zuerst erkannt. Vor allem Tagespresse und Periodika waren hier erfolgreich. Die Zeit der mäßig erfolgreichen Flugblätter war endgültig vorbei. Dazu kam, dass die religiöse Presse im Gegensatz zur weltlichen kaum der Zensur ausgesetzt war. Die meisten innerjüdischen Dispute des 19. Jahrhunderts finden ausschließlich in diesen Publikationen statt. Ein Hauptteil meiner Recherchen widmet sich darum der Presse auf jüdischer wie auf christlich-pietistischer Seite. Dabei ließen sich ausführliche Zitate nicht immer vermeiden.

Und schließlich sind die Judenpogrome vorwiegend in Osteuropa im letzten Drittel des 19. Jahrhunderts ein letzter und entscheidender Impuls zum zionistischen Aufbruch. Neben der Darstellung der europäischen Judenemanzipation, den Judenpogromen und dem Zionismus, wird eine Hauptaufgabe dieser Untersuchung sein, die Berührungspunkte jüdischer und christlicher Messias-Hoffnungen zu orten und die Reaktion der Juden auf die zunehmende Auswanderung christlicher Gruppen nach Palästina im 19. Jahrhundert zu erkunden, ebenso die Reaktion christlicher Gruppen und Organisationen auf den jüdischen Aufbruch nach Palästina. Juden wie Christen berufen sich auf biblische Quellen. Beide erheben einen religiös begründeten Anspruch auf das Siedlungsrecht in diesem Lande. Es ist zu vermuten, dass die seinerzeit zunehmende Siedlungstätigkeit der Christen im Heiligen Land ein nicht zu vernachlässigendes Movens für das erneute Erwachen der Zionssehnsucht der Juden war. Der Zionismus ist einer langen religiösen Tradition entwachsen, die ihre Wurzel in biblischer Weissagung hat. Wenn im Folgenden mit dem Begriff „Zionismus" gearbeitet wird, so im Bewusstsein, dass er in der heute gebräuchlichen Weise erst 1890 von dem jüdischen Journalisten Nathan Birnbaum aus Wien geprägt wurde. Der eigentliche Zionismus, der durch Theodor Herzl zu einer nicht mehr aufhaltbaren Entwicklung wurde, gilt allgemein als eine rein säkulare Bewegung, die aus dem europäischen Nationalismus hervorgegangen ist. Viel zu wenig wird dabei aber dem Einfluss der Judenemanzipation Rechnung getragen. Die Judenemanzipation war in der ersten Hälfte des 19. Jahrhunderts ein Ziel vieler europäischer Staaten zur konsequenten Integrierung der Juden. Der letztlich aus der Aufklärung hervorgegangene Gedanke wurde in der Französischen Revolution aufgegriffen und ab Mitte des Jahrhunderts von den europäischen Regierungen nach und nach realisiert und in Gesetzen festgeschrieben. Mit diesen Gesetzen zur Judenemanzipation war beabsichtigt, die Juden zu integrieren. Mehr oder weniger bewusst wurde dabei der Verlust jüdischer Identität angestrebt, zumindest aber in Kauf genommen. Noch 1954 schreibt der 1884 in Ostpreußen geborene Jude Kurt Blumenfeld in einem Brief vom 12. Dezember an Schalom Ben-Chorin: „Der Sinn des deutschen Zionismus besteht in der Durchsetzung des Gedankens, dass Juden keine Deutschen sind." Ein weiteres Movens für die zionistische Sammlung der Juden zum Aufbruch nach dem Heiligen Land war das starke Erwachen christlicher Zionssehnsucht. Weil pietistische Kreise sich selbst nun als das „wahre" Volk Gottes verstanden und darstellten, war für die Juden ein weiterer Impuls für ihren ureigensten Anspruch auf das Heilige Land gegeben.

Wenn in „Die Warte des Tempels", der 1845 gegründeten Zeitschrift der pietistischen Templer von „vielen Berührungspunkten" zwischen Zionismus und ‚Tempel' die Rede ist, so zeigt dies das Wohlwollen gegenüber den Juden und ihrer Rückkehr nach Palästina. Die theologische Begründung des jeweiligen Siedlungsprojektes im Heiligen Land aber bleiben beide Seiten schuldig. Für die Templer ist es ihr Selbstverständnis als „Volk Gottes". Dass der jüdischen Siedlung ein anderes Verständnis von „Volk Gottes" zugrunde liegt, ist nie konsequent zwischen beiden Seiten theologisch aufgearbeitet worden. Vermutlich ist die Zurückhaltung jüdischer Kritik an den deutschen und christlichen Siedlern in Palästina nicht zuletzt den politischen Gegebenheiten angesichts deutscher Nahost-Politik im ausgehenden 19. Jahrhundert und im Vorfeld der sich anbahnenden Völkerfeindschaften, die zum 1. Weltkrieg führten, zuzurechnen. Dabei wurden nicht nur die traditionellen Vorbehalte zwischen Juden und Deutschen hintangestellt, sondern auch dieselben Gegner ihrer Siedlungstätigkeiten, nämlich die Araber, ausgemacht. Auch sah man sich der osmanischen Herrschaft gegenüber im selben Boot.

Das Verhältnis zwischen jüdischen und christlich-pietistischen Siedlern in Palästina war so wechselhaft, vielschichtig, gelegentlich auch widersprüchlich, dass es sich meines Erachtens einer stringenten Darstellung entzieht. Aber gerade darin zeigen sich auch die schon immer komplizierten und empfindlichen Beziehungen zwischen Juden und Christen. Auch innerhalb christlicher Gruppen gibt es weitreichende Unterschiede, die sich bis heute an den verschiedenen Beurteilungen der Politik des modernen Staates Israel festmachen lassen.

Mit Beginn der großen Bewegung des Zionismus Ende des 19. Jahrhunderts wurden die Größen- und Machtverhältnisse der Kolonistenkontingente in Palästina so eindeutig, dass für die Juden die christlichen Siedler und deren Aktivitäten nicht mehr als eventuelle Konkurrenz wahrgenommen wurden. Gleichzeitig aber wuchs mit dem nationalen auch das moralische Selbstbewusstsein. 1898, schon ein Jahr nach dem ersten Zionistenkongress heißt es in der zionistischen Wochenzeitschrift „Die Welt" (Nr. 27, Seite 2): „Vielleicht ist dem Judentume noch die ‚Mission' beschieden, anderen Völkern ein Vorbild dafür zu werden, wie man Toleranz übt!" Dieser hohe Anspruch gehört zur Wirkungsgeschichte der biblischen Erwählung des Volkes Israel. Sicher hat die Erwählung immer wieder im Lauf der Geschichte Israels die Verpflichtung zur eigenen Moral, etwa im Umgang mit Fremdlingen und Benachteiligten, in Erinnerung gebracht. Wo dies aber in Vergessenheit geriet, drohte die Gefahr von Selbstüberschätzung, mitunter sogar von Überheblichkeit. So heißt es in „Die Welt", Nr. 1 vom Januar 1900: „Heute gehört es zum Kolonisationsprinzip, da ‚draußen' Männer hinzusenden, die entweder daheim nicht

gut getan haben oder aber doch solche, die lediglich die Geschäfts-
interessen der Heimat vertraten. Das muss und wird bei uns anders
sein. Wir wollen nicht Ausbeuter sein im Lande unserer Väter, sondern dessen Beglücker. Und die eingesessene Bevölkerung wird den
Tag segnen, an dem wir ins Land kamen."

# Pietistische Sehnsucht nach Jerusalem

Die Idee vom Tausendjährigen Reich (Chiliasmus) und vom Neuen Jerusalem ist in der Offenbarung des Johannes, Kapitel 20 und 21 überliefert. Sie hat ihre Wurzeln schon in der spätjüdischen Eschatologie. Seit jener Zeit reißt die Geschichte der Auslegung dieser endzeitlichen Vorstellungen und deren spekulativer Berechnungskünste nicht mehr ab, ebenso das Ringen um den eigentlichen Wert dieser Visionen für den Weg der Kirche. Luther hatte nicht viel für die Johannesapokalypse übrig. Im 17. und 18. Jahrhundert kam der Chiliasmus im Protestantismus allmählich wieder ins Bewusstsein. Namen wie Johann Valentin Andreae, Johann Albrecht Bengel und Friedrich Christoph Oetinger sind da zu nennen. Aber erst im 19. Jahrhundert entfaltete sich der Chiliasmus zu einer großen Bewegung, die vor allem im Pietismus Fuß fasste. Mit dem apokalyptischen Begriff des Chiliasmus (= Tausendjähriges Reich) konnte der sehnsüchtige Blick vom Himmel weg auf die Erde, auf ein konkretes Land, auf ein kurz bevorstehendes Zeitalter gerichtet werden. Und dieses Land war zum einen das Land, in dem ‚Milch und Honig floss‘, zum andern aber auch ein Land, das im Lauf der Geschichte völlig heruntergekommen war, in dem also Pioniergeist und Tatendrang gefragt waren. Insbesondere die weite Verbreitung des Romans „Heimweh" von Heinrich Stilling sorgte dafür, dass der Gedanke vom Aufbruch in die wahre Heimat des Christen bei den Menschen an der Basis ankam und virulent wurde. Er sucht die Menschen zum Aufbruch aus dem „Land der Fremdlingschaft" in die wahre Heimat eines Christen zu bewegen: „Meine und aller rechtschaffenen Christen Empfindung in den gegenwärtigen Zeiten, hat viel ähnliches mit dem natürlichen Heimweh; man möchte sich fertig machen, und nach Haus reisen: denn wahrlich! Es wird einem schwer, länger in diesem Lande der Fremdlingschaft auszuhalten, wo man alles dulden will, und dulden soll, nur die Christen nicht; wo man wohl ungeneckt Christum lästern, aber nicht frei mehr bekennen darf, und wo man Freiheit, Gleichheit und Brüderschaft zum Ziel hat, die Christen aber davon ausschließen will; sollte man da nicht das Heimweh im höchsten Grad bekommen?" (H. Stilling, Der Schlüssel zum Heimweh, Frankfurt und Leipzig 1805, S. XV/XVI). „... ist nicht jetzt die ganze wahre christliche Kirche heimwehkrank. – jetzt da ihr gar ihre Pfleger, ihre Lehrer, vom Wein der babylonischen Hure zu trinken geben wollen, und wenn sie ihn nicht mag, sie verdursten lassen." (S. XVII) Stilling sieht sich in einer Tradition stehen: „Aber, meine Brüder! – wir Kreuzordensritter dürfen ganz und gar nichts unternehmen, bis es uns unser Großmeister befiehlt; der übersieht das Ganze, er weiß allein zu sagen: Jetzt ist gerechte und vollkommene Zeit! Jetzt ist Mitternacht!" Über die zeitgenössischen Verführer schreibt Stilling: „sie sind die leibhaften Pharisäer zu Christi Zeiten." (S. XIX-XX) Im Folgenden geht Stilling nun auf den Heimweh-Roman selbst ein: „Der Schauplatz... ist eine ländliche Gegend, zur Zeit der sterbenden Natur, im Herbst; hierdurch wird vorgestellt, dass ein Mensch, der den wahren Weg der Heiligung einschlagen und seine Reise nach dem ewigen Vaterland antreten will, sich aus dem städtischen Geräusch der verfeinerten Sinnlichkeit, gleichsam hinaus aufs Land, in die einfache, aber sterbende Natur begeben müsse: denn er muss im Herbst derselben lernen, dass er hier keine bleibende Stätte habe, sondern die künftige suchen müsse."

Der Erzähler steht vor Jerusalem und klagt: „Trauriges Urbild des Reiches Gottes auf Erden! – wie rein und kahl ist deine Herrlichkeit dahin, wie mit Besen weggekehrt! – Ist Jerusalem auch eine Leiche im Grabe, in der es von Würmern wimmelt, wie in Rom und Konstantinopel? – Ach nein! – Adler und Geyer haben sie so rein aufgezehrt, dass kein Knöchelchen mehr von ihr zu finden ist... Dürre! Dürre! Ist um Jerusalem her... Der Ölberg hat keine Ölbäume mehr, der Fluch, der den Feigenbaum traf, hat die ganze Gegend versengt; und der Blutschweiß in Gethsemane hat alle Wurzeln ausgetrocknet, so dass kein Sperrling mehr Schatten finden könnte. Wo wohl die hundert und zwanzig starken Türme, und die ungeheuren Steine ihrer Mauern hingekommen sein mögen? – Steine verfaulen doch nicht? – überall findet man Ruinen von früher zerstörten Städten, aber hier keinen Stein mehr! Sollte wohl Jerusalem wieder gebaut, und solch eine Königsstadt werden wie ehemals? Ich musste meinen Freunden Jerusalem zeigen, denn es ist eine große Frage, ob sich wieder eine Gelegenheit dazu darbieten wird?" Warum die Deutschen in besonderer Weise berufen sind, beschreibt Stilling im 3. Band auf Seite 415: „...weil Deutschland, so wohl in Ansehung der Bevölkerung, als auch der solideren Kenntnisse die Mutter des übrigen Europas ist, wenn ich Russland, Polen, Ungarn und Böhmen ausnehme. Sogar Italien ist vor den griechischen Besitznehmungen ursprünglich eine deutsche Kolonie. Jede alles umfassende Entdeckung, in der Religion, Philosophie, und anderen Künsten und Wissenschaften ist deutschen Ursprungs, und der deutsche National-Charakter ist auch unter allen Europäischen der geschickteste zu allem was mit zur Menschen-Bestimmung wirkt."

Das Ziel des Heimwehs ist das Land Solyma (Hierosolyma, griechisch = Jerusalem). Darüber heißt es: „für jetzt wohnte niemand darinnen: denn die Vorsehung hatte es zu dem großen Zweck, zu dem es jetzt gebraucht werden sollte, aufgespart." (Band 4, 1796, S. 13) „Von nun an wird dich dein Heimweh nicht mehr zum Reisen sondern zum Wirken antreiben" wird dem Anführer Eugenius gesagt (S. 17). „Jetzt ließ er unter den Deutschen ausrufen, dass sie, so bald als sie seine Fahne steigen sähen, das bekannte Lied anstimmen möchten, Lobet den Herren den mächtigen König der Ehren" (S. 19) „Die Charte von Solyma, die Eugenius vom hohen Rath bekommen hatte, war sehr genau; Städte und Dörfer konnte sie nicht enthalten: denn deren waren noch keine da... Das Fürstentum Solyma enthielt 300 Quadratmeilen... so kamen auf eine deutsche Quadratmeile 333 bis 334 Haushaltungen, und auf eine Familie also 80 Morgen Landes." (S. 24) Für die schlichten zeitgenössischen Leser war Stillings „Heimweh" faszinierend. Es beschrieb nicht nur eine Reise in ein fernes exotisches Land im Stil eines mittelalterlichen Ritterromans, sondern es weckte Hoffnungen auf eine eigene Teilnahme, sogar mit der sehr realistischen Aussicht auf konkrete Landzuteilung. Es ist verständlich, dass sich diese Lektüre weit verbreitete und großer Beliebtheit erfreute. Es ist auch festzustellen, dass sich die darin gemalten Bilder und Motive verselbständigten und weitergegeben wurden.

Auch Johann Jacob Friederichs Schrift „Siegesgeschichte der christlichen Religion" war viel gelesen. Darin wagt er, Bengel folgend, die Bilder der Apokalypse des Johannes selbst zu deuten und der christlichen Geschichte zuzuordnen. Die dort in Kapitel 9, 3 erwähnten Heuschrecken sind für ihn die Kreuzfahrer, die den Orient überfielen. Das „Sonnenweib" von Kapitel 12, 1 interpretiert er folgendermaßen: „Ich bin gründlich und mit Gewissheit überzeugt, dass diese evangelische Brüderunität... noch immer das Sonnenweib und die Pflanzschule des nun bald einbrechenden herrlichen Reichs Christi auf Erden sei." (Jung Stilling, Sämtliche Schriften III, zitiert nach G. Leibbrandt, S. 56). Die Engel in Offenb. 14 interpretiert er als Gestalten der evangelischen Tradition: Der 1. Engel ist für ihn Martin Luther, der 2. Jakob Böhme und der 3. August Hermann Francke.

Die Wirkung der Schriften Jung-Stillings darf nicht unterschätzt werden. Sie waren weit im Volk verbreitet und oft genug kritisch von Seiten der kirchenleitenden Organe bewertet worden. Als Beispiel dafür eine Stellungnahme des Dekanatsamts Waiblingen: „Zuhaus werden die Schriften von Jung-Stilling sehr häufig gelesen, vorzüglich die, worin einseitige und doch mit Bestimmtheit ausgesprochene Weissagungen bis zum Ekel vorkommen. Dadurch wird ihre Phantasie erhitzt, ein intoleranter Geist begründet und von wichtigen Dingen abgehalten. Von manchen möchte man sagen, dass sie mit wahrer abgöttischer Verehrung an ihrem Jung hangen. Vorzüglich scheint die Schrift ,der graue Mann' für das Volk zu sein, weil dort ein überirdisches Wesen auftritt und als solches dargestellt wird, welches den Verfasser über künftige Dinge belehrt. Das Volk hält sich für fest überzeugt, dass dieses keine Fiktion sei, sondern dass wirklich ein Engel mit dem Jung rede... Wegen dieser abgöttischen Verehrung müssen engherzige, einseitige und intolerante Ideen in solchen Anhängern entstehen." (zitiert nach G. Leibbrandt, die Auswanderung aus Schwaben...)

Im Halleschen und Herrnhutschen Pietismus spielte der Chiliasmus mit seiner Endzeiterwartung keine besonders große Rolle. Umso mehr bei den Pietisten in Württemberg. Hier muss an erster Stelle Johann Jakob Friederichs Schrift „Glaubens- und Hoffnungsblick des Volkes Gottes in der antichristlichen Zeit" hervorgehoben werden, die 1800 anonym erschien. Friederich war Pfarrer in Winzerhausen bei Beilstein. Mit seiner Endzeiterwartung beeinflusste er unzählige Gläubige in seinem Umfeld und bald weit darüber hinaus. Neben geradezu fantastischen Bildern eines paradiesischen Friedensreiches im Heiligen Land entwirft er eine auf alle Auswanderer wartende Zukunft: „Wir, die wir uns nach Jerusalem im Land Israel werden begeben haben, sind alsdann vor allen anderen Gläubigen, die nicht dahin gezogen, vorzüglich... wir werden die Erstlinge in der neuen christlich-israelitischen Haushaltung Gottes und werden zuerst der großen Güter des tausendjährigen Reiches teilhaftig." (S. 88)

Aber seine Beurteilung der zeitgenössischen Großwetterlage hinsichtlich der Juden ist durchaus realistisch, schon fast ein Jahrhundert vor Theodor Herzls Vision. So schreibt er also schon um 1800: „Ganz gewiss werden in kurzer Zeit von Seiten der europäischen Regierungen die Juden die Erlaubnis bekommen, in ihr altes Vaterland zurückzukehren, unter Garantierung der europäischen Mächte, um daselbst ihre eigene Staats- und Kirchenverfassung wieder herzustellen." So sahen sich also auch Christen durch die virulenter werdende Aufbruchstimmung unter den Juden herausgefordert, sich nach dem gelobten Land hin zu orientieren.

Wie virulent der Wunsch zur Auswanderung chiliastisch geprägter Christen, aber auch anders motivierter Untertanen im Königreich Württemberg wurde, zeigt sich darin, dass König Friedrich 1807 die Auswanderung grundsätzlich verbieten ließ.

Die schwärmerischen Visionen Johann Jakob Friederichs vom Reich der Endzeit in Palästina stießen jedoch auch auf nüchterne Kritik innerhalb der Pfarrerschaft. Sein Kollege Johann Gottfried Pahl aus Affalterbach war der Ansicht, seine chiliastischen Spekulationen seien „bis ins Abenteuerliche" abgehoben. Der Vikar aus dem Nachbarort Oberstenfeld, Jonathan Friedrich Bahnmeier, plädierte dafür, die Menschen nicht zur Auswanderung zu verführen, sondern sie dazu zu bewegen, sich im eigenen Land für das Reich Gottes einzusetzen, „Apfelbäumchen statt Orangenhaine" zu pflanzen.

Friederich war, wie viele seiner Zeitgenossen, von Fluchtgedanken beeinflusst. Die politische Situation in Württemberg empfand er als „babylonisch", die aus Frankreich herübertönenden Gedanken als verabscheuungswürdig. „Wenn Babylon anfängt zu republikanisieren ... so weiche man, sobald der Herr eine Türe ins Land Israel aus den antichristlichen Ländern..." (Zitiert nach R. Föll, Sehnsucht nach Jerusalem, S. 63). Diese Flucht hatte bei ihm von Anfang an ein klares Ziel. Sein Zufluchtsort konnte nirgends anders als in Kanaan sein. Zwischendurch kann er sich auch einmal Russland als Ziel vorstellen. Aber letztlich siegte bei ihm wieder die biblische Verheißung und das Land Israel, in dem in naher Zukunft das tausendjährige Reich anbrechen werde. R. Föll weist ausdrücklich darauf hin, dass Friederich meist vom „europäischen" und nicht vom deutschen Beitrag zur Zivilisierung in Kanaan spricht. Das ist für sie ein eindeutiger Hinweis, dass diese Gedanken noch vor der Zeit des zunehmend um sich greifenden Nationalismus zu Papier gebracht wurden. Der Kontext für Herzls Zionismus war ein völlig anderer. Der Nationalismus hatte nicht nur zu den Nationalstaaten geführt, sondern auch staatenlose Ethnien und Minderheiten erfasst. Es ist aber auch ein Hinweis darauf, dass schon vor dem raumgreifenden Nationalismus sowohl unter Christen als auch unter Juden eindeutige geografische Zielvorstellungen herrschten. Der Zionismus ist nicht nur eine Konsequenz aus dem Nationalismus, sondern hat tiefere, sowohl historische als auch religiös-biblische Wurzeln. Bemerkenswert ist, dass Friederich die Verheißungen für das Volk der Israeliten an erster Stelle nennt, sie aber alsbald auch für die Christen in Anspruch nimmt. Ein halbes Jahrhundert später werden in der „Süddeutschen Warte" die Akzente neu gesetzt. Als „Volk Gottes" werden dort zuerst die Christen und dann noch die bekehrten Juden gewertet. Aber Friederich stellt „die Exklusivität Israels" stark in den Vordergrund (Föll S. 65). Er beruft sich gern auf Friedrich Christoph Oetingers „Biblisches und Emblematisches Wörterbuch" von 1776. So zitiert er auf Seite 598: „Wie der Tempel eigentlich zu nehmen, so ist auch der Gottes-Dienst, Priester, Opfer und Feste" um dann nach einer Auslassung, ohne dies zu kennzeichnen, fortzufahren: „Nun kommt manchem in den Sinn, dies sei zu körperlich... wer aber in das Innerste des Neuen Testaments hinein sieht, der sieht, dass das Körperliche zur Hauptsache gehört... Das Geistliche ist nicht ohne körperliche Gestalt." Das ist zwar die mit dem Zitat zu belegende Aussage. Der ausgelassene Satz aber lautet: „Es ist dieses nicht der Tempel des Zerobabels, der schon erfüllt ist, die Erfüllung des Tempels Ezechiels ist erst künftig". Diese Gegenüberstellung hat bei Oetinger eine besondere Bedeutung, die eben nicht ausgeblendet werden darf. Dabei zeigt sich nämlich, wie sich Friederichs Chiliasmus nicht klar genug gegenüber den neutestamentlichen Vorstellungen vom „Reich Gottes" abgrenzt. Bengel schreibt in der 2. Auflage seiner „sechzig erbaulichen Reden über die Offenbarung Johannis..." von 1758, S. 201: „Man muss aber hierbei keine irdischen Gedanken haben, dergleichen viele schon längst gehabt, da sie vermeinten, der HErr JEsus werde vor dem jüngsten Tag vom Himmel herabkommen, und mit den Genossen der ersten Auferstehung in sichtbarer Gegenwart ein Reich auf Erden aufrichten und führen. Das ist nicht: es wird ein geistlicher guter Zustand der christlichen Kirche auf Erden seyn, die... ihren Wandel nicht im Schauen, sondern noch im Glauben haben...“

# Das messianische Reich

Der messianische Glaube wartet auf das Kommen eines Erlösers, der als neue Ordnung Frieden und Gerechtigkeit bringen wird. Vermutlich reichen die ältesten Wurzeln dieser Vorstellung zurück in Mythen von Heilsbringern der altorientalischen Umwelt des Alten Testaments. Bei der Inthronisierung von Königen der Großreiche, Ägypten, Assur und Babylon wurden solche Visionen im Ritual vorgetragen. Im Alten Testament ist die Messias-Erwartung „fest an die in der Rückschau glorifizierte Davidsgestalt geknüpft" (Religion in Geschichte und Gegenwart, 3. Auflage). Allerdings sind diese Vorstellungen und Erwartungen schon in alttestamentlicher Zeit nie einheitlich gewesen. Der auf uns überkommene Messias-Glaube ist im Judentum beheimatet. Die vermutlich älteste Tradition ist im Spruch über Juda (1. Mose 49, 8-10) im sogenannten Jakobsegen erhalten. Auch die paradiesische Vegetation in Vers 11-12 gehört dazu. Der Titel Messias bezeichnet einen von Gott beauftragten Menschen, der sich für Gottes Volk einsetzt. Anfänglich waren da immer Könige gemeint. Mit der Zeit aber auch Hohepriester und mitunter sogar von Gottes Geist besonders inspirierte Propheten. Erst als das israelitische Königtum durch die Babylonier endgültig abgeschafft worden war, wurde die Vision von einem Friedensbringer in die Endzeit projiziert. Als weitere wichtige Messias-Weissagungen gelten drei Stellen im Jesaja-Buch: 1.) 7, 10 ff.: Die Geburt des Immanuel von einer Jungfrau. 2.) 8, 23 – 9, 6: Die Verheißung des Friedefürsts. 3.) 11, 1 – 10: Das Friedensreich kommt aus der Wurzel Jesse. Auch hier spielen verschiedene Hoheitstitel eine wichtige Rolle. Weiter müssen genannt werden: Micha 5, 1 ff, wo Bethlehem als Stammsitz der Davididen eine zentrale Rolle spielt. Auch bei Jeremia (23, 5 ff.), Ezechiel (17, 22 f.; 34, 23 f.; 37, 24 f.) und Sacharia (4, 6 ff.) finden sich Messias-Verheißungen. Ob die Knecht-Gottes-Lieder des Jesaja zu den messianischen Weissagungen zu rechnen sind, ist umstritten. Weiterhin erschwert das häufige Ineinander von national-partikularer und universaler Messias-Erwartung eine differenzierte Klassifizierung. Ein wichtiger Gedanke ist auch aus der iranischen Vorstellung von den vier Weltzeiten in den jüdischen Messias-Gedanken eingedrungen. Allen vier Äonen ist ein Heilsbringer zugeordnet. Der Heiland des letzten Zeitalters wird die Vollendung bringen. Die Septuaginta, die griechische Übersetzung des Alten Testaments gibt ‚Messias' = ‚der Gesalbte' immer mit ‚Christos' wieder. Diesen Titel gaben die frühen Christen Jesus von Nazareth. In der christlichen Rezeptionsgeschichte gibt es eine vielfältige Überlagerung von Messias-Weissagung, tausendjährigem Reich und Reich Gottes. Das eine Mal sind diese Vorstellungen auf die Zeit vor dem Weltende gerichtet, das andere Mal sind sie der Beginn einer vollkommen neuen Zeit. Oft genug wird auch das himmlische Jerusalem falsch verstanden und mit einer glückseligen Zeit auf dieser Erde verbunden. In der Johannes-Apokalypse aber beginnen mit dem vom Himmel herabkommenden Jerusalem der neue Himmel und die neue Erde. Weil hier oft in willkürlicher Auslegung Irrwegen Tür und Tor geöffnet wurden, konnte kein ernsthafter Dialog weder mit andersdenkenden Christen, noch mit Juden geführt werden.

# Chiliasmus

Chiliasmus ist die unter Christen und Juden verbreitete Glaubensvision, die Weltgeschichte ende mit einem goldenen Zeitalter von tausend Jahren. Das werden nur die Gerechten aller Zeiten erleben, die dazu wieder vom Tod erweckt werden. Diese Gedanken gehen zurück auf die Apokalyptik des Spätjudentums. Da herrschten zwei unterschiedliche Enderwartungen. Eine, die sich nur auf die Juden selbst bezog, die nach einem Endkampf als Gerettete im Reich des Messias leben werden. Die andere Hoffnung war universal. Erst durch den Weltuntergang werden die Ungerechten aller Völker vertilgt sein. Die Gerechten werden zu neuem Leben erweckt. Nicht selten gab es Mischformen dieser beiden Vorstellungen, etwa indem man vor dem Weltuntergang noch ein messianisches Zwischenreich erwartete. Auch in der Offenbarung des Johannes sind solche Hoffnungen auf ein messianisches Zeitalter von tausend Jahren überliefert. Von hier aus hat sich die christliche Theologie immer wieder für diesen Gedanken einnehmen lassen. Die wenigen anderen Stellen im Neuen Testament sind kaum dafür als Beleg anzuführen. In der Ostkirche spielte der Chiliasmus keine wesentliche Rolle. Im Westen aber hat er noch lange das theologische Denken beeinflusst. Augustin glaubte noch, das tausendjährige Reich würde sich zwischen dem Erdenleben Jesu Christi und seiner Wiederkunft erstrecken. Man glaubte deshalb, bei der Jahrtausendwende würde das Weltende kommen. Weder in der katholischen noch in der lutherischen Lehre von der Kirche hatte der Chiliasmus einen Platz. Nur die Schwärmer im 16. Jahrhundert ließen sich davon infizieren. Auch im 17. Jahrhundert fand diese Idee bei den Böhmischen Brüdern Anklang. Der Pietismus ließ sich dann in besonderer Weise auf solche endzeitlichen Szenarien ein, mit zum Teil fantastischen Berechnungen und Spekulationen. Im 19. Jahrhundert entfaltete sich die Apokalyptik in vielen Ländern Europas zu einer Vielfalt positivistischer Endzeitszenarien, die zum Aufbruch nach Osten verlockten und verführten. Die Motivation hierzu erwuchs in der Suche nach einer neuen Identität, die den Christen den Aufbruch erleichterte: Die Berufung ins Volk Gottes. Hier beginnt eine ganz neue Wahrnehmung des Judentums. Daraus folgt zum einen eine neue Sensibilisierung für das Volk des Alten Testaments, aber gleichzeitig auch ein Prozess der eigenen Identitätssuche als Volk Gottes. Sollte sie in der Abgrenzung gegen das Judentum zu finden sein, oder als dessen Ergänzung? Hier ist der Beginn einer bis heute anhaltenden Suche nach theologisch glaubhaften Modellen, die als Standortbestimmung der eigenen Position benützt werden. Im Wesentlichen haben sich fünf Modelle der sogenannten Substitutionstheologie herausgebildet, die alle davon ausgehen, dass das Judentum enterbt und durch das Christentum ersetzt wurde. Dabei aber gibt es die fünf folgenden Varianten:

Im „Ersatzmodell" versteht sich das Christentum als neues Gottesvolk, das Israel ersetzt, weil es dessen Verheißungen geerbt hat. Der alte Bund ist für immer zerbrochen.

Beim „Integrationsmodell" sieht sich das Christentum zwar auch selbst als Volk Gottes, allerdings nimmt es einen „heiligen Rest" der Juden auf, die sogenannten Judenchristen, die es schon seit der Urgemeinde gibt.

Im „Typologiemodell" verstehen die Christen das Volk Israel als Vorläufer der Kirche bis zum Erscheinen Jesu Christi. Das Alte Testament enthalte Typologien, die auf Jesu Wirken und das Entstehen der Kirche hinweisen. Ein Beispiel: Israels Flucht aus der ägyptischen Knechtschaft sei ein Hinweis auf die Befreiung der frühen Kirche aus der Knechtschaft des jüdischen Gesetzes.

Das „Illustrationsmodell" will auf das negative Beispiel Israels hinweisen, das Gottes Zorn und Gericht verdient habe. Vor diesem Hintergrund müsse die Christenheit Gottes eigentliches Gnadenangebot entdecken.

Im „Subsumtionsmodell" wird Israels besondere Gottesbeziehung nur als Beispiel für das Wissen aller Menschen über Gott gewertet.

# Zion

Durch Davids Eroberung der Jebusiterstadt und die geniale Tat der Überführung der Bundeslade auf den Zionsberg bekamen die israelitischen Stämme erstmals ein gemeinsames Zentrum. Durch den Tempelbau Salomos wurde der Zion zum ewigen Wohnsitz Gottes auf Erden. Um ihn entwickelte sich eine Zionstradition, die ihren Niederschlag in zahlreichen Prophetenworten und Psalmen fand. Auch die Endzeiterwartung der frühen Christen war daraufhin ausgerichtet. Als die Babylonier den Tempel 586 v. Chr. zerstört und einen großen Teil der Judäer ins Exil geschickt hatten, wuchsen deren Erinnerungen und Sehnsüchte im Blick auf ihren Zionsberg. Zion wurde zum Synonym für die Vision einer künftigen Rückkehr. Der Psalm 137 ist hier wohl das bekannteste Zeugnis jener Zeit: „An den Wassern zu Babel saßen wir und weinten, wenn wir an Zion gedachten"(V.1). Die Babylonier baten sie sogar: „Singt uns ein Lied von Zion"(V.3b). Als weitere Zionspsalmen sind noch 46, 48, 84, 87, 122 und 132 zu nennen. Im Jesajabuch sind noch eine Reihe anderer Zionsverheißungen. In dieser Tradition stehen auch die Motive des endzeitlichen Völkerkampfes gegen die Zionsstadt und der Völkerwallfahrt zum Zion. Beide spielen vor allem in den Prophetenbüchern eine große Rolle. Aber auch hier zeigt sich schon eine große Bandbreite der endzeitlichen Vorstellungen. Die Sehnsucht nach Zion ist seither im Judentum und im Christentum scheinbar unauslöschlich geworden.

# Das Liedgut der „Zioniden"

Im 1753 in Frankfurt am Main herausgegebenen Gesangbuch „Davidisches Psalterspiel der Kinder Zions..." heißt es in der Vorrede: „Unter denen Zeichen dieser Zeit / sonderlich des immer näher kommenden Abend-Scheins, dürfen wir wohl auch mit ansehen den mit so wohlriechendem Rauchwerk angefüllten reichen Lieder-Segen, welchen der Herr seiner Kirche in diesen Zeiten geschenkt, und also solchen alle Gnaden-Säuglinge der Weisheit zum kräftigsten Eindruck nehmen sollen und können, dass sich das Obere Jerusalem mit seinen triumphierenden Chören, in das untere kräftiger einzufließen und dasselbe zu dem Neuen und völligen Sieges-Lied auf die Ankunft ihres Königes zuzubereiten / beweget habe... Es werden also alle Kinder und Freunde Zions auch durch diesen neuen Dienst aufgerufen / ihr herzliches Liebes- und Lobes-Getön getrost fortzusetzen... Die noch ihre Harfen an den Weyden Babels hängen haben / sollen solche / da die Zeit der Geduld vorbei gegangen / völlig abnehmen / damit solche Andacht nicht länger von dem Geplärr der Böcke / der wilden Tieren und garstigen Vögel / möge verunreiniget und gebunden werden. Es ist Zeit, dass alles Israel völlig aus Ägypten gehe / da der Herr durch ihr Singen / wie durch die übrige Gottes-dienstliche Verrichtungen / gekreuziget worden... Die aber in der Trauer über die Risse der Kirche, als verborgene Zionskinder, lange geseufzet und darüber fast verschmachtet: Die werden treulich aufgefordert, mit allen freien und getrosten Bekennern in das freie Feld auch in solcher Lieder-Andacht... sich zu stellen... Desto mehr wird solches einmütiges Geistes-Werck jetzo nützlich / ja nötig sein / da in Zion die Stunden des Trauerns / Schmachtens zu Ende eilen, und hingegen Freude die Fülle und liebliches Wesen, ja das völlige Sieges- und Jubel-Lied und Kraft von dem Herrn in seine Rechte gefasst ist... o! so lasset uns die wenige übrige Augenblicke der langmütigen Lockung Gottes wohl erkaufen, damit wir in solcher bösen Zeit unter dem Schatten JEHOVAH in erquickender Ruhe mit dem Obern Chor die Ehren- und Sieges-Lieder zum Einzug des Königs zu Salem mit anstimmen dürfen." Das Liedgut pietistischer Kreise jener Zeit, die sich wie hier sogar „Kinder Zions" nannten, war neben der Jesusminne stark geprägt von der Sehnsucht nach der himmlischen Heimat, dem wahren Heimatland. Dabei werden zunehmend Bilder und Orte aus Prophetie und Apokalyptik anstelle von geistlichen und abstrakten Begriffen verwendet: Zion, Jerusalem, Israel u. a.

Die folgenden Beispiele aus diesem Gesangbuch von 1753 werden für sich selber sprechen:

### Lied 428 · Vers 1

**Jerusalem** du Gottess-Stadt!
gedenke jener Plagen,
da Gott um deine Missetat
dich ehmals hart geschlagen;
doch hoffe auch noch auf die Zeit,
da Er, nach seiner Gütigkeit,
sich deiner wird erbarmen.

### Vers 9

O! möchten doch die übrigen
von meinem Samen schauen,
wie Gott **Jerusalem**
so trefflich wird erbauen,
und was für große Herrlichkeit
zu der von GOTT bestimmten Zeit
darinnen wird erscheinen.

## Lied 524 · Vers 6

Ei so lass mich dann hinfahren
nach dem frohen **Zionsfeld**!
Du wirst mich ja wohl bewahren
für den Sturm der Sinnen-Welt:
Lass in mir dein Lob erschallen,
Gott! Dass du dich freuest sehr,
wann wir so in Liebe wallen,
auf dem schönen stillen Meer.

## Lied 990 · Vers 1

**Zion**, erheb dich aus dem Staub,
und lege ab die Witwen-Kleider!
freu dich und sing, o Turteltaub!
Dein Himmel wird nun wieder heiter:
es geht zu End die rauhe Winters-Zeit;
es eilt herbei des Frühlings Lieblichkeit.

## Vers 5

Frohlocke, jauchze, hüpf und spring,
du Volk des Herrn, ihr **Zionskinder**!
o Volk, das du nun bist gering,
gefangen, und musst sein ein Sünder!
Des stoltzen Hamans Untergang ist da,
und die Erlösungszeit ist nun recht nah.

## Lied 991 · Vers 1

**Zion** fest gegründet stehet
Wohl auf dem heil'gen Berge, sehet!
Für allen Wohnungen Jacob Gott,
die Thore **Zions** liebet;
das **Zion**, das vor war betrübet,
das singet nun Gott Preis und Lob,
der sie getröstet hat.
Zion, du Gottes-Stadt!
Wunder-Dinge werden in dir,
du schöne Zier!
Gepredigt nun und für und für.

## Vers 3

Und man wird von **Zions** Pforten
Zu sagen wissen aller Orten,
dass er, der Höchste, baue sie;
und Gott wird ausrufen lassen
bei allem Volk, auf allen Straßen:
dass sie nach **Zion** kommen früh,
ohnsäumig in der Eil,
weil daselbst Hülf und Heil
zu gewarten
und immerdar der Sängrer Schaar
Gott lobend hält ein Jubel-Jahr.

# Lieder aus der „Zugabe des Psalterspiels"

## Nr. A. 699

Die Zeit ist noch nicht da,
da **Zion** triumphieret,
da ihrer Kinder Hand
ein güldner Palm-Zweig zieret.
Sie sind noch nicht gekrönt,
sie werden noch verhöhnt:
und ob sie gleich den Feind besiegen,
so müssen sie doch unten liegen.

## Lied Nr. 34 · Vers 3

Wer ein Pilgrim worden ist
Der begehrt kein Fuder Mist,
Erden-Guts zu laden auf;
Ledig-sein gehört zum Lauf.
Ob ein Pilgri, hier nichts hat,
wird er doch im Himmel satt;
das ist's beste früh und spat.

## Vers 4

Und weil ich nun dieses weiß,
dass ein Pilgrim selig heißt;
so will ich nun trachten stets,
dass ich auch ein Pilgrim wird;
will nur richten meinen Lauf
nach **Jerusalem** hinauf,
hin zu jenem frohen Hauf.

Mit dem Titel „Geistliche Gedichte und Gesänge für die nach Osten eilenden Zioniden" erschien 1817 ein Gesangbuch. Vermutlich ist der Müller Johann Jakob Koch aus Schluchtern nicht nur der Herausgeber, sondern auch der Verfasser der Lieder. Wiederentdeckt und in einem Aufsatz in „Blätter für Württembergische Kirchengeschichte" vorgestellt wurde es von Eberhard Zwink und Joachim Trautwein 1994. Dieses Gesangbuch dürften wohl alle auswanderungswilligen Frommen in Württemberg gekannt haben. Mit diesen Liedern haben sie ihre Sehnsucht gestillt oder entfacht.

Nicht von ungefähr sind die Sänger dieser Lieder schon im Titel des Gesangbuchs „Zioniden" genannt. *Zion* scheint auch das am häufigsten vorkommende Wort zu sein:

## Lied Nr. 7 · Vers 1

Nah ist die selig frohe Zeit,
Wo Jesu Reich jetzt nicht mehr weit;
Nah ist des Lämmleins Hochzeitstag,
Worauf sich **Zion** freuen mag.

## Lied Nr. 10 · Vers 2

Achtzehnhundert Jahre bittet
Man um Jesu Königreich.
Jetzt wird **Zion** erst beglücket
Mit der Freude, der nichts gleich.
O danke und rühme du **Zionsgemeine**,
Dass dir nun die Gnade zu Teil wird alleine,
Ja freu dich, sey fröhlich und schmücke dich fein
Zum Brautmal des Lämmleins bereitet zu sein.

## Lied Nr. 13 · Vers 6

Wir danken des im Grunde
Des Herzens jede Stunde,
Dass nun die lang gewünschte Zeit
Sich eingestellet allbereit.
*Chor:* Und wir nun wirklich gehen fort
Zum Berge **Zion** nach dem Wort.

Oft wird auch von *Canaan* gesungen:

## Lied Nr. 13 · Vers 10

Herr Jesu dir wir danken,
Lass uns nur glücklich wandeln
Die Straße hin nach **Canaan**,
Dort bring uns wohlbehalten an.
*Chor:* Ja sei bei uns all Schritt und Tritt,
Und weich von uns kein Augenblick.

## Lied Nr. 20 · Vers 4

Nun wir ziehen froh und fröhlich
Unsre Straß nach **Canaan**,
Uns geleit Jehova König,
Der uns glücklich dort bringt an.
Wer in dieses Königs Schutz,
Bietet allen Feinden Trutz.

## Vers 13

Amen Jesu lass dir g'fallen
Unser kindlich Lob und Bitt,
Lass es durch die Wolken schallen,
Und geh auf der Reis' jetzt mit,
Dass wir bald in **Canaan**
Wohlbehalten kommen an.

## Lied Nr. 22 · Vers 7

Und dass wir zu der Herrlichkeit
Schon eingeladen allbereit.
Und treten auch den Weg schon an,
Der führet uns nach **Canaan**.

## Lied Nr. 28 · Vers 3

Wir eilen all in frohem Sinn
Zu dem verheiß'nen **Canna** hin,
Gott leitet unsre Tritt und Schritt,
Und teilt uns seinen Segen mit.

Auch *Jerusalem* gehört zu den wiederkehrenden Worten:

## Lied Nr. 12 · Vers 3

Überwinde Fleisch, Welt, Sünde,
Dass dich Gott zum Pilger dort
In dem Tempel zum Exempel
Machen kann nach Gottes Wort,
Und kann schreiben Gottes Namen,
Nebst den neuen auf dich Amen,
Und **Jerusalem** den Ort.

## Lied Nr. 27 · Vers 4

Nun haben die Boten sein Kommen gemeldet
Durch allerhand Zeichen, durch Wunder und Schelten,
die Wächter **Jerusalems** rufen jetzt laut,
Eil, rüste und schicke und schmücke die Braut.

## Lied Nr. 29 · Vers 1

Dort in **Jerusalem**
In Salems Höhen,
da ist's so wunderschön,
Lass bald uns sehen
Herr diese Herrlichkeit,
So du bereitet
Für Menschen in der Zeit,
Wo Gnade leitet.

Eine große Rolle spielt auch das *tausendjährige Reich:*

## Lied Nr. 8 · Vers 2

Flügel schnell tut alles eilen
Dem bestimmten Ziele zu
Drum soll **Zion** nicht verweilen
Einzugehen zu der Ruh.
Zu der Ruhe, die vorhanden
Dort in jenen Friedens-Landen,
Wovon Gott selbst ist bereit
Zu der tausendjähr'gen Freud.

## Lied Nr. 9 · Vers 5

Alle Anstalt leit zu der großen Freud,
So du **Zion** hast beschieden,
Tausend Jahr in Ruh und Frieden
Wo aufhört das Leid und ist lauter Freud.

## Lied Nr. 12 · Vers 2

**Zion** schmücke dich zum Glücke
Einer tausendjähr'gen [sic] Freud,
So dir werden noch auf Erden,
Und fängt an in kurzer Zeit.
Solche große Gnad und Güten
Ist dir von dein'm Gott beschieden,
Eil und mache dich bereit.

*Babel* steht für die vom Zeitgeist, von der Aufklärung und von der Französischen Revolution verunreinigte Welt, der es zu entfliehen gilt:

## Lied Nr. 25 · Vers 5

Der Kluge tut sich rüsten
Und eilt aus Babel fort,
Dies Babel wird zur Wüsten,
Wie's angezeigt im Wort.

## Lied Nr. 19 · Vers 7

Wer wollt noch länger hier In Babel bleiben,
Und nun nicht König dir entgegen eilen,
Dass er ein Erstling wird von deiner Weide,
Und mit dem Kleid gezieret aus reiner Seide.

Aber der Kirchengesang steht mit diesem Anliegen schon in einer weiter zurückreichenden Tradition, mit Liedern, die noch heute im Gesangbuch der württembergischen Landeskirche stehen:
„Wachet auf, ruft uns die Stimme" von Philipp Nicolai, 1599
„Jerusalem, du hochgebaute Stadt" von Joh. Mattäus Meyfart, 1626
„Tut mir auf die schöne Pforte" von Benjamin Schmolck, 1734.
Auch Friedrich Konrad Hillers Lied „O Jerusalem, du Schöne" gehört hier her. Es war in der Gesangbuchausgabe von 1953 noch enthalten.

Ende des 19. Jahrhunderts verstummte diese Stimme der „Zioniden" nach und nach. Dennoch gab es noch kirchliche Gesangbücher mit dem Titel „Zionsharfe", wie das 1878 in Cannstatt erschienene.

# Die Juden in Europa im 19. Jahrhundert

Erst durch die Römer wurde auch den Juden das europäische Hinterland erschlossen. Sie folgten, wie andere auch, der Kolonisierung und der Erschließung neuer Märkte rhoneaufwärts, mosel- und seineabwärts und über den Rhein nach Osten. Diese Verteilung jüdischer Gemeinden in Europa hielt sich bis ins Mittelalter. Erst der Aufbruch der Kreuzfahrer und des sie begleitenden aufgebrachten Volks rheinabwärts brachte diese Situation in Aufregung. Die Juden flohen nach Ostdeutschland, Böhmen und vor allem nach Polen. 1290 wurden nahezu alle Juden aus England vertrieben. 1492 folgte der Exodus der Juden aus Spanien. Nach einer langen leidvollen Geschichte der Juden in Europa geschah durch die Aufklärung eine Wende von nachhaltigem Ausmaß. Es begann die bis heute anhaltende Bewegung der Säkularisierung. Nirgends ist sie so nachzuvollziehen wie in Europa. Einerseits ist sie ein Teil eines gesamteuropäischen Prozesses, in dem die christliche Gesellschaft in einen Säkularisierungsvorgang der Trennung des kulturellen und politischen Lebens von den religiösen Wurzeln, hineingezogen wurde. Zum andern aber bewirkte die Aufklärung bei den Juden eine Säkularisierung, die nicht nur zur Neubesinnung über die religiösen Verhältnisse drängte, sondern in gleichem Maße auch die ethnisch-nationale Identität in Frage stellte. Traditionell sind Religion und Nationalität im Judentum untrennbar ineinander verflochten. Mit dem Begriff ‚Judentum‘ war sowohl der jüdische Glaube als auch das jüdische Volk gemeint. Die ersten Schritte des jüdischen Aufbruchs, nämlich Emanzipation, Assimilation, jüdischer Sozialismus und politischer Zionismus, sind allesamt Säkularisierungsprozesse, die von der traditionellen Frömmigkeit wegführen. Die Juden begaben sich auf einen Weg, der das Ziel hatte, ein Volk wie die anderen Völker zu sein. Die allgegenwärtige Herausforderung, sich den jeweiligen Gesellschaften, in denen sie lebten, anzupassen und einzugliedern, war außerordentlich groß. Wo aber dieser Schritt getan wurde, musste er in letzter Konsequenz zur Aufgabe der eigenen nationalen Identität führen. Daraus ergab sich aber auch für einen großen Teil der jüdischen Gesellschaft ein Infragestellen der eigenen religiösen Traditionen. Die Trennung von Religion und Nation barg eine Gefahr in sich, die noch nicht in ihrer letzten Konsequenz erkannt war. Bedeutete es Eingliederung in die anderen Völker und Religionen? Oder konnte nur ein Exodus dieser Gefahr entkommen. Beide Positionen bestimmten im Wesentlichen das jüdische Leben im 19. Jahrhundert. Die Trennungslinie zwischen dem Bedürfnis, als Jude kein religiöser und nationaler Sonderfall zu sein und der Erkenntnis, dass die eigene biblische Erwählungstradition der letzte Grund eigener Identität bleibt, ging nicht nur durch die gesamte jüdische Gesellschaft, sondern durch die Familien und Individuen selbst.

# Emanzipation der Juden

Seit dem Mittelalter hatte sich, wie gesagt, die Situation der Juden in Europa nur wenig geändert. Erst als nach dem dreißigjährigen Krieg die zahlreichen europäischen Fürsten es dem Versailler Hof nachtun wollten und einen ähnlichen Pomp an ihren Fürstensitzen anstrebten, suchten sie die Hilfe der finanzstarken jüdischen Familien sich nutzbar zu machen. Dieses weitverbreitete Phänomen wurde „Hofjudentum" genannt. Bekanntestes und tragisches Beispiel ist das Schicksal Joseph Oppenheimers (genannt Jud Süß) unter Herzog Karl Alexander I. von Württemberg. Der Herzog hatte auf seinen Rat hin Reformen eingeführt, um die zerrütteten Finanzen des Landes zu sanieren. Dadurch waren die Stände gegen ihn aufgebracht. Nachum T. Nidal schreibt in der Einleitung seines Buches „Die Juden in Deutschland von der Römerzeit bis zur Weimarer Republik, Gütersloh 1988: „Nach dem Tod des Herzogs wurde Jud Süß auf Betreiben der Stände wegen Betrugs und Münzvergehens und, als dies nicht zu beweisen war, wegen Geschlechtsverkehrs mit christlichen Frauen angeklagt, zum Tode verurteilt und zum Vergnügen eines riesigen Publikums öffentlich gehenkt. Die lebensrettende Taufe lehnte er ab".

Im 18. Jahrhundert begann allmählich die Emanzipation der Juden. Moses Mendelssohn (1729-1786), der mit Lessing befreundete deutsche Aufklärer, setzte sich nachdrücklich für die Gleichberechtigung von Juden und Christen in Deutschland ein. Er selbst war ein frommer Jude, hat aber dennoch die Assimilation der Juden gefördert. So hat er seinen jüdischen Namen Ben Mendel in Mendelssohn eingedeutscht. Von ihm stammt auch die sicher leicht ironisch gemeinte Bemerkung: „Sollte es wirklich einmal gelingen, einen jüdischen Staat in Palästina zu errichten, so möchte ich gerne dessen erster Botschafter in Dänemark sein." Seine Kinder und bekanntlich auch sein Enkel Felix Mendelssohn-Bartholdy waren zum Christentum übergetreten. Der entscheidende Schub zur Emanzipation der

Juden aber kam aus der Aufklärung und der Französischen Revolution. Erst am 27. September 1791 beschloss die Französische Nationalversammlung die bürgerliche Gleichstellung der Juden in Frankreich. Große Repräsentanten der Aufklärung, wie Rousseau und Voltaire, aber auch Lessing und Mendelssohn unterstützten diese Entwicklung. Napoleon brachte die Befreiung der Juden auch in die anderen europäischen Länder. Allerdings gab es großen Widerwillen dagegen unter den christlichen Bürgern. Gleichzeitig beschleunigte die Emanzipation der Juden die Assimilation an die christliche Umgebung. Vermutlich um die 200.000 ließen sich taufen. Benjamin Disraeli war unter Königin Victoria zweimal Ministerpräsident. Er war getauft, legte aber großen Wert auf seine jüdische Herkunft. Die Spaltung der Judenschaft in Orthodoxie und Reformsynagoge hat in dieser Zeit ihren Ursprung.

Als Napoleons Macht 1814 zerfallen war, ging die Gleichberechtigung der Juden – außer in den Niederlanden – fast überall wieder verloren. Die Anerkennung der Juden als gleichberechtigte Bürger begann in Preußen 1847. 1867 geschah dies in Österreich und Ungarn. 1870 folgte Italien, und 1871 wurde dieses Ziel dann auch im neu geschaffenen Deutschen Reich erreicht, ebenso in England. Die Schweiz war erst 1874 dazu bereit.

Dass die Befreiung der Juden nicht erst mit der zionistischen Bewegung Ende des 19. Jahrhunderts begonnen hat, wird eindrücklich in einem Artikel in „Der Orient" Nr. 26 vom 26. Juni 1841 unter der Überschrift „Palästina" dargestellt, der hier ausführlich zu Wort kommen soll. Zum einen wird hier auch auf den Kontext des europäischen Nationalismus hingewiesen, in dem auch die Juden sich neu zu orientieren begannen. Hier wird aber auch auf den schon 1821 begonnenen Freiheitskampf der Griechen gegen die türkischen Besatzer verwiesen. Es sollte uns „sehr wundern... wenn die jüdische Nation unserer Zeit diesen Augenblick sollte vorübergehen lassen, ohne von dem christlichen Europa dieselbe Berücksichtigung in Anspruch zu nehmen, welche unlängst dem Volke der Hellenen zu Teil geworden. Wir können nicht glauben – fügten wir bei, – dass ihr Anliegen ungehört bleiben würde, und wenn auch, so hätte doch wenigstens Israel seine unveräußerlichen Rechte auf die Zukunft verwahrt." 1832 hatte der rebellische Pascha Muhammed Ali aus Ägypten die Herrschaft über Palästina an sich gerissen. „In einem Augenblick, wie der jetzige, wo um Syrien und Palästina wie um ein herrenloses Land das Los geworfen wird... – schweigen und die orientalischen und okzidentalischen Mächte vereinigt oder einzeln das Schicksal Syriens und Palästinas wieder auf Jahrhunderte entscheiden lassen, ohne ein Wort der Einrede oder Protestation: das wäre von Seite der jetzt lebenden Generation des Hauses Israel ein Hochverrat an dem Glauben der Väter und an den Hoffnungen der Enkel. Es wäre eine stillschweigende Verzichtleistung auf das Erbe, das Gott gegeben und das keine Zeit raubt; es wäre ein stummes sich Lossagen von der Grundlage der Hoffnungen Israels." Hier wird mit Nachdruck auf die religiösen Wurzeln des Freiheitsdrangs der Juden hingewiesen. Ein weiterer Hinweis darauf, dass sich die gängige These, der Ende des Jahrhunderts aufflammende Zionismus sei eine rein nationale Bewegung, nicht halten lässt. „Eine Rückkehr der Juden nach Palästina muss nicht aus fleischlichen, kommerziellen, politischen Motiven hervorgehen, sondern ein unmittelbares Werk Gottes und seines Geistes sein."

England hat sich immer wieder in besonderer Weise für die Zukunft der Juden in einem freien Palästina eingesetzt. So hat sich der britische Oberbefehlshaber in einem feierlichen Empfang vor den Juden in Damaskus folgendermaßen geäußert: „Möge Israels Befreiungsstunde nahe sein! Möge die Annäherung der westlichen Gesittung diesem herrlichen Lande die Morgenröte seiner Regeneration und seines politischen Lebens bringen! Möge die jüdische Nation noch einmal unter den Mächten der Welt ihren Rang und ihre Stellung einnehmen! Die Nachkommen der Makkabäer werden sich ihrer berühmten Vorfahren würdig machen!" Der Kommentator von „Der Orient" schreibt dazu: „Der Widerhall, den diese wahren Worte in den Herzen der versammelten Juden in Damaskus gefunden, diese ungetrübte durch Jahrhunderte nicht erloschene Sehnsucht nach Freiwerdung des Vaterlandes, ist wohl der schönste Beweis, wie tief dieser Glaube in den Herzen noch wurzelt, und welche Sympathien diese Hoffnung bei den Völkern noch zu wecken vermag... Gibt es aber ein besser begründetes Recht, als das Recht der Juden auf ihr Vaterland? Gibt es einen geeigneter, dringenden Augenblick als den gegenwärtigen, um dieses Recht wenigstens öffentlich und feierlich zu wahren? Soll die lebende Generation in den Augen der kommenden den Fluch auf sich laden, geschwiegen zu haben, wo die Pflicht gebot zu reden, und wo außerdem ohne alle Gefahr konnte geredet werden?" Kritisch vermerkt er, dass der britische Festredner den Handel als nicht „ursprünglichen Beruf Israels" dargestellt hat. Dagegen schreibt er: „der Handel ist ein Erbstück der Kanaaniter. Diese am schmalen Küstensaume des Libanon zusammengedrängt, wurden unter dem Namen Phönizier als Welthändler bekannt. Sie waren aber Kanaaniter und in keiner Weise die ‚Brüder' der Israeliten. Mit letzteren hatten sie nichts gemein als die Sprache. Freilich ist für die heutigen Juden die Einladung lockender, wenn ihnen die Aussicht auf allerdings vorhandene treffliche Handelsgelegenheit eröffnet wird, als wenn sie zum Landbesitze und zum Ackerbau aufgerufen würden." Hier ist ein wunder Punkt angesprochen, der immer wieder zur Sprache kommt. In der Beurteilung von de le Roi (Die evangelischen Christen und die Juden, Berlin 1891) hört sich das Urteil über die Juden so an: „...die Juden hatten sich zu lange gewöhnt, die einfache Arbeit als etwas entwürdigendes zu betrachten, als dass hier eine schnelle Wandlung zum Besseren hätte eintreten können... Während die biblische Religion des Alten Testaments zu größter Wertschätzung der Arbeit führt, hatte das talmudische Judenthum in seinen Anhängern vielmehr eine Anschauung hervorgerufen, nach welcher sie selbst viel zu vornehm für die geringere und einfachere Arbeit seien und dieselbe vielmehr von den Gliedern der anderen Völker zu verrichten sei. Das Judenthum der Neuzeit änderte hieran so gut wie nichts;

48

und so ist es offenbar geworden, dass nur eine religiöse Erneuerung, welche mit dem Judenthum selbst bricht, Wandlung zu schaffen im Stande ist. Nur die Bekehrung der Juden kann dieselben auch sozial neu gestalten... Man hat auch in diesem Jahrhundert wiederholt den Versuch gemacht, Juden an den Ackerbau und die Landwirtschaft zu gewöhnen. In Russland, Amerika, Palästina ist man damit vorgegangen, aber fast stets zu Schanden geworden."

Tatsächlich taten sich die ersten jüdischen Siedler mit der landwirtschaftlichen Erschließung Palästinas schwer. Die einen anerkannten die Pionierleistung der christlichen Siedler auf diesem Gebiet. Andere dagegen wollten sich dies zunächst nicht eingestehen. Dafür gibt es nicht wenige Zeugnisse. Allerdings muss bestätigt werden, dass die jüdischen Neusiedler sehr bald mit den Christen Schritt halten konnten. Es darf auch nicht vergessen werden, dass die ersten Schritte der christlichen Kolonisten in Palästina äußerst schwierig waren. So schreibt Friedrich Großsteinbeck über die Anfänge seiner landwirtschaftlichen Mühen in Jaffa 1853 an seine Landsleute in Wuppertal: „Sie müssen sich aber das Ganze hier, z. B. Häuser und alle Einrichtungen so erbärmlich als möglich vorstellen, sonst bekommen Sie keine richtigen Begriffe, wie ich denn überhaupt merke, dass Sie sich gar nicht vorstellen können, wie es hier in der Wirklichkeit ist... Einer von uns muss das Vieh hüten und versorgen, einer muss unsere Gemüse abpflücken, im Garten zurecht machen und in Jaffa verkaufen und einer hat zu tun im Felde oder Garten mit ackern, säen, jäten und pflanzen. Saat und Ernte folgt hier aufeinander das ganze Jahr durch, weil man so viele verschiedene Sachen anbaut... Es ist keine Zeit im Jahre, wo man sagen kann: Jetzt ist wenig zu tun, es bleibt einem kaum so viel Zeit, seine eigenen Produkte zu Geld zu machen. Wenn man hier mit der Wintersaat fertig ist, so fängt man mit der Sommerfrucht an; ist sie beendigt, so sind schon Linsen und Chrissene reif, und ist man mit ernten und dreschen fertig, so ist schon wieder die Saatzeit da. Aber manches ist hier zu Lande, mit viel mehr Schwierigkeiten verbunden, als Ihr Euch dort vorstellt und als ich anfangs selbst glaubte. Man pflanzt z.B. Kartoffeln, aber noch ehe sie reif sind, kommen Tiere und fressen in einigen Tagen Wurzel und Kartoffeln weg. Vor einigen Wochen pflanzten wir ein großes Stück von den sogenannten Saubohnen. Als die eben heraus waren, fiel starkes Regenwetter ein und es kamen viele Tausend Krähen, fassten den Keim, zogen die Bohne mit heraus und so hatten sie in kurzer Zeit ein großes Stück verdorben. Vorigen Herbst hatten wir noch eine schöne Ernte von türkischem Weizen zu erwarten, aber ehe er reif war, kamen die Füchse drüber her und ließen uns den leeren Stengel. Wer einen Weinberg hat, muss ihn Tag und Nacht bewachen... Auch die Kühe werfen nicht direkt den Nutzen ab, wie viele glauben... Ich muss nochmals bitten, Euch ja nicht alles hier so vorteilhaft und glänzend vorzustellen. Bedenkt wohl, dass die Dornen und Disteln hier im Lande noch in Menge sind, aber Rosen noch selten. Bedenkt wohl, dass wir mit wilden Tieren, halbwilden Menschen, Räubern und Dieben zu tun haben; Füchse, wilde Katzen und Raubvögel fressen Hühner, Tauben und sonstiges Geflügel weg. Räuber und Diebe jagen einem manchen Schrecken ein, und die rohen Araber aus Ägypten, deren ganze Dörfer sich hier ansiedeln, spotten eines jeden Fremden, ihre Kinder werfen mit Steinen hinter den Fremden her und schimpfen...". (Brief vom 19. Januar 1853, zitiert nach Jakob Eisler, Der deutsche Beitrag zum Aufstieg Jaffas 1850 – 1914).

Ein ganz wesentlicher Impuls kam aus dem Osten Europas. Dort hatte der Emanzipations-Gedanke noch nicht Fuß gefasst. So schrieb Zwi Hirsch Kalischer 1861 in Thorn sein Buch „Drischat Zion oder Zions Wiederherstellung" das hier ausführlich zu Wort kommen soll. Sein Aufruf zur Kolonisierung Palästinas hat durchaus auch schon politische und konkrete Ziele zur Gründung eines unabhängigen Staatswesens. Er schreibt jedoch mehr aus der Tradition der religiösen Zionssehnsucht heraus, die noch nicht durch den sich im Westen ausbreitenden Emanzipationsgedanken geschwächt war. Gleichzeitig aber ist seine Einschätzung der Lage der Juden in Europa sehr realistisch. „Zions traurige Lage erfüllt mich seit meiner frühesten Jugend mit Traurigkeit und tiefstem, mein ganzes Wesen ergreifenden Jammer... Wessen Herz von inniger Gottesliebe erglüht und vom Gefühle der Verehrung für die Stätte, wo ehemals die Majestät des einzig wahren Gottes thronte, durchdrungen ist, wie könnte der wohl ungerührt bleiben, wenn er sich die Zerstörung und Verödung jener Gott geweihten Stätte vor seine Seele führt! Wahrlich, die Erinnerung an jene dem steten Gottesdienst geweihte Stätte muss Dich, mein Glaubensgenosse, wenn Du ein frommer und wahrer Israelit bist, unaufhörlich heiße Tränen weinen lassen." (S. 22) Im Weiteren setzt er sich kritisch mit der Position der frommen Traditionalisten seiner Glaubensgenossen auseinander, die sagen, die Wiederaufrichtung des Zion müsse Gott allein überlassen werden. Er allein wisse die Zeit von Zions Erlösung. „Diese Gleichgültigkeit für Zion zu beseitigen, habe ich mir durch diese Schrift... die Aufgabe gestellt dahin zu wirken, dass ein jeder Israelit es als eine religiöse Pflicht ansehe, für die Restitution Zions, wie sie vom ‚Kolonisations-Vereine Palästinas angebahnt wird, eifrigst sich zu interessieren. Möge Gott die frommen, gebildeten und einflussreichen Israeliten unserer Zeit erleuchten, dass sie sich mit aller Energie an der Verwirklichung der bereits ausgesprochenen Tendenz des Vereins beteiligen möchten! Ja die Zeit und Umstände begünstigen unser heiliges Streben... Mögen die an Ansehen und Einfluss hochgestellten Israeliten durch diese Schrift angeregt werden, ...dass sie gerührten Herzens Zions denken, seiner warm und eifrigst sich annehmen wollen, bis dass es sich wieder allmählich aus seinem Elende erhebe und zur Pracht neben andern Ländern blühend emporwachse." (S. 24)

„Nun, meine gelehrten Glaubensgenossen, warum bleiben wir untätig? Wie lange noch werden wir kein Mitleid fühlen für Jerusalems elenden Zustand? Wann werden wir die Steine Jerusalems und seinen Staub lieben? Wann wird in uns aufflammen das heilige Gefühl der Sehnsucht nach dem Hause unseres himmlischen Vaters, und wann werden wir uns bewusst werden der pflichtmäßigen Sorge für die Wiederbegründung unseres heiligen Hauses?... Der Wunsch, den Du, Israelit für Deines heiligen Landes Herstellung hegst, muss von Dir so viel nur möglich zur wirklichen Tat werden." (S. 82)

„Nur durch das Thun für die Gottessache preisen wir unsern Gott. Nur dadurch loben wir ihn wahrhaft, wenn wir uns auf den Fittigen unserer zu Gott sich erhebenden Seele tragen lassen nach dem heiligen Gotteslande, dessen Erdreich anbauen, von dessen segensreichen Früchten viele unserer dort sich ansiedelnden Glaubensgenossen nähren würden, dadurch die jüdische Bevölkerung daselbst vermehren, und so immer mehr das Ansehen und die Namenswürde des heiligen Landes verherrlichen. Hiervon sagt auch der Prophet Jesajas: ‚Ich komme, spricht Gott, wenn sie schon ihre Taten und Gedanken für die Erhebung des heiligen Landes ans Licht der Welt gebracht haben werden'...: Wenn sie sich dorthin zusammengezogen haben, die alten Ruinen aufgefunden und wieder erbaut, die unwegsamen Wege Zions wieder angebahnt und dessen öde Gefilde zu prangenden Fruchtgärten umgeschaffen sein werden, dann wird unser gnädiger Gott – gepriesen sei sein Name für immer – die Gnadenzeit für uns und alle Welt anbrechen lassen." (S. 83)

„Unsere Zeit also ist geeignet und höchst günstig für das von uns hier angeregte Unternehmen, das jetzt kein kühnes, sondern ein leicht ausführbares sein dürfte... Darum wohlauf! Ermannen wir uns, für die Heiligtümer unserer göttlich geoffenbarten Religion, für unseres Gottes Land taten – und erfolgreich zu wirken durch Bildung eines Vereins für die Kolonisation Palästinas, der aus Mitgliedern bestehe, welche teils vermöge des außerordentlichen göttlichen Segens, dessen sie teilhaftig sind, Landgüter zum Besten ihrer armen Glaubensgenossen ankaufen, teils aber auch... freiwillig ein Scherflein der milden Spende zum gemeinschaftlichen Ankauf eines Landgutes als jährlichen Beitrag angeloben. Diese Landgüter würden dann von unsern dortigen dürftigen Glaubensgenossen angebaut... In Folge dieser Verminderung der drückenden Armut wird sich auch die jüdische Bevölkerung des heiligen Landes durch fortwährende Zuzüge aus allen Ländern allmählich bedeutend vermehren. (S. 85)

In der Zusammenfassung am Schluss nennt er die drei für ihn wesentlichen Punkte der Motivation zu diesem großen Vorhaben: Erstens die Nationalität: „Wir sehen, wie die Völker alle für ihre nationale Sache eintreten, wie sie mit der größten Opferfreudigkeit ihr Gut und Blut einsetzen für die Erhaltung oder Wiedererlangung ihrer Nationalität, und wir Juden sollten die Hände in den Schoß legen und nichts tun, um unser nationales Besitzthum, das heiligste Erbgut unserer Väter wiederzuerlangen? Wir sollten tatenlos bleiben, wenn man uns auf Palästina, als auf unser eigentliches Vaterland verweist? Das hieße unsere Nationalität, auf die wir stolz zu sein ein Recht haben, ganz und gar verleugnen?" Hier wird der Kontext des europäischen Nationalismus und sein Einfluss auf die Juden deutlich. Sicher aber hätte der allein noch nicht diese nachhaltige Kraft entwickelt, die dann in den Zionismus mit seiner Konsequenz der Siedlung im heiligen Land führte. Es war der alte Boden der zutiefst religiös geprägten Sehnsucht frommer Juden, auf dem die neue Pflanze des Nationalismus so gut gedeihen konnte. Der an dritter Stelle von Kalischer genannte Punkt bringt dies zur Sprache: „Es spricht drittens für die Verwirklichung dieses Planes die dadurch ermöglichte Erfüllung so vieler Gebote unserer heiligen Thora, die an den Boden Palästinas geknüpft sind, und zu welcher ein jeder Israelit verpflichtet ist." Dies ist die eigentliche Grundvoraussetzung des Zionismus, den in religiösen und politischen aufzuteilen meines Erachtens keinen Sinn macht. Der politische Nationalismus allein wäre nicht in der Lage gewesen, die alte Sehnsucht der Juden zur Rückkehr in ihr Land in die Tat umzusetzen. Den zweiten Grund zur Motivation seiner Glaubensbrüder drückt Kalischer folgendermaßen aus: „Es ist zweitens eine heilige Pflicht der Wohltätigkeit, unseren in Palästina wohnenden und dahin wallenden frommen Brüdern hilfreich beizustehen... Dies geschieht am praktischsten durch die beabsichtigte Kolonisierung Palästinas; sie wird das beste Mittel sein, der zunehmenden Armut und dem wachsenden Elend daselbst zu steuern." Meines Erachtens ist es verständlich, dass dieser Punkt noch vor der in Punkt drei genannten Thora erwähnt wird, da sie ja die Grundvoraussetzung des angestrebten Ziels ist. Punkt zwei gehört zur neuen Motivation, die aber ihrerseits zur Kontinuität des Wohnens im Lande der Väter beiträgt. Es ist das Anknüpfen an die alte Sehnsucht und das Einbiegen in den Aufbruch, der sich hier und dort schon abzeichnet. Um in einem Bild zu sprechen: Kalischer befindet sich genau an der Stelle, wo der junge kraftvolle Fluss des nationalen Aufbruchs in den uralten Strom der ununterbrochenen Zionssehnsucht mündet.

Vor dem Hintergrund von Kalischers Schrift wird es umso schwieriger, zu verstehen, dass Theodor Herzl fast ganz ohne religiöse Argumentation zu solchem Erfolg kommen konnte. Das führt zu dem immer wiederkehrenden Schluss, der Zionismus sei eine rein politische, auf dem Nationalismus Europas entstandene Bewegung gewesen. Dies wird meist noch untermauert mit dem nicht unberechtigten Hinweis auf den Sozialismus, der in den Anfängen der erneuten Siedlung im gelobten Land sehr prägend war. Ich vermute, dass Herzl auf die fast ausschließlich politische Argumentation deshalb so großen Wert gelegt hat, weil das im politisch erwachenden Europa und auch unter seinen jüdischen Mitbürgern mehr en vogue war, als religiös fundierter Enthusiasmus, der im weit verbreiteten Geist der Aufklärung schwerlich viele Menschen mitgerissen hätte. Nationales Gedankengut konnte in jenem historischen Kontext fast jeder nachvollziehen und gar bejahen. Das Wiedererwachen religiöser Traditionen hätte auch die alten Vorurteile wieder mit nach oben geschwemmt.

Die Trennung zwischen religiösem und politischem Zionismus ist in der Realität kaum konsequent durchführbar, wenn sie auch in fast allen historischen und systematischen Darstellungen angewandt wird. Die uralte religiös verankerte Zionssehnsucht hätte wohl ohne die politische Zuspitzung im Kontext des europäischen Nationalismus nicht zu dem Ergebnis einer Staatsgründung in Palästina geführt. Andererseits muss aber auch betont werden, dass ein rein politisch motivierter Zionismus ohne religiösen Kern nicht so tief verwurzelt und nachhaltig wirksam geblieben wäre. Erst durch die gegenseitige Durchdringung beider Motivationen entstand eine historische Kraft, die fähig wurde, den Kairos zu nutzen. Dass die Glut der Zionssehnsucht der Juden auf der ganzen Welt durch die Jahrhunderte nie verglüht ist, verdankt sie der überall gepflegten Gebetstradition. Sie ist nicht nur auf die Synagogengottesdienste beschränkt, sondern bestimmt den Tagesablauf jedes frommen Juden. Sogar im Tischgebet wird diese Hoffnung ausgesprochen: „Erbarme dich, Ewiger, unser Gott, über dein Volk Israel, über deine Stadt Jerusalem, über Zion..." Die „Heimkehr nach Zion" ist die wiederholt ausgesprochene Sehnsucht. Im Achtzehnbittengebet des jüdischen Gebetbuchs „Sidur Sefat Emet" heißt es: „Gelobt seist du, Ewiger, der du die Verstoßenen deines Volkes sammelst. Nach deiner Stadt Jerusalem kehr in Erbarmen zurück, wohne in ihr, wie du gesprochen, erbaue sie bald in unseren Tagen als ewigen Bau... unsere Augen mögen schauen, wenn du nach Zion zurückkehrst in Erbarmen. Gelobt seist du, Ewiger, der seine Majestät nach Zion zurückbringt." (Sidur S. 43 f.). Am Ende des täglichen Morgengebets bitten die Juden: „Bringe uns in Frieden heim von den vier Enden der Erde und führ uns aufrecht in unser Land." (Sidur S. 36). Beim Ritual des Pesach-Mahls wird gebetet: „Erbaue bald, in unseren Tagen noch, Jerusalem, deine heilige Stadt, bringe uns wieder hin zu ihr, damit wir uns an ihrem Wiederaufbau erfreuen und dich loben..." In der Tatsache, dass diese Gebete ihren Ursprung in biblischen Zeiten, in der Zerstörung des Tempels und in der Zerstreuung des Volkes Israel haben, ist weniger eine antiquierte Geisteshaltung zu sehen als vielmehr eine unauslöschliche Sehnsucht.

Kalischer ist es nun gelungen, den Spaltpilz, der durch den Emanzipationsgedanken in die Judenschaft kam, weitgehend zu ignorieren, indem er sowohl die politisch als auch die religiös Motivierten für sein Vorhaben zu gewinnen suchte.

Der Ruf zum Aufbruch verhallte in der Folgezeit nicht mehr. Moses Hess hatte 1862 mit seinem Buch „Rom und Jerusalem" schon im Blick auf eine mögliche Zukunft des jüdischen Volks an eine Siedlung im Gelobten Land der Väter gedacht. Einen weiteren Impuls für die Entstehung einer nationalen Zukunft der Juden gab Leo Pinskers Schrift „Auto-Emanzipation" von 1882. Er forderte dafür die Ansiedlung im Heiligen Land. So dauerte es auch nicht mehr lange bis zur Gründung der Gesellschaft der Zionsfreunde „Choveve Zion". Einziges Ziel war die Siedlung in Palästina. Schon bald entschlossen sich die ersten Auswanderer zum Aufbau einer Landwirtschaft. Mit Hilfe des „Jüdischen Nationalfonds" wurde es möglich, dort Land zu kaufen. So begann 1870 das jüdische Siedlungswerk, unter anderem auch das nach dem Vorbild eines europäischen Dorfes gegründete Petach Tikvah.

Anfänglich hatte die Judenemanzipation im westlichen Europa die Zions-Sehnsucht unter ihnen deutlich geschwächt. So hat der Gedanke einer Siedlung im Gelobten Land zunächst kaum Fuß fassen können, denn es schien, als stehe die Integration in die christliche Gesellschaft bevor. Aber sowohl die Entdeckung, dass dies nur zum Teil und sehr langsam geschah, als auch die aufkommende Furcht, die eigene Identität dabei zu verlieren, gab einen sehr wesentlichen Impuls zur Wiedererweckung der Zionssehnsucht. Sie brachte aber auch eine feindselige Reaktion auf Seiten der Christen hervor. So schreibt de le Roi in „Die evangelische Christenheit und die Juden, Berlin 1891: „Überblickt man so die ganze Stellung der Juden zu ihrer Umgebung, wie sich dieselbe im Zeitalter der Emanzipation gestaltet hat, so wird man Folgendes als Ergebnis aussprechen können: dass eine Minderheit der Juden sich den Christen offenbar genähert, im Ganzen und Großen dagegen der frühere Gegensatz nicht aufgehört, sondern vielfach noch stärker sich zugespitzt hat, nachdem die Berührungspunkte zwischen beiden Teilen zahlreicher geworden sind als in den Tagen, wo man sich gegenseitig von einander abschloss... Aber auch die Christen sehen sich durch das gegenwärtige Verhältnis zu den Juden in viel höherem Grade als früher bedroht; ...Die Erkenntnis ist im christlichen Lager eine weithin verbreitete, dass der Einfluss des modernen Judentums im Völkerleben ein im Wesentlichen überaus unheilvoller ist... Die Emanzipation... hat beide Teile ganz überwiegend geschädigt. Die Juden haben, je mehr sie sich modernisierten, desto mehr an religiösem Halt und an sittlicher Kraft verloren; der Gesellschaft aber, in welche sie als Staatsbürger eingetreten sind, hat dies kein Heil gebracht, sondern dieselbe vielmehr neuen, sehr ernsten Gefahren ausgesetzt." Er ist der Meinung, dass sich daran der Antisemitismus entfacht habe.

# Reaktionen auf die Emanzipation

Die napoleonische Umwälzung hatte nicht nur die staatliche Neuordnung Europas gebracht, sondern auch den Juden weitgehende Rechte eingeräumt. Nach Napoleons Niederlage ordnete der Wiener Kongress 1814 / 1815 die Verhältnisse in Europa neu. Nicht zuletzt die Emanzipation der Juden wurde erneut auf die Tagesordnung gebracht. Mehrheitlich sprachen sich die konservativen Delegierten des Deutschen Bundes gegen deren Gleichberechtigung aus. In manchen Städten und Staaten wurden die Juden, die unter Napoleon zugezogen waren, wieder ausgewiesen. Humboldts Versuch, das preußische Emanzipationsedikt von 1812 auf alle deutschen Staaten auszudehnen, war gescheitert. In der 1815 in Frankfurt am Main verabschiedeten Bundesakte wurden den Juden wieder alle Rechte entzogen, die ihnen unter französischer Herrschaft gewährt waren. Die Stimmung gegen die Juden in der Bevölkerung bekam dadurch wieder starken Aufwind. Aber auch staatliche Behörden leisteten diesem Ungeist Vorschub, indem sie Juden von gehobenen Stellungen als Beamte und als Lehrer an Schulen und Hochschulen ausschlossen. Das Volk fühlte sich durch diese Maßnahmen bestätigt. Dazu kam der Neid der Kleinbürger, die sich in ihren Handelsgeschäften von den Aktivitäten der Juden bedroht fühlten. 1819 kam es in vielen deutschen Städten zu Ausschreitungen gegen die jüdischen Minderheiten. Mit „Hepp-Hepp"-Rufen wurden die Juden gehetzt oder gar vertrieben. Es kam, ausgehend von Würzburg zu brutalen Übergriffen, Misshandlungen, Plünderungen und Morden. Die Literatur hat sich angewöhnt, von Hepp-Hepp-Krawallen oder -Unruhen zu sprechen. Das ist eine Verharmlosung des flächendeckenden Aufstandes pogromartigen Ausmaßes. Man muss sich nur einmal die Mühe machen, die Namen der betroffenen Städte aus den verschiedenen historischen Darstellungen zusammenzustellen, dann erst zeigt sich die Größenordnung dieses Flächenbrandes: Würzburg, Darmstadt, Karlsruhe,

Heidelberg, Bamberg, Bayreuth, Regensburg, Pottenstein, Ebermann-stadt, Hollfeld, Koblenz, Düsseldorf, Kleve, Dormagen, Danzig, Königsberg, Breslau, Grünberg, Hamm, Hamburg, Kreuznach u.v.a.. Auch in nicht wenigen Großstädten im europäischen Ausland erhoben sich die Judenfeinde: Wien, Graz, Krakau, Prag, Kopenhagen, Helsinki, Amsterdam u. a. Überall war der Schlachtruf „Hepp-Hepp" zu hören. Die Herkunft dieses Ausdrucks ist schwer zu rekonstruieren. Es gibt eine Fülle von Erklärungsversuchen, denen ich keinen hinzufügen möchte. Es könnte sich um einen Ruf beim Hüten oder Treiben von Tieren handeln. Vermutlich sollte damit bereits eine verächtliche Einstellung zum Ausdruck gebracht werden. Immer wieder werden Studenten als Urheber der Ausschreitungen genannt. Vermutlich aber waren mehrheitlich Kleinbürger am Werk, die die wachsende Konkurrenz zu ihren Handelsgeschäften neidisch verfolgten. Nicht zuletzt deshalb waren die Übergriffe in erster Linie gegenüber jüdischen Geschäften und deren Warenlagern gerichtet. Aber auch Wohnhäuser wurden demoliert. Plünderungen und Zerstörungen blieben nicht aus. Es kam in vielen Orten zu bürgerkriegsartigen Zuständen. Auffallend ist, dass sich immer wieder Flugblätter fanden, auf denen Bezüge zur biblischen Geschichte der Juden genannt wurden, wie zum Beispiel der Würgeengel beim Auszug aus Ägypten. Bewusst oder unbewusst geschah dies wohl, um die eigenen Handlungen auch noch religiös zu begründen oder gar zu rechtfertigen. Sicher aber sollte mit solchen Assoziationen von der eigenen neidvollen Angst vor Konkurrenz abgelenkt werden. Einen ähnlichen Geist bekundet eine „Proklamation", die in Danzig erschien: „...noch haben wir Macht über sie und die Gewalt ist in unseren Händen, darum lasst uns jetzt ihr sich selbst gefälltes Urteil an ihnen vollstrecken laut dem wie sie geschrieben: Sein Blut komme über uns und unsere Kinder! Auf! Wer getauft ist, es gilt der heiligsten Sache, fürchtet nichts und zögert keine Stunde, den Streit für des Glaubens Ehre zu wagen. Diese Juden, die hier unter uns leben, die sich wie verzehrende Heuschrecken unter uns verbreiten, und die das ganze preußische

Christentum dem Umsturz drohen, das sind Kinder derer die da schrieen: kreutzige, kreutzige. Nun auf zu Rache! Unser Kampfgeschrei sey Hepp! Hepp! Hepp! Aller Juden Tod und Verderben, Ihr müsst fliehen oder sterben!" (Zitiert nach: Stefan Rohrbacher, Michael Schmidt, Judenbilder, Reinbeck 1990) Wer Juden Wohn- oder Geschäftsräume vermietete, musste mit Drohbriefen ähnlichen Inhalts rechnen: „Der Jude... darf im ganzen Königreich (Bayern A.d.V.) ungehindert seinen strafbaren Wucher mit dem armen gedrückten Bürger treiben... Mit Feuer, Dolch und Schwert sind wir fest entschlossen, uns von dem jüdischen Ungeziefer zu reinigen..." (Zitiert nach: Erb, Rainer, Bergmann, Werner, Die Hepp-Hepp-Krawalle von 1819, Berlin 1989). Auch der Publizist Hartwig von Hundt-Radowsky nennt in seinem 1819 in Würzburg erschienenen „Judenspiegel" die Juden „Ungeziefer". Auf Flugblättern vom 20. August 1819 in Hamburg war zu lesen: „Hepp, hepp, der Jude muss in Dreck." In Düsseldorf wurden am 22. August Plakate an Häusern von Juden angebracht: Schon zu lange hat die Herrschaft der Juden über den Betrieb des Handels gedauert. Mit ruhigen Augen haben die Christen diesem unerlaubten Unwesen zugesehen, die Zeiten haben sich geändert. Sind bis 26ten dieses Monats dem Handel und Moral verderbenden Volke, was kein gesetzmäßiges Oberhaupt anerkennen kann, nicht Schranken gesetzt, so soll ein Blutbad entstehen, das anstatt Bartholomäus-Nacht, Salomoni-Nacht heißen soll".

Weder die deutsche Aufklärung, die sich mehr der Philosophie als den Bürger- und Menschenrechten zuwandte, noch die deutschtümelnde Variante des Nationalismus wurde für Juden ein Impuls zur Selbstbesinnung. Im Gegenteil. Beide Bewegungen waren für sie eher abstoßend. Nach den Pogromen 1819 in vielen deutschen Städten gründeten junge jüdische Intellektuelle und Schriftsteller in Berlin den „Verein für Kultur und Wissenschaft des Judentums". Die verlorene Identität konnte und sollte nicht mehr länger bei den Gastländern gesucht werden, sondern in der Rückbesinnung auf die eigene Geschichte und Tradition. Die systematische Erforschung jüdischer

Wissenschaft wurde initiiert und eine Lehranstalt mit diesen Zielen gegründet. Es entstanden auch neue Zeitschriften, die sich dieser Aufgabe stellten. Der aufkommende Nationalismus in Europa wurde so nicht zum Vorbild für den jüdischen Zionismus, sondern er regte die Juden dazu an, nach den Wurzeln ihrer eigenen Identität zu graben. In diesem Kontext verfasste der Breslauer Jude Heinrich Graetz (1817-1891) seine 11-bändige „Geschichte der Juden von den ältesten Zeiten bis auf die Gegenwart". Die Juden entdeckten allmählich ihre eigenen Rechte und ihre eigene Würde und wollten sie nicht länger als großzügige Geste von Potentaten und Politikern empfangen. Sie forderten jetzt Recht, nicht nur Rechte. Erst nach der Reichsgründung 1872 wurde ein Gesetz geschaffen, das den Juden im ganzen Reich Gleichberechtigung schaffte.

# Assimilation

Die Politik der „Judenemanzipation" stellte sich zunächst den Juden wie den Deutschen als große Errungenschaft der neuen Liberalität dar. Die Integration der Juden in die deutsche Gesellschaft war aber mit deren hohen Erwartungen verbunden. Sie sollten sich assimilieren und dabei weitgehend auf ihre eigene religiöse und ethnische Identität verzichten. Viele Juden taten dies zunächst sehr gerne, weil damit eine höhere Akzeptanz in der deutschen Gesellschaft verbunden war. Der Vater von Karl Marx zum Beispiel änderte seinen Vornamen von Herschel zu Heinrich und weil er ein preußischer Beamter werden wollte, ließ er sich 1824 taufen. Ludwig Börne wurde 1786 im jüdischen Ghetto von Frankfurt am Main als Juda Löb Baruch geboren. 1818 ließ er sich taufen. Dazu änderte er seinen Namen in Carl Ludwig Börne. Er glaubte, dass sein jüdischer Name seiner Karriere schaden könne. Als Journalist, Redakteur und Herausgeber engagierte er sich sehr für die noch junge Demokratiebewegung in Deutschland. Er wandelte sich vom Liberalen zum radikalen Republikaner. Auf dem Hambacher Freiheitsfest 1832 wurde er als Vorkämpfer der deutschen Freiheitsbewegung gefeiert. Ihm verdanken wir neben seinen oft provozierenden politischen und feuilletonistischen Schriften auch genaue, sozialkritische und realistische Schilderungen der wahren Zustände der Juden im Deutschland seiner Zeit. Bezeichnend für Börnes Zeit war sein Selbstverständnis, das er in seinen „Briefen aus Paris" 1832 folgendermaßen darstellte: „Die einen werfen mir vor, dass ich ein Jude sei, die anderen verzeihen es mir, der Dritte lobt mich gar dafür, aber alle denken daran. Sie sind wie gebannt in diesem magischen Judenkreise, es kann keiner hinaus...".

„Das 19. Jahrhundert, in dem sich überall der liberale Staat durchsetzte, war den jüdischen Assimilanten deshalb so willkommen, weil der Liberalismus überall zu einer Lockerung der historischen Bindung führte" schreibt Kurt Blumenfeld am 14. August 1933 aus

Jerusalem, wohin er im selben Jahr ausgewandert war, an Chaim Weizmann nach London. Die Juden hatten sich im Lauf ihrer Geschichte in einen Habitus der Einzigkeit begeben, der einen Isolierungsprozess zur Folge hatte. Zu Beginn des 19. Jahrhunderts zeigt sich hier ein deutlicher Wandel. Die Judenemanzipation wurde als Angebot zur Integration in die Gesellschaft des jeweiligen „Gastlandes" aufgenommen. Jochanan Bloch schreibt in seiner Abhandlung „Judentum in der Krise" S. 9: Die Juden „haben sich ihr anzupassen, sich in ihr zu verlieren gesucht, sie haben den Abstand von Jahrhunderten in einer ungestümen und schockierend erfolgreichen Anstrengung des Lernens überwunden und sind zu leidenschaftlichen Wortführern ihrer neuen Welt geworden, die sie nun, man versteht das gut, auch erneuern wollten." In ihrem existenziell durch Jahrhunderte erfahrenen Wissen um die Unerlöstheit der Welt, engagierten sie sich in den Erneuerungsbestrebungen ihrer Zeit, Emanzipation, Sozialismus und Zionismus. Das 1. Drittel des 19. Jahrhunderts war geprägt von der sogenannten „Judenemanzipation", die ich in einem gesonderten Kapitel behandle. Die Mitte des Jahrhunderts wurde durch den Aufbruch des Sozialismus / Kommunismus geprägt. Dem Zionismus, der gegen Ende des Jahrhunderts zur großen Bewegung wurde, ist die gesamte Untersuchung gewidmet. Deshalb hier nur noch einige Gedanken zu Sozialismus und Kommunismus. In den Kreisen, in denen die sozialistische Erneuerungsbewegung verhasst war, wurde sie als Ausgeburt des Judentums verstanden und dargestellt. Man verstieg sich sogar zu der absurd widersprüchlichen Verschwörungstheorie, die kapitalistische internationale Hochfinanz der Juden stecke dahinter. Karl Marx hat sich aber nicht deshalb sehr kritisch mit den Juden auseinandergesetzt. Er sieht in der Emanzipation der Juden als Konsequenz die Emanzipation der Gesellschaft von den Juden. Während andere sozialistisch orientierte Denker das mosaische Gesetz und die Botschaft der Propheten als den Sozialismus prägende Elemente sahen, nimmt Marx von dieser Argumentation Abstand. Für ihn ist der Sozialismus eben gerade übernational und somit auch nicht der Tradition einer einzigen Nation entsprungen. Darin ist auch die Ablehnung des Zionismus durch die Sozialisten / Kommunisten begründet. Dennoch entstand eine sozialistische Strömung innerhalb des Zionismus, die aber erst Anfang des 20. Jahrhunderts deutlich an Einfluss gewann. Schließlich wurde die Synthese von Zionismus und Sozialismus in der Aufbauphase der jüdischen Gesellschaft in Palästina für deren Struktur maßgebend. Mit den Kibbuzim entstanden die ersten freien sozialistischen Gemeinwesen, die nicht staatlichem Dirigismus entsprungen sind. Die Dialektik jüdischer Existenz, einerseits Teil einer weltweiten Diaspora und andererseits einem einzigen Volk zugeordnet zu sein, bleibt eine unauflösbare Diskrepanz, wie die zwei Pole eine Ellipse. So sind schon in der biblischen Überlieferung beide Traditionen des Königtums und dessen Widersacher erhalten. Nationales Selbstbewusstsein und prophetische Mahnung zu sozialer Gesinnung gehören bis heute zur Dialektik der jüdischen Gesellschaft. Diese instabile Spannung aber ist zugleich auch ein Kraftfeld, dem eine neue Bewegung entspringen kann. Theodor Herzl war insofern Kind seiner Zeit, als er sich als Jude in seiner österreichischen Heimat assimiliert hatte. Er wollte deutscher Schriftsteller werden. Er bescheinigte noch 1882 den Juden „Schiefe der Judenmoral" und „Mangel an sittlichem Ernst", so Alex Bein in seinem 1934 in Wien erschienenen Buch „Theodor Herzl", S. 64. Herzl hat die Idee der Siedlung von Juden in Palästina nicht geschaffen. Sie erwuchs der chassidischen Bewegung in der Mitte des 18. Jahrhunderts, in der auch die Wurzeln der christlichen Zionssehnsucht zu finden sind. Herzls Ansatz ist nicht religiös begründet. Dennoch ist die zionistische Bewegung nicht ohne den messianischen Gedanken der Rückkehr ins verheißene Land zu verstehen. Herzls Eltern waren noch in der traditionellen Rolle des von der Gesellschaft abgesonderten Judentums verhaftet, und er selbst bemühte sich um seinen Platz in der nichtjüdischen Gesellschaft. So ist auch zu verstehen, dass er sein Verständnis des Zionismus nicht in jüdischem, sondern in säkularem europäischem

Geist entsprungen sah. Ob er dies aus strategischen Überlegungen heraus so verstand bzw. darstellte, entzieht sich meiner Kenntnis. Denkbar wäre schon, dass nach den Erfahrungen mit dem Sozialismus sich dies nahelegte.

1897 ist schließlich in der ersten Ausgabe von „Der Zionist", der Zeitschrift der nach dem 1. Zionistenkongress 1897 gegründeten „Zionistischen Vereinigung von Deutschland" zu lesen: „‚Assimiliert Euch, dann wird es besser werden!' rief man uns mit Pathos zu. Wir haben es getan. Wir haben uns assimiliert bis auf die Nasen. Wir haben alle Sitten und Gebräuche der Völker, ohne sie auf ihren Wert zu prüfen, nachgeahmt, wir haben unsere eigenen Sitten vergessen, unsere eigene Kultur vernachlässigt. Was hat uns das genützt? Wir sind in den Augen der Völker Juden geblieben, das heißt nicht Bekenner des jüdischen Glaubens, sondern Söhne eines anderen Stammes... Wir haben um die Gunst der arischen Völker lange genug gebuhlt, sogar unter der Aufgabe der eigenen Würde, aber diese Dame ist sehr spröde, und je mehr man sich ihretwegen demütigt, desto weniger gefällt man ihr...". Joh. de le Roi schreibt in seinem 1899 in Leipzig erschienenen „statistischen Versuch" mit dem Titel „Judentaufen im 19. Jahrhundert: „Sie wollten fortan Deutsche, Engländer, Franzosen etc. sein und nur noch eine besondere Religionsgemeinschaft bilden. Mendelssohn, der Vater des neuen Kulturjudentums und sein Anhang haben entschieden geglaubt, auf diese Weise für sich und alle anderen die... Judenfrage gelöst zu haben... Die Folgen aber sind nicht ausgeblieben. Alle Nachkommen Mendelssohns sind jetzt Christen, und ein großer, immer breiter werdender Strom von Juden hat sich in die verschiedenen christlichen Kirchen ergossen. Seit der Anfangszeit der christlichen Kirche hat sich... noch nie eine so große Menge von Juden der Kirche angeschlossen, und die Führer der Juden zeigen sich von dieser Tatsache immer mehr bedrückt."

Der Zionismus richtete sich zu Beginn in erster Linie gegen die Assimilation der Juden in Deutschland, aber auch in Österreich.

Diese aber waren dem Zionismus gegenüber sehr skeptisch, hatten sie doch jüngst erst ihre bürgerliche Eingliederung nahen sehen. Viele liberale Rabbiner dachten ebenso. Von den Zionisten wurden diese als „Protestrabbiner" besonders angegriffen. Wenn der Zionismus auch noch einen weiten Weg bis zu seiner Realisierung in Palästina vor sich hatte, so verhalf er doch immer mehr Juden zu neuem Selbstbewusstsein in den alten Einschränkungen. Aufs Ganze gesehen kann der Assimilationsbewegung der Vorwurf nicht erspart bleiben, keine ernsthafte Auseinandersetzung mit der Orthodoxie gesucht, geschweige denn geführt zu haben. Auch blieb der ernsthafte Versuch einer religiösen Erneuerung aus.

# Die sogenannte „Judenfrage"

In Großbritannien hatte sich schon Mitte und in Frankreich Ende des 18. Jahrhunderts die „jewish question" bzw. „la question juive" unüberhörbar artikuliert. Allerdings in dem Sinne eines berechtigten Anspruchs der Juden auf eine rechtlich und politisch angemessene Lösung ihrer anstehenden Emanzipation. In Deutschland wurde erst ab Mitte des 19. Jahrhunderts die sogenannte „Judenfrage" erörtert, jedoch mehr aus dem Blickwinkel der Nichtjuden, die mit Argwohn die Emanzipation der Juden beobachteten. Man fürchtete, dass die den Fortschritt der durch die Aufklärung verursachten gesellschaftlichen Entwicklung bremsen oder gar verhindern könnte. Unter dem Begriff „Judenfrage" oder auch „Judensache" verbarg sich mehr oder weniger verhohlen Antisemitismus. Der meldete sich zu Beginn des Kaiserreichs immer deutlicher zu Wort. Schließlich unterstellte man den Juden die Schuld am sogenannten „Gründerkrach", dem Zusammenbruch des Wirtschafts- und Finanzsystems Ende der 1870er Jahre. Bruno Bauer, der judenkritische Religionsphilosoph vertrat 1843 in einem Aufsatz mit dem Titel „Die Judenfrage" die Ansicht, die Juden ließen sich nicht integrieren, weil sie unbeirrt an ihren religiösen Traditionen und an ihrer Auserwählung durch Gott festhielten. Der Christ stehe hoch über dem Juden. Dieser sei ein Fremdling, „ein schlaffes, kraftloses, bösartiges Wesen". Karl Marx antwortete 1844 darauf in seinem bekannten Aufsatz „Zur Judenfrage". Darin fordert er die rechtliche Gleichstellung der Juden. Er wirft ihnen „Schacher" vor, was aber auch für die Christen gelte. Marx spricht von „sozialer Emanzipation", die aber nur erfolgreich sein kann, wenn die Gesellschaft von der Macht des Geldes befreit ist. Das beträfe Juden wie Christen in gleicher Weise. Marx muss sich oft gegen den Vorwurf verteidigen, er sei selbst Antisemit. Dagegen verteidigt er sich, erwartet aber von den Juden, dass sie sich in die „eine Menschheit" hinein integrieren bzw. auflösen. Nach 1844 hat sich Marx nie wieder direkt zur Judenfrage geäußert.

Die kritischen Äußerungen zur Judenfrage nahmen stark zu. Bekannt ist auch Richard Wagners Schrift „Das Judenthum in der Musik" von 1850, die er unter dem Pseudonym K. Freidank veröffentlichte. Darin ist zu lesen: „...das unwillkürlich Abstoßende, welches die Persönlichkeit und das Wesen der Juden für uns hat, zu erklären, um diese instinktmäßige Abneigung zu rechtfertigen, von welcher wir doch deutlich erkennen, dass sie stärker und überwiegender ist, als unser bewusster Eifer, uns dieser Abneigung zu entledigen." Über Mendelssohn-Bartholdy, den er einst als „das größte Musikgenie seit Mozart" bezeichnete, schreibt er nun: „Sehr natürlich gerät im Gesange, als dem lebhaftesten und unwiderleglich wahrsten Ausdrucke des persönlichen Empfindungswesens, die für uns widerliche Besonderheit der jüdischen Natur auf ihre Spitze." Oder: „Die Periode des modernen Judentums in der Musik ist geschichtlich als die der vollendeten Unproduktivität, der verkommenen Stabilität zu bezeichnen... [Mendelssohn-Bartholdys Kompositionen] beweisen Zerflossenheit und tragisches Gefühl der eigenen Impotenz. Gestaltungslose, seichte, mit dem Anschein der Solidität matt sich übertünchende Manier... sind die Folgen der Einmischung des Judentums in die Musik." Ähnlich verfährt er mit Meyerbeer. Noch 1841 hatte er über ihn gesagt: „Ohne ihn wäre ich nichts". Jetzt aber schreibt er: „Dieser täuschende Komponist... wusste, ohne Künstler zu sein, doch Kunstruhm sich zu verschaffen." Friedrich Nietzsche hatte mit Wagner 1876 wegen dessen offenem Antisemitismus gebrochen.

Antisemiten wendeten sich lautstark gegen die ab 1871 geltende gesetzliche Gleichstellung der Juden. Die Gesellschaft in Deutschland sei eben einmal vom Christentum geprägt. Integrierte Juden würden so schließlich in Politik, Wissenschaft, Kultur und Wirtschaft nach oben drängen. Der protestantische Hofprediger beim Kaiser und Pionier der Diakonie und der Berliner Stadtentwicklung, Adolf Stoecker, äußerte sich unumwunden zur Judenfrage. Er forderte die Entfernung der Juden aus öffentlichen Ämtern. Der deutsche Journalist Wilhelm Marr (1819-1904), prägte 1879 vermutlich den

Begriff „Antisemitismus". Allerdings ist das Adjektiv „antisemitisch" schon 1873 belegt. Seine Schrift „Der Sieg des Judentums über das Christentum – vom nichtkonfessionellen Standpunkt betrachtet" erschien 1879 in Berlin und erfuhr noch im selben Jahr 12 Auflagen. Darauf gründete er die „Antisemitenliga" und gab schon im folgenden Jahr 1880 deren Zeitschrift „Die neue deutsche Wacht" heraus. Die traditionelle Judenfeindschaft in Deutschland war religiösen Charakters. Marr aber nannte die Juden „Parasiten", die einer fremden Rasse angehören. Sie würden Deutschland ausbeuten. Deshalb müsste man sie aus dem Land vertreiben. Immer häufiger ist der Begriff „Weltjudentum" zu hören und zu lesen. Damit soll eine kollektive Bedrohung beschworen werden. In der „Liste historischer Titel zur Judenfrage" sind für den Zeitraum von 1873 bis 1900 ungefähr 500 Veröffentlichungen aufgeführt. Das „Handbuch der Judenfrage", das aus Theodor Fritschs „Antisemitismus-Katechismus" von 1887 hervorging hatte 1934 schon seine 49. Auflage zu verzeichnen. Darin sind alle Vorurteile gegenüber den Juden aufgelistet. Gegen Ende des 19. Jahrhunderts häufen sich die Forderungen nach Aberkennung der Staatsbürgerrechte für die Juden und nach deren Ausweisung. So wird der Wunsch unter den Juden nach einem eigenen Staat immer deutlicher artikuliert. Noch vor Theodor Herzl veröffentlichte Nathan Birnbaum 1893 sein programmatisches Werk: „Die Nationale Wiedergeburt des jüdischen Volkes in seinem Lande als Mittel zur Lösung der Judenfrage". Theodor Herzl: „Die Judenfrage besteht. Es wäre doch töricht, sie zu leugnen." (Zitiert nach „Lexikon des Holocaust", hrsg. Wolfgang Bentz, Seite 108). Herzls Hauptschrift „Der Judenstaat" von 1896 hat den Untertitel: „Versuch einer modernen Lösung der Judenfrage". „Der Zionismus" hieß die erste Veröffentlichung der „Zionistischen Vereinigung von Deutschland" nach dem 1. Zionistenkongress 1897. Dort steht: „Der Zionismus erstrebt eine dauernde Lösung der Judenfrage durch die Gründung einer öffentlich-rechtlich gesicherten Zufluchtsstätte für solche Juden, die im Lande ihrer Geburt nicht bleiben können oder wollen. – Der Zionismus erstrebt die Rückkehr eines großen Teiles der Juden zum Ackerbau auf dem historisch geweihten Boden Palästinas."

# Judenpolitik im Königreich Württemberg

Am 21. Februar 1828 hielt der Abgeordnete Wilhelm Hofacker eine Rede in der Abgeordnetenkammer in Stuttgart: „... ich bedaure diese verstoßene, verachtete, vertriebene Nation, auf welcher der sichtbare Fluch ihres Gottes ruht... ich lege die Vortheile und Nachtheile in die Waagschale, welche 1.500.000 Württembergische Christen von 8 bis 9.000 Juden zufließen... ich will im Namen meiner gedrückten Mitbürger, der Landleute, welche die Juden ausgesogen, der Armen, welchen sie das Letzte abgepresst haben, reden... Die Juden sind schon seit mehr als 1.500 Jahren in Deutschland bekannt. Schon unter der römischen Herrschaft finden wir sie in einigen Städten, später wussten sie sich bald da, bald dort einzuschleichen, ihr Netz von der einen Stadt zu der anderen zu spannen. Aber sie waren damals, wie jetzt... gehasst und gemieden. Nur die Herrscher begünstigten sie und ihren Aufenthalt, gewöhnlich des Geldvorteils wegen, aber darum wurden sie weder Bürger noch Genossen... denn ein Häuflein, das sich in 1.800 Jahren nicht mit der Masse vermischt, das will sich nicht vermischen, das will sich absondern, das trägt den Keim der Trennung und Isolierung in sich... Noch im Jahr 1802 gab es keinen Juden im ganzen Herzogthum Württemberg, wenn sich auch hie und da ein Hofjude eingenistet hatte. Das war eine schöne Zeit; sie ist leider verschwunden."

Die Verbrüderung mit Napoleon brachte dem württembergischen Herzog die Königswürde und erheblichen Gebietszuwachs. Dadurch und durch das General-Reskript vom 12. Oktober 1808 durch den inzwischen zum König arrivierten Friedrich I. kamen mit einem Mal viele Juden ins neugegründete und arrondierte Königreich.

Weiter Hofacker: „Es bleibt also dabei, die Juden, welche noch nicht für ihre Person in den Landesschutz aufgenommen sind... dürfen rechtlich ausgetrieben werden. Ob sie ausgetrieben werden können, ist eine ganz andere Frage. Es ist dies faktisch nicht möglich, weil die Nachbarstaaten sie mit Protest zurückschicken würden...

70

Aber schade, dass es nicht möglich ist; der Judengesetze könnten wir dann füglich entbehren. Leider aber müssen wir dieses Volk behalten... Sie sind überall reicher geworden als die Christen, und sie vermehren sich in schreckhafter Progression. Ich will nur noch hinzufügen, dass... auch die württembergischen jüdischen Gauner sich vermehren, und dass man bisher vergebens nach einem Mittel geforscht hat, diesem Unwesen Einhalt zu tun... Die Juden sind uns zur Last 1) durch ihren aussaugenden Wucher und Schacherhandel, den sie mit Ausschluss der ordentlichen Gewerbe treiben; 2) durch ihre moralische und physische Verderbnis; 3) durch ihre religiöse und politische Absonderung und feindliche Stellung...“

Ein anderer Abgeordneter, der Pfarrerssohn Christian Jakob Zahn aus Calw, der auch 1828 eine judenfeindliche Schrift verfasst hatte, verdammte darin und in seiner Rede vor der Abgeordnetenkammer die Juden und ihren Glauben: „Vor allem glaube ich, dass durchaus an keine Verbesserung der Juden zu denken ist, solange sie den Talmud beibehalten.“ Rose S. 142: „Ihr Glaube an den kommenden Messias und ihre anderen Ansichten, hinderten sie daran, loyale Bürger und Untertanen des Königs zu werden. Wie sollte der jüdische Bürger seinen Bürgerpflichten gegenüber dem König nachkommen, wo er doch auf die Ankunft des Messias warte?“ Juden sind nach Zahn verderbt, korrupt und nicht fähig, christliche Bürger zu werden.

Zahn: „Nun denke ich, könnten in Württemberg die 8.000 Juden weit eher sich nach den 1.500.000 Christen richten als umgekehrt, und wende jenen Vorschlag um, indem ich glaube, dass der jüdische Sabbath auf den christlichen Sonntag zu verlegen wäre.“

Aus verschiedenen Orten kam der Vorschlag, man möge die Juden doch in speziell dafür ausgewiesenen Kolonien ansiedeln. Dort könnten sie auch am Sonntag arbeiten.

Hofacker, der Kopf der antijüdischen Fraktion, wurde in der Debatte auch scharf angegriffen. Ihm wurde entgegengehalten, die Juden seien nun Württemberger und nicht Juden oder Israeliten.

Am 25. April 1828 wurde das „Gesetz, in Betreff der öffentlichen Verhältnisse der israelitischen Glaubens-Genossen" von König Wilhelm I. erlassen. Darin werden den Juden die Rechte der Württembergischen Untertanen garantiert. Durch zahlreiche Ausnahmen aber blieben die Juden sehr eingeschränkt. Eine Konsequenz aber ergab sich daraus: Neben der protestantischen und der katholischen Oberkirchenbehörde wurde nun eine jüdische eingerichtet. Alle drei unterstanden dem Ministerium des Innern.

Über die "geistigen Eigenschaften der Einwohner von Michelbach" (Lücke) äußerte sich der Gemeindepfarrer 1831 folgendermaßen: „Bei der großen Anzahl Juden, die mehrenteils Viehhändler sind, ist es immer lebhaft in dem Ort, aber wie sich auch wohl denken lässt, die geistige Eigenschaft der Einwohner jüdischer Art: List, Trug, Vervorteilung des andern, heute nicht mehr zu halten, was man gestern mündlich versprochen hat."

Auf einer Rabbinerkonferenz in den 40er Jahren wurde eine Resolution verabschiedet, in der gefordert wurde, die Bitten um die Heimkehr ins gelobte Land der Väter und um die Wiederherstellung eines jüdischen Staates zu streichen. „Stuttgart ist das neue Jerusalem" der Juden wurde im württembergischen Parlament gespottet. Zum einen schien es, als seien die Juden nun endlich in einer neuen Identität als Bürger eines deutschen Landes angekommen. Zum andern aber weckte dies genau die Angst vieler Deutscher, nun wollten die Juden sich hier für immer heimisch einrichten. Die alten Vorurteile spitzten sich zu: „Schon jetzt ist fast das ganze Kapital der Erde" in den Händen der Juden, ...und in nicht so ferner Zeit wird sich auch die äußere Macht dazu gesellen", ließ sich der Abgeordnete Friedrich Rödlinger vernehmen. Er wies allerdings auch darauf hin, dass „die christlichen Glaubensbrüder... über Jahrhunderte hinweg zur Isolierung der Juden beigetragen" hätten. Er äußerte seine Überzeugung, dass der Widerstand der Christen an den schlechten Lebensverhältnissen der Juden nicht unwesentlich schuld wäre. Eine wichtige Rolle in der Debatte spielte die christlich-jüdische Mischehe. Die Juden, so war zu hören, würden doch die christliche Religion hassen und Jesus für einen Gotteslästerer und Betrüger halten. Andere waren der Ansicht, durch solche Mischehen würden die Juden allmählich assimiliert und mit der Zeit als Juden in der Gesellschaft ganz verschwinden. Alle waren sich wohl darin einig, dass die Emanzipation schließlich zur vollkommenen Assimilation führen sollte. In Wirklichkeit aber wurde durch sie einerseits der moderne Antisemitismus provoziert und zum andern die schlummernde Zionssehnsucht geweckt.

1862 wurden die Zünfte und Gilden endgültig abgeschafft, die traditionsgemäß die Stimmen der Mehrheit des Volkes vertraten. In dieses Vakuum stieß die Evangelische Kirche vor, indem sie die Bedenken gegen die Judenemanzipation vertrat. Aus etwa 30 Gemeinden, in denen keine Juden lebten, kamen laute Proteste und Unterschriftenaktionen. Viele alte Resentiments kamen wieder zum Vorschein. Sie sahen die christliche Identität des Staates in Gefahr. Im Gegensatz zu Kirche, Zünften, und Adel unterstützte König Wilhelm I. den Emanzipationsprozess der Juden. So geschah es auch im Königreich Bayern und im Großherzogtum Baden. Kritik kam wieder von Seiten der Christen, die eine Bevorzugung der reichen Juden vor den armen Christen fürchteten. Die endgültige Gleichstellung wurde am 13. August 1864 von König Karl mit dem „Gesetz betreffend die bürgerlichen Verhältnisse der israelitischen Glaubens-Genossen" besiegelt. In allen Synagogen wurde für dieses Gesetz gedankt. Die Auswanderung von Juden – aber auch von Christen – nach Amerika ging in gewohntem Umfang weiter.

Als Württemberg 1869 dem Norddeutschen Bund beitrat, fiel auch hierzulande das Verbot der Mischehe zwischen Christen und Juden weg. Die latenten Spannungen zwischen Christen und Juden waren aber noch nicht überwunden. In der Karwoche 1873 kam es im sonst ruhigen Stuttgart zu Ausschreitungen gegenüber jüdischen Geschäften mit Verwüstung und Plünderung. Diese Zuspitzung der Feindschaft in der Osterwoche hat eine uralte böse Tradition mit Übergriffen auf die Juden als Christus-Mörder. Immer wieder trugen sogar die Gebete in den Kirchen dazu bei.

Von der zunehmenden Landflucht waren nicht zuletzt die Juden betroffen. Wieder war der Spott – auch von jüdischen Mitbürgern – zu vernehmen, Stuttgart sei das Jerusalem der Dorfjuden geworden.

Der revolutionäre Schwung von 1848 hielt in Württemberg nicht lange vor. Die im gleichen Jahr von der Regierung erlassenen Gesetze zu den Grundrechten der Bürger wurden am 5. Oktober 1851 bereits wieder aufgehoben. Damit war die Weiterentwicklung der Demokratisierung selbst gefährdet. Nicht ganz aufgegeben war die Juden-Emanzipation, wenngleich sie wieder am Stand von 1828 orientiert wurde. 1852 erreichte das Parlament eine Bittschrift aller Juden in Württemberg: Darin ist die Rede vom großen „Schmerz, welcher in diesem Augenblick im Herzen aller Israeliten brennt", denn sie befürchteten eine erneute Welle der Unterdrückung. Sie forderten erneut die Grundrechte aller Bürger auch für die Juden ein. In der Abgeordnetenkammer wurde 1855 eine neue Gesetzesvorlage debattiert. Dabei kamen wieder erhebliche Vorurteile und entwürdigende Äußerungen gegen die Juden unverhüllt zur Sprache. Auch von „Nationalgefühlen der Juden für Palästina" war die Rede. Obwohl sich die aufgeschlossene, in Stuttgart erscheinende Tageszeitung „Der Beobachter" sehr für die Rechte der Juden einsetzte, blieb der Gesetzentwurf unerledigt.

Nach und nach erschienen zunehmend politische Zeitungen mit jüdischen Herausgebern. Herausragend war das in Rottweil erscheinende Blatt „Rottweiler Chronik" von Dr. Rothschild.

Ab 1860 erwachte erneut die Auseinandersetzung um die Juden-Emanzipation. Dem württembergischen Parlament wurde eine neue Gesetzesvorlage unterbreitet, die eine Änderung des seit 1828 geltenden „Gesetzes über die Verhältnisse der israelitischen Glaubens-Genossen" anstrebte. 1861 versammelten sich 300 engagierte Juden im Jüdischen Waisenhaus in Esslingen. Dabei wurde ein „Ausschuss für

Juden-Emanzipation" gebildet. Die „Allgemeine Zeitung des Judentums" verbreitete die in fast allen deutschen Ländern erwachenden
Anstrengungen der Juden. Schließlich hieß es in der Gesetzesfassung
vom 31. Dezember 1861: „Die staatsbürgerlichen Rechte sind unabhängig von dem religiösen Bekenntnisse."

# Judenmission

In der Neuzeit fand die Judenmission insbesondere im Pietismus neuen Auftrieb. Schon Philipp Jacob Spener missionierte im jüdischen Ghetto in Frankfurt. Mission unter den Juden Böhmens und der Niederlande hatte sich auch Graf Zinzendorf zur Aufgabe gemacht. Die Aufklärung aber verbreitete den Gedanken der Toleranz und entzog damit auch der Judenmission ihre Dynamik. Die Folge war die sogenannte Judenemanzipation. Die Juden begaben sich mehr und mehr aus sich heraus in die christliche Gemeinschaft hinein. Dieser Prozess wurde Assimilation genannt. Unterdessen ging die Judenmission, durch die Erweckungsbewegung erneut bestärkt, weiter. Neue Missionsgesellschaften entstanden. Darunter nicht wenige, die sich nur mit der Mission unter den Juden befassten. Den Anfang machte 1809 die ‚London Society for Promoting Christianity amongst the Jews‘. 1822 folgte die ‚Berliner Israelmission‘. Weitere entstanden in der Schweiz, in den Niederlanden und in den skandinavischen Ländern. Diese Aktivitäten wurden von den Juden zunehmend kritisch beurteilt. Dies fand auch seinen Niederschlag in ihren Medien. So berichtet die „Allgemeine Zeitung des Judentums" in Nr. 43 vom 20. Oktober 1845 von einem Stuttgarter Missionsfest. Dort wird der Festredner zitiert: „Es ist viel geschehen in den letzten fünfzig Jahren an den Heiden, und in den letzten 25 Jahren auch an den Juden. Wenn noch achthundert Millionen Heiden und sieben Millionen Juden nicht von dem Namen Jesu wissen, sollen da nicht Heere gesammelt werden?" Der Berichterstatter der Zeitung fährt dann fort: „Auch wir werden bisweilen von Emissären solcher Seelenjagdgesellschaften besucht. Der Orthodoxe und Indifferente schenkt ihnen kein Gehör..."

Bald schon zeigte sich, dass die Judenmissionare zu wenig auf ihre Aufgabe vorbereitet waren. Sie waren zu sehr auf das in der Bibel überlieferte Bild des Judentums fixiert. Welche Entwicklung es aber in der langen, seither vergangenen Zeit gemacht hatte, wurde kaum wahrgenommen. Wo dies aber geschah, da wurde das zeitgenössische Judentum als ein dekadenter Abfall von der wahren Bestimmung eines Volkes Gottes bewertet. Dass das vom Talmud geprägte zeitgenössische Judentum seinem Ende entgegen ging, war für die meisten Missionare unleugbare Realität. Man belegte diese Richtung mit dem Schlagwort „Rabbinismus"; dieser erliege seiner selbstgemachten Gefangenschaft in der Gesetzlichkeit. Die andere Richtung war von Emanzipation und Assimilation geprägt. Die dieser Reformbewegung, der „neuen Synagoge" anhängenden Juden seien, so glaubten die Missionare, dem Christentum gegenüber aufgeschlossener. Sie hätten sich schon dem Neuen geöffnet, weil sie mit der alten, zum Ritual erstarrten Frömmigkeit nicht mehr zufrieden waren. So hoffte man, dass der Übertritt zum Christentum bevorstehe. Der Widerstand unter den Juden gegenüber der christlichen Werbung wuchs aber in beiden Lagern. 1848 urteilt die Preußische Judenmissionsgesellschaft: „Das Verlassen der alten Synagogen und die Errichtung neuer Tempel, der Kampf, der darüber unter den Juden selbst ausgebrochen ist, gibt Zeugnis davon, dass im Innern des Judentums selbst die Auflösung begonnen hat." Der Rationalismus habe sich aber nicht nur unter den Christen, sondern auch unter den Juden breit gemacht. Der Streit um die rechte Emanzipation reichte bis in die Reihen der Judenmissionare. Man sah sie zum einen als Ergebnis der zu bekämpfenden Aufklärung, zum anderen aber als eine geistige Öffnung, die dem Christentum gegenüber aufgeschlossener war. Dass sich das Judentum von dem die ganze Gesellschaft ergriffenen Erneuerungsprozess infizieren hat lassen, wurde christlicherseits als Zeichen der bevorstehenden und die messianische Endzeit einleitenden Bekehrung des Volkes Israel gesehen. Allerdings waren weder traditionelle noch reformorientierte jüdische Kreise der missionarischen Zuwendung gegenüber empfänglich. Dies und die bisherigen Misserfolge der Judenmissionsgesellschaften führte endlich zu kritischer Reflexion. Man habe sich zu wenig um Gottes Volk bemüht.

Diese Einsicht machte sich auch in den Gemeinden, wie hier in Bayern, breit. So schreibt Pfarrer Theodor Meißner in der „Pfarr-Chronica" der oberfränkischen Gemeinde Aufseß: „Vor ca. zwei Jahren (1860 / 61) war auch ein Judenmissionar hier, welcher die hiesige Judenschaft besuchte. Er konnte aber nichts ausrichten. Dahier ist kein Boden für solche Arbeit. Das Haupthindernis sind leider die Christen selbst, welche den Juden mit allzu schlechtem Exempel vorangehen." Auch in der „Pfarrbeschreibung" von Ottensoos bei Lauf aus dem Jahr 1833 findet sich eine ähnliche Bemerkung: „Irgend eine Spur von Neigung das Christentum anzunehmen oder auch nur irgend anzuerkennen, wird sich in der hiesigen Judenschaft wohl nicht nachweisen lassen. So Mancher bei uns Christen macht es den Juden auch zu schwer. In vieler Beziehung müssen sich die Juden den Christen überlegen vorkommen z.B. hinsichtlich der Erziehung der Kinder zu Anstand, Höflichkeit und Fleiß, des Worthaltens, der Ehrung der Alten, der Sabbat- bzw. Sonntagsheiligung etc." Wenn hier auch im Wesentlichen nur von sogenannten Sekundärtugenden die Rede ist, zeigt sich doch eine sensiblere Wahrnehmung der Judenschaft, als dies in weiten Teilen der Öffentlichkeit der Fall war. (beide Zitate entstammen dem Aufsatz „Zur Geschichte der evangelischen Judenmission im Bayern des 19. Jahrhunderts – Zwischen Hoffnung und Enttäuschung" von Gerhard Philipp Wolf in „Zeitschrift für bayerische Kirchengeschichte, Jahrgang 54, Nürnberg 1985)

Auch Franz Delitzsch, der Herausgeber der Judenmissionszeitschrift „Saat auf Hoffnung" ist der Meinung, dass die meisten Christen in ihrem Lebenswandel keine Empfehlung für das Christentum abgäben. Aber er plädiert sehr für Judenmission, weil es das Volk zu lieben gilt, „aus dem sein Heiland geboren ist."

Die Revolution von 1848 wurde als Strafe Gottes dafür angesehen. Diese Einsichten wurden in manchen Kreisen zum Nährboden für eine Neuorientierung. Dort ging man zunehmend davon aus, dass nicht die Juden, sondern zuerst die Christen bekehrt werden müssten.

Auch die Christen gehörten zum Volk Gottes. Am weiter unten dargestellten Beispiel der „Templer" soll gezeigt werden, wie sich diese Einsicht konkretisierte und zu einer Sammlung des christlichen Gottesvolkes mit dem Ziel der endgültigen Siedlung im Heiligen Land wurde.

Zunehmend wagte es die jüdische Presse, sich deutlich und kritisch zur Judenmission zu äußern. In Heft 25 der „Allgemeinen Zeitung des Judentums" vom 30. Juni 1837 nimmt sie Bezug auf einen Artikel aus der evangelischen Kirchenzeitung, Nr. 42 u. 43 mit der Überschrift ‚Jüdische Polemik': „...so mögen wir uns auch einmal in die unterirdischen Gänge des Pietismus versenken, und nachsehen, wie wir aus denselben zum Lichte kommen können. – Sie geht von dem Vorsatze aus: ‚Das Judenthum ist, weil es in das Christenthum nicht aufgegangen, eine Ruine der Vorzeit, aus der das Leben verschwunden, und hat sich selbst von der Erfüllung der Verheißung ausgeschlossen.' Mag nun die letzte Hälfte dieses Satzes der evangelischen Zeitung vergeben werden, da sie aus ihrem Standpunkte dies annehmen muss: so ist doch die erste Hälfte eine Lüge, die sich dieser Art Leute erlauben, weil es so schön und so leicht gesagt ist, weil sie damit Alles gesagt hätten, und weil sie das Judenthum wirklich längst schon zu begraben wünschen." Zunehmend verbreitet sich Verbitterung und Häme angesichts der oft niveaulosen Missionare und ihrer Traktätchen: „Diese Traktätlein werden jedoch nur von Wenigen gelesen. Gewöhnlich nimmt sie der Konvertit vor, um für sich, a posteriori, wegen seines Glaubenswechsels Gründe herauszufinden. Zuweilen aber auch der in seinem Glauben denkende Jude; der sie jedoch gleich im gerechten Unmute ob der darin herrschenden Erbärmlichkeit und Lügenhaftigkeit entrüstet, wegwirft..." In der in Frankfurt seit 1855 erscheinenden jüdischen Zeitung „Jeschurun" (Alte Folge) Nr. 16 von 1883 wird eine Schrift von Chisuk Emunah erwähnt, die sich mit einer ‚Kritik des Christentums' befasst. Darin tritt der Verfasser dem ‚christlichen Bekehrungseifer' entgegen. „Jeschurun": „Solche Schriften werden aber so lange und überall da und dann erscheinen, wo und wann die christliche Mission es als ihre Aufgabe betrachtet, in oft zudringlicher Weise an wenig gegen ihre Zumutungen gewappnete Gemüter hinanzutreten. Dass da und dann jüdische Gelehrte es ihrerseits als ihre Aufgabe betrachten dürfen, ihre der Verleitung zum Abfall ausgesetzten Brüder mit den Vertheidigungswaffen der Erkenntnis zu rüsten, wird kein Einsichtsvoller, billig denkender Mann... übelnehmen."

In „Jeschurun" (Alte Folge) Heft 22 vom Juni 1886 ist unter der Überschrift „Ein Rezept für Judenmissionare und solche, die es werden wollen" zu lesen: „Herr L. Anacker, Sekretär des lutherischen Zentralvereins für Mission unter Israel, unter dem Titel ‚Stephanus Schultz, ein Lebensbild aus der Judenmission unserer Kirche' (hat) gezeigt, wie man es anfängt, um die Juden zu bekehren. Das ist gar nicht so leicht, wie vielleicht Mancher glaubt. Es gehört viel Geist, viel Gewandtheit, viel Geduld und viel Glauben dazu, und ob es dann noch gelingt, das erscheint auch noch zweifelhaft." Im „Hannoverschen Sonntagsblatt" wird über diesen Stephanus Schultz ausführlich berichtet. Der Berichterstatter von „Jeschurun" kann seinen Zynismus nicht verhehlen: „Der Judenmissionar Schultz erscheint hier in dem ganzen Glanze geistiger Größe, und man wird es nur zu erklärlich finden, wenn in Krakau, Fürth, Halberstadt u.a. O., wo er seines heiligen Amtes gewaltet, nächstens alle Juden sich durch ihn taufen lassen werden. Man höre nur die Geschicklichkeit mit welcher er sich den Juden zu nahen pflegt. Wenn man die Sache so klug anfasst, ist es klar, dass niemand widerstehen kann." Der Vollständigkeit halber hier noch ein Beispiel, das viel über das Niveau der Judenmission des Stephanus Schultz aussagt und deshalb auch vollständig zitiert werden soll: „In Halberstadt fragt ihn ein Jude, ob er etwas zu handeln habe. Er sagt zu dem Juden: ‚Ihr wollt noch handeln, ihr seid doch ganz bankrott?' Zufällig stimmt dies bei diesem Juden auch für die äußeren Verhältnisse. Aber Schultz wandte es bald anders. Er sagt zu ihm: ‚Das Verkaufen habt ihr wohl gelernt, aber das Einkaufen ohne Geld und umsonst, von dem Jsaias spricht, habt ihr nicht verstanden.'

Verwundert fragt der Jude: ‚Was haben wir denn verkauft?' Schultz antwortet: ‚Der eine Sohn eures Vaters Isaak, nämlich der Esau, verkaufte seine Erstgeburt um ein Linsengericht, die Söhne Jakobs verkauften ihren Bruder Joseph an die Midianiter um 20 Silberlinge; hernach verkauften eure Vorfahren die Armen um ein paar Schuhe (Amos 8, 6). Euer letzter Handel aber, durch den ihr hauptsächlich bankrott geworden seid, ist die Verkaufung des Messias um 30 Silberlinge (Sach. 11, 12).' Mit der Antwort: ‚Ihr seid verrückt', rannte der Jude davon. Die gleiche Antwort erhielt Schultz noch von manchem Halberstädter Juden, mit dem er dasselbe Gespräch führte." Der namentlich nicht genannte Verfasser der Zeitschrift „Jeschurun" schließt seinen Artikel: „Wir sind wirklich begierig die Juden kennen zu lernen, die so einfältig sind, um sich durch solch albernes Geschwätz ködern zu lassen. Ein solch dummer Kauz könnte sich für Geld sehen lassen. Wir glauben jedoch, dass es gar keinen gibt, der auf diesen Leim gegangen ist. Die Herren täten wirklich besser, ihre Zeit und ihr Geld auf nützlichere Sachen zu verwenden, als auf die Beglückung der Juden durch solche Praktiken. Wir empfehlen ihnen, den Herren Antisemiten Liebe und Gerechtigkeit zu predigen, das dürfte ihnen doch näher liegen."

Neben der Schlichtheit judenmissionarischer Anstrengungen soll auch die gelegentlich unverhohlen geäußerte Verachtung der Juden nicht verschwiegen werden. Wiederholt sind solche Vorurteile von de le Roi (s.o.) geäußert: „Das jüdische Wirken auf sozialem Gebiete lässt sich kurz in den Satz zusammenfassen: Verdrängung christlicher Gedanken und Ersetzung derselben durch Gedanken und Beweggründe der Selbstsucht... Einen religiösen Aufschwung aber nahm das Judenthum unter allen Bemühungen der Reform nicht. Im Gegenteil ist der religiöse Sinn und der Einfluss der Religion inmitten der Judenschaft außerordentlich gesunken." Immer häufiger wird auch das erwachende Selbstbewusstsein der Juden als Anlass zu Kritik genommen. Mit Vorliebe werden dann Juden zitiert, die selbst von der Überlegenheit der jüdischen Rasse sprechen. Die Zeitschrift „Der

Israelit" schreibt 1873: „...die Prävalenz der jüdischen Rasse ist auf dem Gebiete des Geistes eine längst anerkannte Tatsache... Die Juden sind die Priester der Menschheit, welche sie zur Würde und Aufgabe des Menschen erziehen." Sehr häufig ist nicht zu erkennen, aus welchem Geist die Judenmission geboren ist. Ist es die helfende Zuwendung, die ja auch noch die Geste des Herablassens in sich birgt, oder ist es strenge Erziehung, die sowohl dem Unkundigen als auch dem Überheblichen gebührt? Noch einmal de le Roi: „Auch der allenthalben gegen die Juden sich erhebende Widerspruch und die unaufhörliche Erregung der Völker gegen dieselben hat ihre große Masse in ihrer Selbstüberschätzung nicht irre gemacht."

Die englische Judenmission wird in größerem Zusammenhang gesehen und bewertet. „Der Orient", Heft 12 vom 20.3.1841: „Eine der vorzüglichsten Bestrebungen dieser Gesellschaft geht dahin, die Juden zu bewegen, Palästina an sich zu bringen... Fragt man nach der Ursache, welche die Missionare so sehnlichst das Erlösungswerk wünschen lässt, so erhält man zur Antwort: da die Rückkehr der Juden nach Palästina eine Weissagung, deren Erfüllung als von Gott ausgehend nicht zu bezweifeln ist, so müssen dazu die gegenwärtigen Zustände, welche nicht umsonst von der Vorsehung so günstig zur Erfüllung des göttlichen Wortes gestaltet worden sind, benutzt werden; um so mehr, da an dieser Erfüllung so mannigfaltige andere, das Heil der ganzen Menschheit betreffende Weissagungen geknüpft sind, deren Verwirklichung nur nach hergestellter Selbständigkeit Israels stattfinden kann." Die Rückkehr des Volkes Gottes ist die Voraussetzung für die Wallfahrt der übrigen Völker zum Zion. Der Verfasser des ausführlichen Artikels über die Judenmission in London in „Der Orient" ist ferner der Meinung, es sei nicht so einfach, Juden in Europa zum Christentum zu bekehren, weil sie eine Gesamtheit bilden, in der man sich gegenseitig bestärkt und unterstützt und somit dem Bestreben der Missionare besser widerstehen kann. „Gelingt es aber durch die Rückkehr ins Heilige Land, eine Masse von der Gesamtheit abzulösen, sie dem Einflusse der Gesamtheit entzogen, isoliert hinzustellen, und die

Einwirkungen auszusetzen, die den Übertritt zum Christenthume begünstigen, so muss das Bekehrungswerk viel rascher und erfolgreicher von statten gehen." Auch gehen die Missionsgesellschaften davon aus, dass die behördlichen Einschränkungen gegenüber missionarischen Aktivitäten, die in Europa üblich sind, in Palästina wegfallen. „Hierzu kommt noch der Umstand, dass, wie günstig auch manche Regierungen den Judenbekehrungen sind, doch überall in Europa gewisse Grenzen angewiesen sind, über welche hinaus der Missionar nicht schreiten darf. Anders aber müsste sich die Sache in Palästina gestalten. Hier, wo die staatlichen Elemente noch nicht entwickelt sind, wo der Einfluss der englischen Nation – von der man weiß, dass so mancher ausgezeichnete Mann aus ihrer Mitte kräftiger Förderer des Bekehrungswerkes ist – stets überwiegender wird, hier könnten so leicht nicht hemmende Schranken festgesetzt werden, wodurch also die Missionare sich zur Hoffnung berechtigt glauben, hier eine reichliche Ernte halten zu können, wo sie in Europa nur spärlich Ähre nach Ähre lesen." Die Missionare hätten in Palästina einen „großen Spielraum". Die Situation der in die Heimat ihrer Väter zurückgekehrten Juden aber sei beklagenswert. „Der beweinenswerte Zustand unserer unglücklichen Brüder in jenen Gegenden wird dadurch vervollständigt. Von außen, nach einer Seite der judenfeindliche Einfluss eines französischen Katholizismus, auf der anderen die Bekehrungswut einer protestantischen, in der Mitte der mit eiserner Schwere auf den Schutzlosen lastende Druck des Islam. Von innen der gänzliche Mangel an irgend einem auswärtigen Schutz, die, in dem gänzlichen Mangel aller Bildung, in der noch nicht zum Bewusstsein gekommenen Vorstellung seiner menschlichen Würde, begründete Unbeholfenheit in Handhabung jener Verteidigungsmittel, die etwa noch zu Gebote stehen. Dies dürfte das Bild des Zustandes der Juden jener Gegenden sein."

# Bildteil
# Block A

Orangenernte in Bir Salem (syrisches Waisenhaus / Schnellerschule)

Jüdische Orangenplantagen in Rehovot (1900)

Orangen-Versand in Bir Salem (Schnellerplantagen)

Orangen-Versand in Rehovot (1910)

Templersiedlung Wilhelma (gegründet 1902)

Jüdische Landwirtschaft in Hadera (1910)

**Das Syrische Waisenhaus in Jerusalem** · Gegründet von J. L. Schneller (1860)

Syrisches Waisenhaus in Jerusalem. Gegründet von Schneller (1860)

**Tabor-Haus in Jerusalem.** Erbaut von dem schwäbischen Baumeister Conrad Schick (1882)

Christus-Kirche in Jerusalem beim Jaffator. (Erbaut um 1860)

Synagoge in **Zichron Ja'akow.** Erbaut von den Templern für die jüdischen Einwanderer (um 1900).

Synagoge in Zichron Ja'akow. (1900)

Juden beim Dreschen in Hadera. (1910)

Ernte in der Templer-Siedlung Wilhelma (1910)

# Innenansicht der Judenmission

Hier soll ausschließlich die seit 1863 in Leipzig und Dresden erscheinende „Zeitschrift für die Mission der Kirche an Israel" mit dem Titel „Saat auf Hoffnung" zu Wort kommen. Sie versteht sich als „Organ der evangelisch-lutherischen Missionsvereine für Israel in Sachsen und Bayern", erschien vierteljährlich und wurde von Professor Delitzsch und Pastor Becker herausgegeben. Im Vorwort schreiben sie: „Bei dieser unüberbrückten Kluft zwischen Kirche und Synagoge haben diese Blätter wenig Aussicht in jüdische Hände zu kommen. Aber wir sind überzeugt, dass kein einziges Gebetswort für Israel und kein einziges Werk gläubiger Liebe für Israel vergeblich ist, sondern seinen Theil dazu mitwirkt, jene Kluft auszufüllen. Darum säen wir auf Hoffnung und begießen unsere Aussaat mit unseren Tränen... Mag das Erdreich noch so dürr sein, wir säen auf Hoffnung wider Hoffnung. Unsere Hoffnung ruht in Gottes Verheißung (Jes. 27, 6): Es wird dennoch dazu kommen, dass Jakob wurzeln und Israel blühen und grünen wird, dass sie den Erdboden mit Früchten erfüllen."

Der Herausgeber Franz Delitzsch, der 1886 das „Institutum Judaicum" in Leipzig gründete, schreibt in Heft 4, 1864 unter der Überschrift: „Geschichten und Charakterzüge aus Graf Zinsendorfs und der ersten Brüdergemeinde Verhältnisse zu den Juden" auf Seite 4 ff.: „Wir gehören nicht zu denen, welche diesen beiden Geschichtsforschern (Harnack und Hoßbach, A.d.V.) den schuldigen Dank dafür versagen, dass sie die Schattenseiten des Pietismus und Herrnhutismus mit solcher Gründlichkeit und Freimütigkeit enthüllt haben; wir verkennen diese Schattenseiten nicht und haben auch selbst schon öffentliches schriftliches Zeugnis dagegen abgelegt. Umso weniger wird es missverstanden werden können, wenn wir hier einer rühmlichen Lichtseite beider kirchengeschichtlicher Erscheinungen gedenken. Heiden- und Judenmission sind die Schöpfungen beider. Ihnen verdanken wir es, dass der bis ans Ende der Tage gültige, aber

Jahrhunderte lang ignorierte Auftrag des Herrn an seine Kirche, aller Creatur unter dem Himmel das Evangelium zu predigen, wieder zur Anerkennung und Ausübung gekommen ist. In Halle stiftete Callenberg 1728 die erste Judenmissionsanstalt... Graf Zinsendorf... trug das Heil Israels nicht allein auf betendem Herzen, sondern gab den Juden auch überall wo er ihnen begegnete ein liebendes Herz zu fühlen, und die Macht der Liebe, welche sein Zeugnis von Christo erfüllte, brachte wahrhaft wunderbare Wirkungen hervor. Aber auch die Notwendigkeit, mit der Heidenmission die Judenmission zu verbinden, wurde in der Brüdergemeinde bald erkannt, und diese Erkenntnis blieb nicht unfruchtbar, sondern ging auch sofort in tatkräftige Verwirklichung des Erkannten über, so dass um 1730 das Hallische Institut und die Brüdergemeinde die beiden einzigen Stätten innerhalb der ganzen großen christlichen Kirche waren, von wo aus das Panier des Kreuzes Christi unter den Juden aufzupflanzen versucht ward. Darum werden Callenberg und Zinsendorf auf dem Gebiete der Judenmission unvergessliche Namen bleiben. Letzterem ein Denkmal wohlverdienten Dankes zu errichten ist die Bestimmung dieser Blätter."

Seltener wird wie hier in "Saat auf Hoffnung" über die Zustände in Palästina berichtet. Ein „Rundschreiben des protestantischen Bischofs von Jerusalem"(Gobat A.d.V.) aber, das sich insbesondere mit der Judenmission befasst, wird in ganzer Länge veröffentlicht. Hier einige Auszüge: „Samuel, durch Gnade Bischof der vereinigten Kirchen von England und Irland, allen denen, die da beten und wirken für die Zukunft des Reiches Gottes, und insonderheit denen, deren herzliches Verlangen und Gebet für Israel es ist, dass es möge gerettet werden: Gnade, Barmherzigkeit und Friede in Fülle... Die Judenmission hat in diesen letzten drei Jahren viel zu leiden gehabt... Hr. Fleischhacker, den ich letztes Frühjahr von Nablus hierher berief, hat die besondere Aufgabe in der Gewerbeschule (House of Industry), sowie den Tauf-Candidaten regelmäßig Unterricht zu erteilen und den deutschen Juden mit der Predigt des Evangeliums nachzugehen. Rev. W. Bailey ist hauptsächlich damit beschäftigt, die Knaben unserer Proselyten zu unterrichten, Besuche bei den Juden zu machen und von Zeit zu Zeit englisch zu predigen... Hr. Schapira... predigt jeden Sonnabend auf der Straße, manchmal nur vor wenigen, manchmal aber auch vor vielen Juden, die meist viel Lärm machen und lästern. Ich bezweifle, dass die Zeit für diese Art der Predigt hier schon gekommen ist. Einerseits ist der Lärm meistens zu groß, als dass die Anwesenden etwas hören und verstehen könnten, andererseits sind viele jüdische Häuser, welche vorher den Missionaren offen gestanden, ihnen, wahrscheinlich in Folge dieser Straßenpredigten, nun verschlossen... Über die Evangelisierung der Eingeborenen Palästinas (wen Gobat hier meint, ob die Muslime, oder die seit je im Lande wohnenden Juden, ist nicht klar. A.d.V.) habe ich wenig zu sagen. Bis jetzt haben sich die Hoffnungen, welche ich vor einigen Jahren hegte, nicht verwirklicht... Die Gesellschaft ‚for Promoting Christianity amongst the Jews' hat zwei Schulen in Jerusalem, eine für die Söhne und eine für die Töchter der Proselyten, in welche auch jüdische Kinder, wenn sie kommen wollten, aufgenommen werden würden... Nach der Christenmetzelei im Libanon-Gebirge, zu Damascus und anderwärts (1860 A.d.V.) wurde ich ersucht, eine Anzahl Waisenknaben, deren Eltern ermordet worden waren, in meine Knabenschule in Jerusalem aufzunehmen, worauf hin ich diese Schule in ein Waisenhaus (Orphan Asylum) verwandelt habe, welches jetzt vierzig Knaben zählt... Auch das Comité von St. Chrischona in der Nähe von Basel eröffnete vor drei Jahren, durch die Nachricht von den Christenmetzeleien in Damascus und auf Libanon veranlasst, ein Asyl in Jerusalem für die unglücklichen Waisen der Ermordeten. Es zählt jetzt dreißig Waisenknaben, die in verschiedenen Handwerken unterrichtet werden und dabei schlichten christlichen Unterricht empfangen." Dabei handelt es sich um das von Johann Ludwig Schneller 1860 gegründete „Syrische Waisenhaus". Gobat berichtet, dass ungefähr 400 moslemische, jüdische und christliche Schüler aus „vielleicht acht verschiedenen christlichen Religionsgemeinschaften... treulich im Worte Gottes unterrichtet werden... Das ist der gegenwärtige Zustand des Werkes der Evangelisation Palästinas, welchen ich so treu als möglich zu schildern mich bestrebt habe. Es erübrigt sich nur noch, das jüdische Hospital und die Gewerbeschule (Industry-House) der Londoner Gesellschaft für die Ausbreitung des Christentums unter den Juden zu erwähnen. Sie bieten kein neues Bild dar, wirken aber fortdauernd im Segen, und zwar ersteres für die Linderung der körperlichen Leiden kranker Juden, verbunden mit liebevoller Einladung an sie, zu Jesu zu kommen, der allein ihre Seelen heilen und erretten kann; die andere hingegen für das leibliche und geistliche Wohl der nach Wahrheit suchenden und erst kürzlich getauften Israeliten. Wir haben auch eine Herberge, um solche suchende Juden in der ersten Zeit aufzunehmen, bis wir hinreichend mit ihnen bekannt geworden sind, um uns entscheiden zu können, ob wir uns weiter mit ihnen befassen sollen oder nicht." Bischof Gobat war in den Dreißigerjahren als Missionar in Abessinien, weshalb ihm die in Palästina wohnenden abessinischen Juden ein besonderes Anliegen waren. „Auch die Falascha's oder abessynischen Juden wurden nicht vergessen. Nach dem Verkehr, den ich im Jahre 1830 mit ihnen in Gondar und den benachbarten Dörfern hatte, habe ich nicht nachgelassen zu beten, dass das Evangelium auch diesen verirrten Schafen vom Hause Israel gebracht werden möchte; weshalb ich denn auch, als ich 1855 die Brüder aussandte, dieselben ernstlich ermahnte, die Falascha's zu einem Hauptgegenstand ihrer christlichen Fürsorge zu machen, ihnen Bibeln zu geben und sich zu bemühen, sie zu Jesu dem Messias zu führen." Ich habe den Bericht Bischof Gobats aus Jerusalem deshalb so ausführlich zitiert, weil er insbesondere aus der Sicht der Judenmission ein wichtiges Zeitdokument ist und offensichtlich von den Herausgebern der Judenmissionszeitschrift „Saat auf Hoffnung" als sehr wichtig eingestuft wurde.

Aufschlussreich ist der Artikel unter der Überschrift „Die gegenwärtige Hauptaufgabe aller Freunde Israels" in Heft 2, 2. Jahrgang: „Vielleicht wird man über eine Arbeit der Mission erstaunen, welche doch nicht Mission heißen kann. Aber auf den Namen kommt es nicht an, wenn sie es nur ist. Nicht ein opus operatum, sondern ein

Werk der Liebe liegt uns vor. Aber auch selbst, wenn sie Mission hieße, würde sie den Juden gegenüber den Missgeschmack verlieren, welchen dieser Namen ihnen einflößt... Wenn es also auch nicht Mission heißt, so ist es doch die unumgängliche Pflicht der Freunde der Mission, ihre Kräfte zu diesem Kampfe gegen den Unglauben der modernen Weltanschauung anzustrengen und dieses goldene Kalb, um welches auch Israel tanzt, zu zertrümmern." Er beendet seine Reflexion über die Mission: „Wenn der Schreiber dieser Zeilen für seine ganze Lebenstätigkeit – sowohl politisch und sozial, als wissenschaftlich und historisch – redend und schreibend das Ideal eines christlichen Lehrzeugnisses vor Augen hat: so glaubt er rechte Mission zu treiben, auch wenn er nicht einmal das Wort Mission zu nennen in der Lage ist. Es wäre auch dann Mission gewesen, selbst wenn seine eigene Abstammung von Israel unbekannt wäre."

Dem bedeutenden Erweckungsprediger und Gründer der Hermannsburger Mission Ludwig Harms (1808 – 1865) ist ein umfangreicher Nachruf in „Saat auf Hoffnung", 3. Jahrgang, Heft 3 gewidmet: „ Auch die Judenmission hat Viel an ihm verloren. Zwar war er der Ansicht, dass erst die Heidenfülle in das Reich Gottes eingegangen sein müsse, ehe die Judenmission eigentlich an der Zeit sei, aber dennoch leistete auch er an seinem Teil ihr große Dienste. Er liebte das jüdische Volk. Er glaubte an dessen künftige Bekehrung... Wir sollen tun, was wir können, dass Juden und Heiden Gottes Wahrheit und Barmherzigkeit preisen. Ist Jesus allein für uns gekommen? Sollen wir allein Weihnachten feiern? Nein, er ist auch für die Juden gekommen, auch die Juden sollen Weihnachten feiern." Der Verfasser des Nachrufs gibt zu bedenken: „...wenn wir Christen alle als Christen wandelten, wenn wir Christen den Juden christliche Liebe und christlichen Ernst bewiesen, wenn wir mit ihnen redeten über göttliche Dinge, ihnen die Herrlichkeit des Christentums in allem unserm Wandel und unserm ganzen Leben vor Augen stellten: so würden sie sich entweder lange bekehrt haben von dem Irrtum ihres Weges und Christen geworden sein, oder sie würden es unter uns nicht aushalten können und von uns wegziehen müssen. Aber was wollen wir antworten, wenn sie uns nun sagen: ‚Warum sollten wir Christen werden? Ihr betrügt ebenso gut, wie wir; ihr flucht, ihr zankt und streitet, wie wir; ihr preiset die christliche Liebe, aber an uns beweist ihr sie nicht.' Wir müssten doch rein verstummen. Darum lasst uns nun in dieser heiligen Zeit anfangen, recht brünstig für die armen Juden zu beten, die unter uns wohnen, ...damit sie sich bekehren zu dem, in welchen ihre Väter gestochen haben... Bekehren sie sich, so erkennen sie und glauben, dass Jesus der ihren Vätern verheißene Messias ist." Gegen Ende des Nachrufs ist zu lesen: „Zu Männern wie Harms schaut auch der Israelit mit Ehrfurcht empor, solche Christen lässt auch der Jude gelten."

Dass die Judenmission durchaus nicht nur von Missionsgesellschaften, sondern auch von Kirchengemeinden und Diözesansynoden ins Auge gefasst wurde, zeigt der vielsagende Bericht im 4. Heft, 3. Jahrgang mit der Überschrift „Beschlüsse der Diözesansynode zu Markt-Einersheim in Sachen Judenmission": „Wenn es auch keine Gegner der Judenmission unter uns gibt, so fällt es doch bei unseren Gemeinden schwer, für diese Mission lebendige Teilnahme zu erwecken. Man lässt es zwar gelten: Christus ist für alle gestorben, und Gott will, dass allen Menschen geholfen werde, den Juden nicht weniger als den Anderen; aber die Notwendigkeit, den Juden zur Erkenntnis der Wahrheit zu helfen, leuchtet weniger ein, weil man meint, sie wohnten ja unter uns (wie denn in unserem Dekanat gegen 300 Juden sich befinden) und hätten Gelegenheit genug, das Christenthum kennen zu lernen; wobei aber vergessen wird, dass dasjenige, was die Juden an den meisten Christen sehen, mit denen sie in Berührung kommen, nur geeignet ist, sie in ihrem Irrtum zu bestärken – oder man hält es für unmöglich, die Juden von ihrer hartnäckigen Verblendung zu heilen und zur Erkenntnis der Wahrheit zu bringen, obwohl nach dem hellen, klaren Wortlaut der Schrift Israels Bekehrung verheißen ist, und manche Heidenmission keine so großen Erfolge aufzuweisen hat, als die unter den Juden, wie denn innerhalb 50 Jahren bereits

30.000 Juden zum Christenthum sich bekehret haben... Fassen wir demnach, geehrte Synodalmitglieder, den Entschluss, fortan verdoppelten Eifer der Judenmission zuzuwenden, und bei der jährlichen Synode über den Fortgang dieser kirchlichen Sache gleichfalls referieren zu lassen, und vereinigen wir uns zu dem Antrag: Ein hohes Kgl. Ober-Konsistorium wolle in der ihm geeignet erscheinenden Weise der Beteiligung unserer Landeskirche an dem evang.-lutherischen Verein für Israel in Bayern dieselbe Aufmunterung und Förderung zutheil werden lassen, welche dem Gustav-Adolf-Verein, der Heidenmission und der Bibelverbreitung zugewendet wird."

Ein letztes Zitat aus „Saat auf Hoffnung" von Professor A. Köhler aus Bonn in Heft 4, Jahrgang 4: „Die Heidenmission ist zu öffentlich anerkannter Geltung gelangt, denn sie hat große Erfolge aus den letzten 50 Jahren aufzuweisen, und die innere Mission hat sich öffentlich anerkannte Geltung errungen, denn ihr Bemühen ist auf die Hebung der sittlichen und sozialen Schäden unseres eigenen Volkes gerichtet. Aber die Mission unter Israel? Sie kann weder das eine noch das andre von sich rühmen, sie ist eine Saat auf Hoffnung, eine Arbeit an fremdem und missachtetem Volke."

Judenmission geschah sicher aus einer tiefen Sympathie für die Juden heraus. Es war eher Mitleid als Überlegenheitsgefühl, das Christen zur Judenmission motivierte. Mitleid nicht nur deshalb, weil die Juden Gottes Zuwendung verloren hätten, sondern auch, weil sie einer jahrhundertelangen Verfolgung durch die Christen ausgesetzt waren. „Es ist wahrlich nichts Kleines, nichts Leichtes, sondern etwas Großes, etwas Himmlisches, die Juden zu lieben, so wie sie sind... Auch wissen wir ja, wie die Juden durch alle Jahrhunderte die Kirche Gottes behandelten, nicht bloß den Hass böser oder verkehrter Christen vergalten, sondern ihn auch hervorriefen und heraufbeschworen. Es ist nicht die volle Wahrheit, wenn man von unserer Schuld gegen Israel redet, auch die Kehrseite ist wahr! Dennoch aber: der Herr ist aus Israel, unser Heil kam von den Juden, – schon diese zwei Sätze reichen hin, unsere Liebesflamme zu erhalten und zu schüren." Ch. D. Räbiger schreibt in derselben Ausgabe unter der Überschrift „Wie Israel weint": „Aber das ist das Trostlose an Israel: es will nichts wissen von seiner Sünde, ja es meint sogar, das einzige Volk zu sein, das auf Erden noch um Gott eifert, das noch auf sein Gesetz hält, und da es nicht mehr opfern kann, so meint es wenigstens durch das Lesen der Opferkapitel und durch Fasten die Stelle der Opfer vertreten zu können. Es fühlt es wohl, dass trotz alledem die Hand des Herrn schwer auf ihm liegt, es gibt auch im allgemeinen zu, dass es Schuld habe, aber nicht die Eine große Schuld gegen den ewigen Sohn des ewigen Vaters, die will es nicht zugeben." In Heft 2 desselben Jahrgangs ist der folgende Gedankengang dokumentiert: „Vergeblich hatte Luther und besonders Andreas Musculus auf Grund von Röm. 11, 25 die Hoffnung verkündigt, dass das Evangelium, seinen Lauf rückwärts von Westen nach Osten nehmend, dereinst wieder an dem heiligen Gottesberg Sion angelangen und die ausgerissenen Zweige Israels ihrem Ölbaum wieder einfügen werde (...) – man hat diese Hoffnung später aus Luthers Kirchenpostille hinauskorrigiert und ließ, indem man überall die Heidenkirche an die Stelle Israels setzte, keine prophetische Verheißung für Israel gelten. So kam es denn, dass auch die protestantische Kirche und der von ihr beratene Staat bis in das 19. Jahrhundert herein, welches noch den Leibzoll fortbestehen gesehen hat, ihre Mission an die Juden durch harten politischen Druck zu erfüllen glaubten... Dürfen wir uns wundern, dass das jüdische Volk ein für den Samen des Evangeliums so unempfänglicher harter Acker ist? Die Kirche hat selbst ihn in Blut ersäuft und dann mit Steinen überschüttet. Sich selber zur Schande hat sie die Lection christlicher Milde gegen die Juden von der Aufklärungsperiode sich lesen lassen müssen. Und dass die Mission der Kirche an die Juden endlich aus einer Fluchmission eine Segensmission geworden, das ist nicht das Verdienst des Orthodoxismus, sondern des Pietismus." Mission hielt man für das einzig angemessene Mittel, ihnen zu helfen. Der große Artikel „Die Bekehrung des jüdischen Volks" von Pfarrer K. Blendinger auf den Seiten 253 – 265 in Heft 4 des 4. Jahrgangs (1866) von „Saat auf Hoffnung" wird hier ausführlich zitiert, weil es sich dabei offensichtlich um die programmatische Darstellung der Intention des ganzen Blattes handelt, der folgendermaßen beginnt: „Es gibt selbst unter den gläubigen Christen immer noch solche, welche meinen, das Volk Israel habe damit, dass Christus und die christliche Kirche aus ihm hervorging, die ihm als Volk Gottes gewordene Aufgabe schon vollständig erfüllt, und es stehe daher für die Zukunft weiter nichts Besonderes mehr von ihm zu erwarten. Ich kann diese Meinung nicht teilen; vielmehr, wie das Volk Israel zur christlichen Kirche, der Gemeinde des neuen Bundes, einst den Grundstein gelegt hat: so erwarte ich von ihm, dass es seiner Zeit zu derselben auch den Schlussstein legen werde... Ich lebe im Gegenteil der Überzeugung, das damalige jüdische Volk habe zum Behuf der Durchführung und Vollendung des Reiches Gottes unter allen Völkern noch eine große Aufgabe zu leisten, sofern es das Rüstzeug sein wird, die Christenheit zu reinigen und ihre getrennten Theile wieder zusammen zu bringen, den Muhammedanismus zu entfernen und es in dieser Weise zu erwirken, dass endlich alle Völker den Namen des Herrn anrufen und ihm dienen... Das jüdische Volk wurde in seinem gefallenen Teil ein Fluch für die Welt, und soll durch dessen Bekehrung und Wiederbringung die Ursache zu einer Auferstehung von den Toten für sie werden." Erst wenn dem jüdischen Volk die Augen aufgetan worden sind, wird auch für die noch im Dunkel sitzende Völkerwelt „ein Zustand der Erleuchtung eintreten." Deshalb seien die jüdischen Gemeinden über die ganze Erde verstreut, damit ihre Bekehrung von allen Völkern gesehen wird. Erst wenn Israel in sich gegangen ist und Buße getan hat, wird für die „ganze Menschheit" die „Zeit der Erquickung" kommen. Das Judentum ist in Europa in einer Phase der Assimilation hinein in die christliche Kultur. „Zwischen dem jüdischen Volk und den christlichen Völkern Europas bestehen schon längere Zeit freundlichere Beziehungen als es früher der Fall war. Wie dem jüdischen Volk jetzt überhaupt alle christlichen Bildungsanstalten offen stehen und von ihm zum Teil benützt werden: so ziehen ihm auch allenthalben die Boten des Evangeliums nach und laden es zum Heil Christi ein." Die heilsgeschichtliche und schicksalhafte Verbundenheit der Christen mit dem jüdischen Volk ist der allgegenwärtige und grundlegende Gedanke. Und wie die Heilsgeschichte in die Geschichte verwoben ist, zeigt sich sehr deutlich darin, dass die Mission erst durch den europäischen Kolonialismus möglich geworden ist. „Dadurch dass die christlichen Völker Europas durch ihre Kolonien mit der ganzen Menschheit im Verkehr stehen, sind jetzt nach Zephania 3, 8 die Völker versammelt und die Königreiche zu Hauf gebracht, um zunächst Gottes Gericht zu erfahren. Das ist aber der Zeitpunkt, bis wohin das jüdische Volk der angeführten Schriftstelle gemäß auf den Herrn, seinen Gott, zu harren hat." Jetzt wird in der ganzen Welt das Evangelium gepredigt. Das ist nach Matthäus 24, 14 das Zeichen der Endzeit. Jetzt wird „Israel wieder in seine Rechte als Volk Gottes eintreten, damit von ihm aus in erhöhtem Maße der Segen zu allen Völkern komme... Denn soll die ganze Völkerwelt wirklich bekehrt und vollkommen erleuchtet werden: so muss Gott damit anheben, dass er ganz Israel bekehre..." Der Verfasser ist offensichtlich der Meinung, dass „das jüdische Volk unter allen Völkern dasjenige (sei), welches am schwersten sich an Christo versündiget hat... gewiss ist für die Bekehrung von ganz Israel die Zeit gekommen." Es folgt ein ausführlicher Vergleich der Geschichte Israels mit der Geschichte des Christentums, in dem die Trennung in die beiden Reiche Juda und Israel mit der des Christentums im Mittelalter in eine morgenländische und abendländische Kirche verglichen wird. So wie die beiden Reiche durch die assyrische und die babylonische Gefangenschaft beendet wurden, seien die beiden Kirchen durch das Joch des Mohammedanismus einerseits und durch das Joch des weltlichen Papsttums andererseits in Gefangenschaft geraten. „Luther konnte ein Buch schreiben ‚von der babylonischen Gefangenschaft der christlichen Kirche'." Das Erscheinen Christi am Ende der Zeit des aus Babylon zurückgekehrten Stammes Juda sei der Zeit der Reformationskirche zu vergleichen, die erst die Bekehrung der Juden zum Abschluss brachte. „Denn dieses Volk, welches jetzt 1800 Jahre lang infolge seines Unglaubens unter den Völkern ein Fluch gewesen ist, wird nach seiner Bekehrung durch seines Glaubens Kraft der Segen der Welt sein, und also auch die Welt beerben. Das sind die hauptsächlichsten von den Zeichen der Zeit, aus welchen sich klar und deutlich ergibt, dass die damalige Christenheit am Ende ihrer Geschichte steht, dass man darum einer ganz neuen Ordnung der Dinge im Reiche Gottes entgegenzusehen hat." Es ist also die Aufgabe der Christen, die Bekehrung des jüdischen Volkes zu fördern, damit Gottes Reich zu allen Völkern kommen kann. „Vor allem haben sie diesem Volke, welches von seiner ursprünglichen Bestimmung so weit abgekommen, so tief in Unglauben, Aberglauben und Weltsinn versunken ist, eine herzliche Teilnahme zuzuwenden, und es zu einem Gegenstande inbrünstiger Fürbitte bei Gott zu machen. Da das jüdische Volk durch ein „ausdrückliches Gericht Gottes in seinen bisherigen traurigen Zustand versetzt" worden ist, kann es nicht zur Bekehrung kommen und wiederhergestellt werden, „als bis Gott nach Jesaja 11, 11 zum zweiten Male seine Hand nach ihm ausstreckt und ähnliche, vielmehr noch größere Wunder, als in Ägypten geschehen sind, an ihm vollbringt." Die Dringlichkeit der Judenmission wird hervorgehoben: „...so genügt es nicht, dass vereinzelte Missionare sich bei demselben (Volk) von Zeit zu Zeit einfinden, und es auf seinen Heiland und Erlöser aufmerksam machen, sondern es muss zu diesem Zwecke in der ganzen Christenheit eine lebhafte Bewegung eintreten..." Es wird großer Wert darauf gelegt, Bekehrung nicht nur von Juden und Heiden zu fordern, sondern sie auch den Christen zu predigen. „Es ist ungerecht, die Juden zur Buße aufzufordern, wenn nicht zu gleicher Zeit die nämliche Aufforderung an die Christen ergeht... Auch die Heidenmission kann von uns Christen nicht mit der vollen Lauterkeit betrieben werden, wenn wir uns nicht zur gleichen Zeit auch der Mission unter den Christen und Juden mit annehmen."

Dass man sich in der Judenmission auch von alten Klischees und Vorurteilen gegenüber den Juden nicht befreit hatte, zeigt das folgende Beispiel der Sage vom Ewigen Juden. Es wurde in „Saat auf Hoffnung", 5. Jahrgang, 1. Heft, S.16 ff. von N. H. Hansen folgendermaßen dargestellt und interpretiert: „Der Kern der Sage ist höchst einfach und lautet im Wesentlichen so: Als der Heiland auf seinem Leidenswege nach Golgatha, unter der Last des Kreuzes erliegend, auf einem Steine vor dem Hause des Juden Ahasverus – so nennt ihn die Sage – ruhen wollte, stieß dieser ihn weg und verwünschte ihn. Jesus aber erwiderte ihm mit stillem und sanftem Blick: ‚Du sollst nun wandeln auf Erden bis ich wiederkomme.' Erst nachdem der Zug vorüber und die Straßen Jerusalems leer sind, kommt der bestürzte Jude zu sich selbst, und getrieben von Reue und Sehnsucht wandert er auf Geheiß des Herrn seitdem in ewiger Unruhe von Ort zu Ort und hat bis auf diesen Tag sein Grab nicht finden können." Der Verfasser prolongiert in seiner Interpretation die jahrhundertealten christlichen Ressentiments gegen die Juden: „Was kann schrecklicher sein als stete Unruhe und Heimatlosigkeit, als ein unstetes und flüchtiges Leben in der Welt? Der Fluch, den Gott auf den ersten Brudermörder legte, lautete: ‚unstet und flüchtig sollst du sein auf Erden!' – und dieser Fluch wird hier noch bis ins Unendliche vergrößert durch ein nimmer endendes Leben, durch ein fortwährendes Wandern bis zur Wiederkunft des Herrn… dass wir in dem ‚ewigen Juden' als in einem Spiegelbilde, das Gesamtschicksal des Volkes selbst zu erkennen haben, dürfte ausgemacht sein." Und nochmal wird das Alte Testament mit einem Zitat aus Deuteronomium (28, 64-65) als Beweis bemüht: „Der Herr wird dich zerstreuen unter alle Völker von einem Ende der Welt bis ans andere… Dazu wirst du unter denselben Völkern kein bleibendes Wesen haben, und deine Fußsohlen werden keine Ruhe haben." Die Sage selbst wird wie ein Schriftbeweis behandelt: „Die Strafe des Unglaubens und der Herzenshärtigkeit, welche aus dem Munde des Herrn den Ahasverus traf, ist im Grunde die Strafe des ganzen Volkes bis auf den heutigen Tag: es ist gleich ihm zu einem immerwährenden Wandern und zu einem Zeitgenossen aller Jahrhunderte verdammt."

Dass die Judenmission ihren Blick auch auf die Juden im heiligen Land zu richten habe, wird auch biblisch begründet: „Als die Brüder in Judäa dem Paulus und Barnabas die Hand der Gemeinschaft boten und ihnen die Predigt unter den Heiden überließen, da legten sie ihnen die Verpflichtung auf, in ihrem Heidenapostelberufe der armen judenchristlichen Muttergemeinde in Jerusalem nicht zu vergessen (Gal. 2, 9 f.). Nachdem seit jener Zeit nahezu 2.000 Jahre verflossen sind, gibt es noch immer Arme im Lande und wir sind noch immer genötigt, die Sympathie aller Freunde Israels und insbesondere aller christgläubigen Israeliten für ihre Brüder in der heiligen Stadt anzusprechen."

Zumindest die ersten Jahrgänge der Judenmissionszeitschrift „Saat auf Hoffnung" lassen einen sensiblen Umgang mit den Juden vermissen. Der oft schlichte und erbauliche Sprachstil ist auch ein Hinweis auf die bescheidene, wenn auch gutgemeinte Geisteshaltung der Verfasser und vermutlich auch der Leser. Eine kritische Reflexion über das eigene Tun findet nicht statt. Auch ist kein durchgängiges journalistisches Konzept zu erkennen. So gibt es zum Beispiel keine wiederkehrende Rubrik. Auch die Meinung der Leser wird nicht erfragt. Wiederkehrend sind nur glorifizierende Kurzbiografien von Judenmissionaren und von Proselyten, meist im Stil der in Missionskreisen sehr beliebten Bekehrungsgeschichten. Im 1. Heft des 5. Jahrgangs ist auf Seite 143 f. die „Selbstbiographie der jungen Proselytin Johanna W. veröffentlicht: „Aus meiner Jugend weiß ich nur zu sagen, dass ich alle weltlichen Lustbarkeiten genossen habe, zu denen mir Gelegenheit geboten wurde. Ich bin wohl in die christliche Schule gegangen, habe auch in der Bibel gelesen, aber ich wusste nichts von Gott und Seinem Worte. Meine Eltern sind strenge Israeliten; wenn ich den Namen Jesus aussprach, wiewohl es nur spottweise geschah, so wurde ich mit Schimpfworten überhäuft. Im J. 1850 zog ich zu einer jüdischen Familie nach N.; dieser war der süße Jesus-Name noch mehr ein Gräuel; ihr Innerstes empörte sich vor Abscheu, wenn sie ihn nur nennen hörten. Als ich das letzte Jahr daselbst wohnte – es war das J. 1853 – fing es in meinem Herzen zu tagen an."

Verdienstvoll ist sicherlich die wiederkehrende Darstellung der Verfolgung, welcher die Juden insbesondere in Deutschland seit dem Mittelalter ausgesetzt waren. In Heft 1 des 6. Jahrgangs, Seite 89 ff. findet sich folgende Darstellung: „Man kann die Geschichte der Juden in Deutschland nicht lesen, ohne von Schmerz ergriffen zu werden über die schrecklichen Verfolgungen und Unterdrückungen, denen sie hier ausgesetzt waren. Allerdings bestand hier keine Inquisition, welche die Unglücklichen auf die Folterbank warf; aber wilde Volksbewegungen brachten Tausenden von ihnen den Tod, namentlich wenn ernstliche Unglücksfälle sich ereigneten und den Juden die Veranlassung davon zugeschrieben wurde. Es gibt fast keine Stadt in Deutschland, deren Geschichte nicht mit Judenverfolgungen verflochten ist... Die alten Anklagen, dass sie Christenkinder töteten, um zu Ostern das Blut zu benutzen, die Hostie verhöhnten und die Brunnen vergifteten, waren so allgemein und gingen von Land zu Land, dass man sie nur auszusprechen brauchte, um sogleich die Menge zu fanatisieren. Dadurch wurden nicht selten verschiedene Juden der Kirche zugetrieben. Doch gingen in Deutschland die getauften Juden leichter in die Bevölkerung über, und das jüdische Element verschwand hier leichter als anderswo. Übrigens wurde es immer mehr Brauch, dass diejenigen Juden, die zum Christenthum übergingen, ihre früheren Glaubensgenossen angriffen, und zwar in gehässigen Schriften. Der Streit zwischen Johann Pfefferkorn und Reuchlin ist bekannt. Pfefferkorn lebte ein Jahrhundert später wieder auf in Samuel Friedrich Brentz, der mit Frau und Kindern in Feuchtwangen getauft wurde (1601). Aus Hass gegen seine früheren Glaubensgenossen gab er eine Schrift heraus: ‚Jüdischer abgestreifter Schlangenbalg, d. i. gründliche Entdeckung und Verwerfung aller Lästerungen und Lügen, deren sich das giftige jüdische Schlangengeziefer und

Otterngezücht wider den frommsten und unschuldigsten Jesum Christum erlauben."

Unter der Überschrift „Haupthindernisse der Bekehrung Israels" wird in Heft 3, 1. Jahrgang, Seite 10 ff. an erster Stelle die Religionsgleichgültigkeit genannt. „...o Christen! Wenn ihr das Wort eures Herrn an die Juden bedächtet: ‚So ihr nicht glaubet, dass Ich es sei, so werdet ihr sterben in euren Sünden (Joh. 8, 24)‘, wenn ihr dieses Wort nicht bloß obenhin für wahr hieltet, sondern in den gähnenden Abgrund hinabschautet, der somit Hunderte und Tausende von den Seelen des ehemaligen Gottes-Volkes verschlinget: so müsstet ihr auf euer Angesicht fallen und ohne Unterlass Gott loben und preisen, dass ihr in Christo den Heiland der Welt erkannt habt, so ihr ihn anders erkannt habt; so müsstet ihr, fern davon, ein bloßes schroffes Verdammungsurteil gegen das jüdische Volk zu schleudern, für dasselbe beten, und soviel an euch ist, diejenigen, mit denen euch Gott zusammenführt, belehren, ermahnen, warnen, strafen, und das mit erbarmender, nach ihrem Heile dürstender, jede Gelegenheit ergreifender Liebe. Ja Gott gebe uns die Glaubensentschiedenheit der Kirche vor Alters, so wird ein Haupthindernis der Bekehrung Israels aus dem Wege geräumt sein." Als zweites Haupthindernis der Bekehrung Israels nennt der Verfasser den „gemeinen Judenhass". „Dahin gehört die Beschuldigung, dass die Juden Christenblut unter ihre ungesäuerten Brote mischen – eine Beschuldigung, deren Lügenhaftigkeit längst Luther und andere rechtgläubige Lehrer unserer Kirche behauptet und bewiesen haben, die aber, wie durch eine finstere Macht aus dem Abendlande in die Levante verpflanzt, in Damaskus und auf Rhodus, wie ihr Alle wisset, neue blutige Verfolgungen über das dort ohnedem bedrückte Volk gebracht hat." Das dritte Haupthindernis bei der Bekehrung Israels ist nach Meinung dieses Verfassers der „Vorwurf des halbierten Christentums". Dabei denkt er nicht an den Vorwurf der konfessionellen Trennung, sondern an den schwachen Glauben der Gemeinde gegenüber dem der Urgemeinde. Damals seien die Christen noch die „Lichter der Welt" und das „Salz der Erde" gewesen. Heute, im Verfall des Christentums stießen sich die Juden gewaltig an dem „ärgerlichen Leben der Christen". Sie würden daher „lieber bei ihrem gesetzlichen Leben bleiben, als sich zu der Christen Lebensart" zu begeben. Am Schluss des Artikels wird nochmal eindringlich für die Judenmission geworben: „Indes verzaget an dem Missionswerk unter Israel nicht, sondern bedenket, dass es ein Glaubenswerk ist... so glauben wir auch an eine bevorstehende Wiedergeburt Israels mitten in seinem Tode, und an eine geistliche Auferstehung desselben mitten in seinem Verwesen, denn wir gründen uns auf Gottes Wort. Wenn die Fülle der Heiden eingegangen sein wird, dann wird auch ganz Israel selig werden. Die Mission unter den Heiden ist die Vorläuferin unter den Juden...".

Inzwischen hatte sich das Augenmerk der europäischen Christen immer mehr auf das Heilige Land gerichtet. Immer mehr zogen es vor, dort das Heil zu suchen. Auch Juden folgten zusehends ihrer Zionssehnsucht und begannen in Palästina zu siedeln. Es ist nicht einfach, die eigentliche Motivation dazu auszumachen. Es sind verschiedene Faktoren. Zum einen ist es das Aufblühen nationaler Gefühle als Konsequenz aus dem europäischen Nationalismus. Sicher aber war der Boden dafür schon in der seit Generationen nie vergessenen Hoffnung auf die Heimkehr in das Land der Väter gelegt. Dazu kommt der zunehmende Zwang in den europäischen Ländern, sich zu assimilieren. Eine weitere Motivation bestand in der sich ausbreitenden Auswanderungswelle pietistisch geprägter Christen nach Palästina, die wohl manch leidenschaftliches Herz gläubiger Juden in Zugzwang brachte. Dafür aber gibt es nur wenige schriftliche Zeugnisse. Ganz sicher aber hat die Judenmission ihren Teil dazu beigetragen, Juden zur Auswanderung in ihr Land der Verheißung zu bewegen. Dort aber war die Judenmission auch schon angekommen. In Heft 3 des ersten Jahrgangs von „Saat auf Hoffnung" wird von dem jüdischen Arzt Dr. L. A. Frankl berichtet, der Mitte der 50er Jahre des 19. Jahrhunderts nach Jerusalem gereist ist mit dem Auftrag eine „Kinder-Bewahranstalt" für jüdische Kinder zu gründen. Er findet dort auch eine rege evangelische Missionstätigkeit vor und berichtet darüber in seinem 1858 erschienenen zweibändigen Werk „Nach Jerusalem" im 2. Band auf Seite 71: „Wie frappant auch... die Erscheinung wirkt, so viele meist zum Protestantismus überläuferische Juden in der ihnen heiligsten Stadt der Erde zu finden, was die Erfolge der Missionsbemühungen als bedeutend herauszustellen scheint: so mindern sie sich jedoch sehr, wenn man sie vom sittlich-religiösen Standpunkte aus und die Persönlichkeiten betrachtet, die sich von den Hirten einhürden lassen." Der Verfasser von „Saat auf Hoffnung" berichtet weiter über Frankl: „Dr. Frankl wird als Ehrenmann nicht zu behaupten wagen, dass die Mission bewusst und geflissentlich sich Proselyten mit Geld erkaufe. Alle die Männer, welche unter Bischof Gobat missionarisch arbeiten, wissen wohl, dass es die frevelhafteste Entweihung des Taufsakramentes ist, wenn es einem solchen erteilt wird, mit dem nicht bereits eine tiefinnere Wandelung vorgegangen, welche lange beobachtet und an tatsächlicher Bewährung erkannt sein will... Wenn ein Israelit die Gemeinschaft mit der Synagoge abbricht, so trifft ihn der Fluch seiner Volksgenossen und seine nächsten Angehörigen werden seine Verfolger." Der Bericht über Dr. Frankl endet mit der Bewertung von dessen Beobachtungen über die Mission in Jerusalem: „Je tiefer uns die von Dr. Frankl gegen die Mission in Jerusalem erhobenen Anklagen verwundet haben – wir verurteilen selber den Sachverhalt, wenn er richtig dargestellt sein sollte – umso erfreulicher war es uns, dass er nicht bloß so brandmarkende, sondern auch... anerkennende Worte über die Tätigkeit jener Mission ausspricht." Dann zitiert er aus Frankls Bericht: „Die Mission hält ein gut eingerichtetes Spital mit 36 Betten für Kranke jeden Glaubens bereit... Die Mission verteilt endlich Almosen, Kleidungsstücke, sie bezahlt Mietzinse, schickt Kranken oder Wöchnerinnen Speisen, Kaffe, Tee, Zucker usw. Eine treue Darstellung der jüdischen Zustände in der heiligen Stadt fordert die Gerechtigkeit auf, diese wohlorganisierten und auf die Armut berechneten Einrichtungen um so mehr zu nennen, als sie eben dazu beitragen, Schwache zum Abfall vom Judentume zu verleiten, andererseits aber eine sittliche Gegenwirkung wach rufen sollen."

# Judenmission aus Barmherzigkeit

Die Missionierung der Juden hat eine ganze Fülle von Beweggründen. Da ist an erster Stelle das Motiv der in aufgeklärten Gesellschaften geforderten Assimilierung der Juden. Sie sollen sich in die christliche Gemeinschaft einordnen. Ein weiteres Argument ist der Hinweis auf die bevorstehende Endzeit, die die Bekehrung der Juden für die endgültige und weltweite Missionierung der Heiden voraussetzt. Da die biblischen Weissagungen aber auch die weltweite Christianisierung der Heiden als Voraussetzung der Judenmission nennt, bleiben beide in jedem Fall aufeinander bezogen. „Die Fülle der Heiden muss zuerst ins Reich Gottes eingehen, dann erst und nicht früher ist die Zeit da, die Juden zu bekehren. Aber mit demselben Fug und Recht kann man sagen: wenn einmal die Juden bekehrt sind, so geht dann erst die Heidenbekehrung im rechten vollen Maße an; was wir bis dahin an Heiden bekehren, ist wie nichts, wie ein Tröpflein am Eimer, gegen die unzählbare Menge, die durch das bekehrte Israel ins Reich Gottes eingebracht werden wird. Israel ist von Anfang an und bleibt das priesterliche Volk, das das Heil Gottes an die Menschheit vermitteln soll."

Das umfassendste Argument aber ist nach wie vor der sogenannte Missionsbefehl aus Mat. 28, 18 / 19. Er gilt als unumgängliche Pflicht und sei deshalb auch für die Mission unter den Juden maßgebend. Hier aber beginnt eine Differenzierung durch die neue Wahrnehmung der Juden, die sich schon im 18. Jahrhundert abzeichnet, im 19. Jahrhundert aber unüberhörbar entfaltet. Diese neue Sensibilisierung gegenüber den Juden bringt zum einen eine sorgfältigere Sicht auf jüdische Traditionen und jüdische Anliegen mit sich, zum andern aber auch eine neue Form von Mitleid, das sich als Barmherzigkeit aber auch als Überlegenheitsgefühl äußert. Ein aus solchem Geist geborenes Dokument ist der Vortrag des Pfarrers Küpfer aus Gambeln im Kanton Bern. Er wurde unter dem Titel „Was hältst Du von Israels Rettung?" 1862 in Straßburg veröffentlicht. Da es sich hier um ein eindeutiges Zeugnis des oben genannten Missionsverständnisses handelt, das sich aber auch durch klare Gedankenführung auszeichnet, soll hier der Darstellung und Wiedergabe breiter Raum gegeben werden. Dass sich die Judenmission hier von vornherein als Zuwendung gegenüber Israel versteht, dokumentiert sogleich der erste Satz: „Es ist ein bedeutsames Zeichen unserer Zeit, dass die Christenheit dem Volke Israel ihre Teilnahme zuwendet und ein Herz zu diesem lang vergessenen Volke bekommt." Als ein Zeichen „eines neu erwachten Lebens aus Gott in der Christenheit" versteht der Verfasser die 1808 in London gestiftete große Judenmissionsgesellschaft als „ein Zeichen, dass der Herr etwas Neues und Großes anbahnt in dieser unsrer Zeit". „Gegenwärtig gibt es mehrere solcher Gesellschaften und Vereine zum Besten der Juden, um die Christen zur herzlichen und tätigen Teilnahme an Israel aufzuwecken." Mit der Geschichte der Heilung des Lahmen Apg. 2, 1-10 will er die Situation Israels vergleichen. „An der Hand dieser Geschichte reden wir zuerst von Israels Elend und sodann von Israels Rettung. Ist Israel nicht in der Tat der Lahme, der vor der Tür des Tempels liegt und nicht hineingehen kann?" Der folgende Text verdient es, in Gänze zitiert zu werden, weil er eine gängige Meinung und Haltung jener Zeit zum Ausdruck bringt. „Die Juden sind Knechte der Furcht ihr Leben lang, weil ohne versöhnten Gott; das Gesetz, dem sie noch dienen, richtet nichts als Zweifel und Angst in ihnen an; ihre vielen Zeremonien und Gottesdienste sind tote Schatten, die kein Leben haben und keines geben können; sie wollen von Jesus nichts, liegen draußen vor der heiligen und seligen Gemeinschaft des Sohnes Gottes, ohne Gerechtigkeit vor Gott, ohne Frieden des Herzens, ohne Freude im heiligen Geist; können nicht stehn auf Gottes Wegen, nicht gehen in sein Heiligtum. Leset die Beschreibung ihres elenden, trostlosen Zustandes in 5 Mose, Cap. 28, Vers 15-68. Warum ist der Lahme dahin gesetzt worden? Damit die Vorübergehenden ihn ansehen und sich seiner erbarmen möchten. Warum hat Gott die Juden über alle Länder der Erde hingestreut, so dass wir sie überall und fast in jeder

118

Ortschaft antreffen? Denn es ist kein Land der Erde, in welches Reisende, sei's um des Evangeliums oder um der Wissenschaft oder des Handels willen, zum ersten Mal ihren Fuß setzen, wo sie nicht Juden antreffen, Juden ihnen zuvorgekommen sind; ...Wie jener Lahme von mitleidigen Leuten täglich vor des Tempels Tür gesetzt wurde, so hat das mitleidigste Herz, der aufrichtigste Freund der Juden, sie überall hin vor unsere Füße gelegt, unter andern Gründen auch darum, damit wir bei dem Anblick ihres geistlich elenden Zustandes etwas von dem innigen Erbarmen empfänden, von dem sein Herz voll ist... Aber – begehren die Juden diese Segnungen? Im Allgemeinen freilich nicht. Sie begehren wohl etwas, wie der Lahme auch. ‚Er bettelte das Almosen von denen, die in den Tempel gingen'... So die Juden, – sie bitten nicht um den Geist der Buße, nicht um Vergebung und Erlösung, nicht um das Ende der Strafgerichte, unter denen sie seufzen, nicht dass Gott endlich die herrlichen Verheißungen, die er ihnen gegeben, erfüllen möchte." Interessant ist die folgende Klassifizierung der Juden. Er unterscheidet zwischen Talmudisten, Karaiten und Reformjuden. Die meisten gehörten zu den Talmudisten. Die „Strengeren unter ihnen" vergleicht er mit den „alten Pharisäern". Im Gegensatz dazu halten sich die Karaiten ausschließlich an das Alte Testament und verwerfen die Überlieferungen des Talmud. Interessant ist seine Darstellung der Reformjuden: „Eine dritte Art sind die sogenannten Reformjuden, die Aufgeklärten, die Freidenker, die sowohl das Alte Testament als die Überlieferungen verwerfen. Sie sind unsern Rationalisten gleich, die ebenfalls mit der heiligen Schrift willkürlich und geringschätzig umgehen und sich über die Überlieferungen unsrer von Christi Geist gestifteten und beseelten Kirche hinwegsetzen ohne alle Rücksicht und Ehrfurcht." Dann kommt Küpfer wieder auf den Vergleich der Juden mit dem Lahmen aus der Apostelgeschichte zurück: „Frägt man sie: gelüstet's euch nicht wieder zurück in das Erbe eurer Väter? Was? – rufen sie – unter die türkische Herrschaft? In die schmutzigen Straßen des zerfallenen Jerusalems?

Nein, nein, es gefällt uns wohl bei euch, stellet uns nur gleich den andern Bürgern in politischer und sozialer Beziehung, das ist's, was wir verlangen. Emanzipation und Aufgehen in die Nationen, unter welche zerstreut sie leben, ist das Almosen, das sie betteln. Aber so wenig Petrus und Johannes jenem Lahmen ein Stücklein Brod oder ein Stücklein Geld gaben, sondern etwas ungleich Besseres, so lässt Gott auch nicht zu, dass die Juden bekommen, um was sie bitten, weil er etwas Besseres für sie in Bereitschaft hält. Das führt uns auf des Lahmen Heilung, auf Israels Rettung." Schließlich macht der Verfasser noch eine vierte Art der Juden aus, die Allianzjuden. Darunter versteht er die, welche gegen das „rationalistische Neujudentum" kämpfen. „Im Jahre 1854 haben sie eine große Zusammenkunft gehabt, wo sie über Kolonisations-Projekte in Palästina, über Ankauf des ganzen Landes, zu welchem Zwecke sie große Summen Geldes sammelten, über Wiederaufbau des Tempels und dergl. sich besprachen. Im Jahr 1861, im Monat Mai, war eine ähnliche Juden-Allianz in Paris... Diese Allianz der ernster gesinnten Juden bildet eine merkwürdige Epoche in der Entwicklung der Schicksale Israels und ist ein großer Schritt weiter in der Erfüllung der Israels-Verheißungen." Diese Allianz ordnet Küpfer dem „erwachenden Nationalgefühl" zu, das zu einer verstärkten Auswanderung der Juden nach Palästina führt. „Die Sehnsucht der Juden nach dem gelobten Lande und ihr Zug dahin hat auffallend zugenommen, denn es wandern von Jahr zu Jahr immer mehr dahin aus."

Im Weiteren wird der Blick wieder auf das eigene Tun hinsichtlich der Anstrengungen der Judenmission gelenkt. Die Zahl der Christen, die „die Bekehrung Israels als eine heilige Pflicht erkennen" nehme ständig zu. Auch die Kirchen würden zunehmend ihren Auftrag zur Judenmission wahrnehmen. „Fürbitten für Israel" würden in die Liturgien aufgenommen. „In der Hausandacht oder im Kämmerlein" werde für die Bekehrung der Juden gebetet. Aus dem reich vorhandenen Liedgut wird folgende Strophe zitiert:

„Ach liebster Jesu, wann kommt deine Stunde?
Wann rufst du auch dem alten Volk zum Bunde?
Wann wird die Decke Mosis weggenommen?
Wann wirst du kommen?
Dein Blut, das sie auf ihre Seel genommen,
Lass ihnen endlich noch zum Segen kommen."

Angesichts der Judenemanzipation, durch die den Juden Heimat und Wohlergehen in ihren Gastländern angeboten ist, wird unterstellt, dass sie darüber ihr Jerusalem vergessen würden. „Was die Juden begehren ist, dass sie in den christlichen Staaten den übrigen Untertanen gleichgestellt würden und in sozialer Beziehung in ihnen aufgehen, um irdisch glücklich zu sein. Wenn wir daher mit einem Juden ins Gespräch kommen, so wollen wir ihm sagen: siehe, Gott verwehrt's dir und zwar zu deinem eigenen Besten, denn wenn's dir zu wohl würde im Lande deiner Verbannung, so möchtest du Jerusalems vergessen; Gott will aber, dass du deiner eigentümlichen und herrlichen Bestimmung eingedenk bleibest und lässest Jerusalem deine höchste Freude sein."

Gegen Ende des Vortrags steigern sich die Sympathiebekundungen in Bezug auf Israel: „Wer wollte dieses Volk nicht lieben, das eine solche Zukunft hat und das dem Heiland so besonders lieb ist? Welche Freude, Zeugen zu sein, wie das verlorene Kind nach langer Verwirrung dem Vater als ein wiedergefundenes in die offenen Arme fällt! Liebet Israel! Umso liebender und lebendiger wollen wir an Israels Rettung mit arbeiten, weil **ihre** Genesung **unsere** Genesung, **ihre** Erlösung **unsere** Erlösung ist für die Auserwählten des Neuen Bundes in einem höheren Sinne als für das Volk des Alten Bundes."

# Palästina im 19. Jahrhundert

## Die Vorgeschichte

1516 wurde Palästina von den Osmanen erobert. Europa aber begann zu dieser Zeit nach Westen in die neue Welt zu blicken Zudem hatte die Reformation neue Herausforderungen und Aufgaben gestellt, die den Blick nach innen fixierten. Palästina lag außer Sichtweite. Das Land war nahezu in Vergessenheit geraten. Kaum fanden Reisende noch den Weg dorthin. Die türkische Regierung hatte diesen Landstrich völlig verwahrlosen lassen. Erst Napoleons Feldzug 1799 in den Nahen Osten lenkte die Aufmerksamkeit der westlichen Welt wieder in diesen Winkel der Erde, wenn auch dadurch noch keine grundlegende Änderung der dortigen Zustände erreicht wurde. Aber – und das war der entscheidende Punkt zur Wende – das Heilige Land war nun nicht mehr den Muslimen allein überlassen. Frankreich hatte mit diesem Schritt seiner Schutzmachtfunktion für die Katholiken in dieser Region, die sie seit 1535 innehatte aufs Neue Nachdruck verliehen. Russland fühlte sich nach wie vor als Beschützer der Griechisch-Orthodoxen Christen im Heiligen Land. Die Protestanten, die bislang kein besonderes Interesse für das Heilige Land und die heiligen Stätten bekundeten, wurden nun auch ihrerseits auf diese Region aufmerksam. Die beiden mehrheitlich protestantisch geprägten Königreiche, England und Preußen wurden auf den Plan gerufen.

# Die politischen Verhältnisse

30 Jahre nach Napoleons Intervention im Nahen Osten ereignete sich ein weiterer militärischer Vorstoß, der die gesamte Situation in Palästina nachhaltig veränderte. Griechenlands Aufstand gegen die Osmanen wurde für die Regierung in Konstantinopel zu einer Bedrohung. Mohammed Ali, der Gouverneur von Ägypten kam seinem Sultan zu Hilfe, wurde aber von ihm nicht angemessen gewürdigt und entlohnt. Deshalb eroberte sein Sohn Ibrahim Pascha die ganze syrische Provinz des Osmanischen Reiches und marschierte 1831 in Palästina ein. Frankreich hatte als einziges Land diese Besetzung durch die Ägypter anerkannt. Mohammed Ali reformierte sofort die gesamte Staatsordnung und zeigte sich gegenüber Muslimen, Christen und Juden gleichermaßen liberal und tolerant. Auch gestattete er fremden Zuwanderern das Bleiberecht im Lande. Das blieb in Europa nicht ungehört und erweckte eine Aufbruchstimmung ins Heilige Land. England errichtete als erste Macht das erste ständige Konsulat. Als die Türken sich Mohammed Alis entledigen wollten, gerieten sie in große Gefahr. Nur durch die Intervention von Russland, England, Preußen und Österreich konnte 1840 ein Sieg der Ägypter verhindert werden. Palästina kam wieder unter die Herrschaft Konstantinopels. Aber die europäischen Großmächte erwarteten als Tribut bleibenden Einfluss. Der preußische General-Feldmarschall Graf Helmuth von Moltke schlug sogar vor, in Palästina einen deutschen Fürsten an die Spitze der Verwaltung zu stellen. Dazu kam es trotz des Wittelsbacher Beispiels in Griechenland zwar nicht, aber doch gelang es dem frommen preußischen König Friedrich Wilhelm IV. zusammen mit der englischen Königin Viktoria 1841 ein gemeinsames anglikanisch-protestantisches Bistum in Jerusalem zu errichten. Dies trug ebenso wesentlich zu dem großen Wandel in Palästina im 19. Jahrhundert bei. So wurden die Katholiken und die Griechisch-Orthodoxen ebenfalls zu neuen Aktivitäten im heiligen Land angeregt. Missionen verschiedenster

Konfessionen und Länder kamen nun fast gleichzeitig ins Land. Alex Carmel in „Christen als Pioniere im Heiligen Land, Basel 1981, S. 20: „Nirgends in der Welt hatte es je so viele Missionare auf so kleinem Raum wie damals in Jerusalem gegeben. Große Geldbeträge flossen aus aller Welt ins Heilige Land... So wurde das fast vergessene, am Rande des Türkenreiches gelegene, heruntergekommene Palästina wieder zum Mittelpunkt religiöser und politisch internationaler Interessen." Dass diese Ereignisse in die Zeit der Judenemanzipation und des europäischen Nationalismus fielen, hat selbstverständlich die ohnehin seit Urzeiten latent vorhandene Zionsvision der Juden zu neuer Hoffnung erweckt. Auf der Pariser Friedenskonferenz nach Ende des Krimkrieges 1856 wurde ein Erlass der türkischen Regierung in Kraft gesetzt, durch den weitere Initiativen europäischer und christlicher Gruppen ermöglicht wurden. Dies führte zu einem beispiellosen Ausbau deren Aktivitäten und Einrichtungen. So zum Beispiel die Gründung des Syrischen Waisenhauses durch Johann Ludwig Schneller, der Ausbau der großen nach Bischof Gobat benannten Schule, der Bau der St. Anna-Kirche, das österreichische Hospiz und nicht zuletzt das Geschenk des Muristan-Geländes nahe der Grabeskirche vom Sultan an den deutschen Kaiser Wilhelm II., 1898.

# Jerusalem

Im Wesentlichen möchte ich hier Beobachtungen aus einem Bericht in „Der Bote aus Zion" Nr. 1 vom Februar 1900 wiedergeben.

Die Stadt Jerusalem bestand zu Beginn des 19. Jahrhunderts nur aus der ummauerten Altstadt. Außerhalb wohnte noch niemand. Das blieb noch lange so. Johann Ludwig Schneller, der Gründer des Syrischen Waisenhauses war um die Mitte des Jahrhunderts einer der ersten, der das Siedeln außerhalb der schützenden Mauern wagte. Wiederholt wurde er dort überfallen und beraubt. Er erreichte es, dass die türkischen Behörden Wachstationen der Polizei einrichteten. Aber auch in der Stadt waren die Gebäude heruntergekommen. Den Christen war das Bauen nicht erlaubt. Wer zur Grabeskirche pilgern wollte, brauchte eine Genehmigung und Polizeischutz gegen Bezahlung. Die christlichen Kirchen, Orden und Einrichtungen mussten hohe Abgaben an die Stadtverwaltung entrichten. Muslimen war es bei Todesstrafe verboten, zum Christentum überzutreten. Erst Mitte des Jahrhunderts wurde die Todesstrafe dafür in eine Haftstrafe umgewandelt. Ein wesentlicher Wandel trat durch die Machtübernahme Ibrahim Paschas in Palästina ein. Der Einfluss der Türken war vorerst beendet. Insbesondere die strenge Religionspolitik der Türken wurde liberalisiert. Das kam den Christen wie den Juden zugute. Auch die Bautätigkeit nahm einen Aufschwung. Allerdings war Ibrahim Paschas Zeit kurz bemessen. Schon 1840 wurde er von den Türken wieder vertrieben. Der von ihm begonnene Erneuerungsprozess ließ sich aber nicht mehr umkehren, der Zustrom der Europäer nach Palästina hatte unaufhaltsam begonnen. Damit begann auch die Errichtung von Konsulaten der europäischen Regierungen. Der bekannte Palästinaforscher Dr. Tobler schrieb schon 1865: „Vor 30 Jahren weilten mit mir in Jerusalem ein amerikanischer Missionar, ein von Muhammed Ali angestellter italienischer Arzt, ein sogenannter Baron Müller, ein deutscher Gärtner und ein französischer Tambour-

Major... Der friedliche Kreuzzug hat begonnen; Jerusalem muss unser werden." (zitiert nach „Der Bote aus Zion" a.a.O.) Der Verfasser des anfangs erwähnten Artikels ist der Meinung, dass der eigentliche Fortschritt der Entwicklung Palästinas erst in den letzten 4 Jahrzehnten des 19. Jahrhunderts stattfand. Besonders ist hier die Bautätigkeit zu nennen. Vor allem begannen die Christen verschiedener Konfessionen und Länder mit dem Bau von Kirchen, Klöstern und Herbergen. Schon 1846 errichteten die Engländer die Christuskirche beim Jaffator. Aber auch die Stadt als solche dehnte sich mehr und mehr aus. Den Berg Skopus hinauf, über die deutsche Kolonie Rephaim hinaus und besonders weit im Westen zu beiden Seiten der Straße nach Jaffa. Überraschend ist die folgende Bemerkung im Gesamtduktus des Artikels: „Noch schneller würde die Bautätigkeit sich entwickeln, wenn die Juden vollständig freie Erlaubnis zur Einwanderung hätten. Erwünscht dürfte dies nicht von allen Vorstädtern sein, denn die Juden bauen unschöne, winkelige, kasernenartige Häuserreihen und sind eine schmutzige und diebische Nachbarschaft." Erwähnt wird auch, dass die Ziegelei des „Syrischen Waisenhauses" in Jerusalem in großem Stil Dachziegel und Lochziegel dafür produzierte. Bemerkenswert ist auch, dass sich der Einfluss der stets wachsenden Zahl der Europäer auch darin geltend machte, dass ihnen, zumindest höhergestellten Persönlichkeiten, der Zugang zum Tempelberg ermöglicht wurde, was noch Anfangs des Jahrhunderts allen Christen streng verboten war. Erst 1866 durfte die erste Gruppe von christlichen Pilgern hinauf auf den Tempelplatz. Die Zahl der Einwohner wuchs im 19. Jahrhundert deutlich an. Im ersten Drittel des Jahrhunderts geht man von rund 12.000 Einwohnern aus. Die Volkszählung 1851 ergab rund 25.500 Einwohner. Um 1900 ist von ungefähr sechzigtausend auszugehen. Eindeutig sind nach diesem Artikel die Machtverhältnisse der Religionen verteilt. Die Muslime haben die Regierungsgewalt und stellen somit auch das Beamtentum und das Militär. „Die Juden bilden jetzt schon in mehr als einer Beziehung eine bestimmende Macht im öffentlichen Leben, sie haben einen großen Teil des

Handels und des Verkehrswesens in Händen. Die Christen endlich üben die geistige Herrschaft in der Stadt aus. Auffallend ist die steigende Zahl der christlichen Pilger seit den 40er Jahren. Aber auch immer mehr Touristen suchen den Weg hierher. Viele Herbergen, Hospize und Gasthöfe werden in jenen Jahren erbaut. Reisetagebücher, Bildbände, Karten und Reiseführer kommen auf den Markt. Durch diese gewaltige Steigerung des Verkehrs war der Bau von Straßen unumgänglich. Die erste Straße wurde 1866 von Jerusalem nach Jaffa zum Hafen gebaut. Schon 1879 musste sie dem neuesten technischen Stand entsprechend ausgebaut und teilweise neu trassiert werden. Schnell entwickelte sich das Fuhrwesen. Eine Meisterleistung war der Bau der Eisenbahnlinie zwischen Jerusalem und Jaffa. Auch das Post- und Telegrafenwesen wurde eingeführt. Jetzt ist auch die Zeit der Vereinsgründungen: Alldeutscher Verband, Deutscher Verein, Tempelgesellschaft, Verein zur Erforschung Palästinas, Katholischer Arbeiterverein, Chöre und Musikvereine. „Die Juden sind uns", so der Verfasser, „in dieser Hinsicht sogar noch überlegen, sie sollen 44 Vereine haben, teils mit religiöser, teils mit wohltätiger Tendenz. Seltsam sind die Namen dieser Vereinigungen, wie: Gesellschaft der von weltlichen Geschäften Befreiten, Mitternachtsgesellschaft, Fahne des Gesetzes, Gesellschaft zur Rezitierung der Psalmen, die auf den Tagesanbruch Wartenden. Viele Wissenschaftler nehmen sich Palästinas an: Archäologen, Geografen, Geologen, Kartografen, Historiker, Ethnologen und Kunsthistoriker. Ein ganz entscheidender Faktor ist der Aufbau und Ausbau des Schulwesens. Dies geschieht besonders durch die christlichen Missionen. Allmählich aber folgt auch die Regierung diesem Beispiel. Auch das muslimische und jüdische Schulwesen wird ausgebaut. In rascher Folge erkannten die Kirchen nun die Bedeutung Jerusalems. Schon 1841 gründeten die englischen Anglikaner und die preußischen Protestanten ein gemeinsames Bistum in Jerusalem. 1847 errichtete Papst Pius IX. das Lateinische Patriarchat in Jerusalem. Die russische Orthodoxe Kirche entfaltete eine rege Bautätigkeit um ihre Präsenz zu unterstreichen. Das Handwerk erblühte und zog viele aus

Europa nach Palästina. Die Industrieproduktion ist noch am Anfang. Sehr viele Produkte werden noch aus Europa eingeführt. Am Schluss des Artikels wird als „Zeichen der Zeit" noch zweierlei erwähnt: „...erstens die Flut von Mönchen, Nonnen und Religiosen aller Art, die sich in den letzten Jahren über Stadt und Land ergießt, und zweitens, den ebenfalls wachsenden Zuzug der Juden, die entweder Handel und Gewerbe treiben oder kolonisieren."

Hier möchte ich auch auf die Zeittafel am Ende der gesamten Darstellung hinweisen.

# Beginn jüdischer und christlicher Kolonisation

Zu Beginn des 2. Drittels des 19. Jahrhunderts waren die Augen von Juden und insbesondere von protestantischen Christen gleichermaßen nach Palästina gerichtet. Der Auswanderungsgedanke nahm konkrete Formen an. In der Septemberausgabe 1839 der von ihm herausgegebenen Zeitschrift „Das Morgenland" schreibt Samuel Preiswerk, dass „Moses Montefiori Mohammed Ali Vorschläge zur Errichtung einer Bank in Alexandrien mit einer Million Pfund Sterling gemacht habe, vorausgesetzt, dass er das Los der Juden erleichtere und seine Stamm- und Glaubensverwandten aufmuntere, Ackerbauer im Land ihrer Voreltern zu werden... Aber auch abgesehen von dem, was einzelne begüterte Glieder der israelitischen Nation für das Wohl ihrer Glaubensbrüder im Morgenlande und zu Anbahnung einer besseren Zukunft für das gesamte Volk bereits versuchen mögen, scheinen uns die gegenwärtigen Verhältnisse so wichtiger und bedeutsamer Art zu sein, dass wir uns sehr wundern sollten, wenn die jüdische Nation unserer Zeit diesen Augenblick sollte vorübergehen lassen, ohne von dem christlichen Europa dieselbe Berücksichtigung in Anspruch zu nehmen, welche unlängst dem Volke der Hellenen zuteil geworden ist. Wir können nicht glauben, dass ihr Anliegen ungehört bleiben würde; und wenn auch, so hätte doch wenigstens Israel seine unveräußerlichen Rechte auf die Zukunft verwahrt." (Zitiert nach A. Carmel, Christen als Pioniere im Heiligen Land, Basel 1981)

Der Verweis auf die Schweizer Missionstätigkeit in Palästina ist ein eindeutiges Zeichen dafür, dass den Juden bewusst wurde, wie der eigene Anspruch auf das Land ihrer Väter auch von Christen ins Auge gefasst war. Dass sich gerade zu diesem Zeitpunkt die Sehnsüchte zu konkretisieren begannen, liegt an der Befreiung Palästinas vom türkischen Joch durch Mehmed Ali aus Ägypten. So schreibt

Preiswerk 1840 in „Das Morgenland": „Die Juden, wenn sie etwas unternehmen wollen, müssen ihren Schutz nächst Gott, in einem Vertrage mehrerer Mächte suchen. Das Beispiel von Griechenland zeigt uns, was möglich ist, wenn eine Nation ihren Zustand verbessern will und mit ihren Klagen an die Paläste und die Hütten der ganzen zivilisierten Welt anklopft."

Der Verweis auf Griechenlands Befreiung von der türkischen Herrschaft macht deutlich, dass die Neuorientierung der Juden im Kontext des in Europa erwachenden Nationalismus gesehen werden muss. Er zeigt aber auch, dass es wie in Griechenland nicht ohne den Beistand der europäischen Großmächte geschehen kann. Schon 1841 geschah es dann unerwartet schnell, dass mit Hilfe von England, Russland, Preußen und Österreich Palästina wieder von den Ägyptern befreit und dem Türkischen Reich eingefügt wurde. Am 5. Mai 1842 berief Friedrich Spittler die erste Versammlung des „Palästinavereins" nach Basel ein, auf welcher folgende „Mitteilung" an „Freunde des Reiches Gottes" verabschiedet wurde: „Es gehört unzweifelhaft zu den merkwürdigsten Ereignissen unserer Tage, dass der Herr die Augen der Christenheit aufs Neue auf das *Heilige Land* gerichtet hat, das einst der Schauplatz seiner herrlichsten Offenbarungen gewesen, und wo die Predigt von unsrer Seligkeit in Christo Jesu in alle Welt ausgegangen ist... Was nun vor allem *Zweck* unseres *Palästinavereins* betrifft, so glauben wir nichts anderes im Auge haben zu dürfen, als durch *Anlegung einer evangelisch-christlichen Missions-Kolonie in Palästina auf die nichtchristlichen Völker des Morgenlandes einen umfassenden segensreichen Einfluss zu gewinnen...* Da nun in unseren Tagen aus Deutschland und der Schweiz so viele auch christliche Familien auswandern, um in fremden, fernen Ländern neue Wohnsitze zu suchen, so dürfte uns doch wohl die Hoffnung nicht täuschen, dass mancher im Namen Gottes und aus wahrer Liebe zu seinen nichtchristlichen Mitbrüdern sein Auge nach Palästina richte und dass sich so daselbst nach und nach eine Gemeinschaft wahrhaft frommer Handwerker und Ackerbauern zusammenfindet, welche unter dem Schutz des preußischen Generalkonsuls in unabhängiger, freier evangelischer Kirchen- und Gemeindeverfassung das Bild einer wahrhaft christlichen Gemeinde den Augen der nichtchristlichen Völkerstämme darstelle und als ein Licht unter ihnen leuchtete." Dieser missionarische Eifer und das Überlegenheitsgefühl westlicher Christen dürften kaum den in Europa und im Orient lebenden Juden entgangen sein. Umso mehr verwundert es, dass so wenig schriftliche Reaktion von ihrer Seite bekannt geworden ist. Spittler suchte weitere Informationen von kompetenter Seite. Er bekam sie über Pfarrer Philipp Wolff aus Rottweil, der wiederholt nach Palästina reiste, und dem der preußische Konsul Schulz auf dessen Anfrage nach Möglichkeiten für die Pilgermission im Januar 1844 Folgendes schrieb: „Nur müssten sie es sich nicht einfallen lassen, Mohammedaner zum Christentum bekehren zu wollen. Tun sie das, so werden sie ganz bestimmt totgeschlagen, wer es auch immer ist. Demnach hätten sie in Palästina sich nur an die Juden zu wenden, denn Heiden gibt es hier nicht, obwohl eigentlich alle hier den Namen verdienen. Juden sind nur in Jerusalem, Hebron, Safed und Tiberias ansässig... Wenn also unter den Handwerkern, die sich Pilgermissionare nennen, viele furchtsame Schneider und krumme Schuster sind, die Frau und Kind mit nichts anderem verteidigen können als mit der Nähnadel und mit Pfriem und Spannriemen, so mögen sie doch in Basel bleiben und dort die schlechten Christen zum Herrn zurückführen." (Zitiert nach A. Carmel, Christen als Pioniere im Heiligen Land, Basel 1981, S. 51)

Nicht selten setzten sich auch Christen für die Rückkehr der Juden in das Land ihrer Väter ein. So auch Charles Franz Zimpel aus Jena, der schon in den 30er Jahren des 19. Jahrhunderts in die USA ging. Dort wurde er sehr von dem Prediger Nadir Baxter beeinflusst, der sich in diesem Sinne für die Juden einsetzte und ihnen dafür auch eigene Finanzmittel zur Verfügung stellte. Der Amerikaner George Jones Adams gründete 1862 die „Messiaskirche". Ihr Ziel war, den Juden das Land ihrer Väter zur Rückkehr zu erschließen. Es sei den Juden verheißen, dieses Land wieder zum Erblühen zu bringen.

(so in der „Warte" Nr. 21 vom 23.5.1867, S. 82 – 83) Adams unternahm zusammen mit einem Freund 1865 eine Erkundungsreise nach Palästina. Sie nannten sich Josua und Kaleb nach der biblischen Tradition der Landnahme.

Zu Beginn des 19. Jahrhunderts gab es in Palästina neben 250.000 Arabern rund 25.000 Christen und etwa 5.000 Juden. Diese lebten vor allem in den vier den Juden heiligen Städten. Ihnen drohte damals wenig Gefahr, zumal der Finanzminister des Sultans, Chaim Farchi ein Jude war. Auch unter dem ägyptischen Ibrahim Pascha ging es den Juden in der Region gut. In Jerusalem durften sogar vier Synagogen neu gebaut werden. Besonders wichtig war unter Ibrahim Pascha die Gründung einer jüdischen Gemeinde in Jaffa, das zu einem Hafen ausgebaut wurde. Erst dadurch wurde die Verbindung zum Westen in größerem Stil möglich. Entsprechend wuchs auch die Missionstätigkeit der westlichen Großkirchen, insbesondere aber auch die der Freikirchen und unabhängigen Missionsgesellschaften. Die Zahl der Missionare im Verhältnis zur Bevölkerung war damals nirgends in der Welt größer als in Palästina. Während die Großkirchen ihre Judenmission deutlich zurückfuhren, wurde dieses Feld breit von konservativen christlichen Gruppen genutzt. Von größerer Tragweite aber war das allmähliche Ansteigen jüdischer Einwanderung in Palästina.

# Christliche Mission im Heiligen Land

Die 1780 in Basel gegründete „Christentumsgesellschaft" ist der Ursprung der Basler Missionsgesellschaft, die 1815 unter wesentlicher Mitwirkung von Christian Friedrich Spittler entstand. Auch die 1820 gegründete „Basler Gesellschaft zur Verbreitung des Christentums unter den Juden" geht auf seine Initiative und die Anregung der „London Society for Promoting Christianity amongst the Jews" zurück. Die gravierende Änderung der politischen Verhältnisse in Palästina, die 1832 mit der Eroberung durch Ibrahim Pascha, den Sohn Mohammed Alis begann, ermöglichte zum ersten Mal seit der Machtübernahme durch die Osmanen eine gewisse Einflussnahme der europäischen Mächte in der Region. Die Ägypter erlaubten Europäern die uneingeschränkte Einreise. Deren wirtschaftliches Interesse entfaltete sich in kürzester Zeit. Fast gleichzeitig erwachte dann auch die Missionstätigkeit. Das ändert sich nicht mehr, als die Türkei 1840 wieder die Macht übernahm, weil dies nur mit Hilfe der Westmächte gelang. In den 30er Jahren begann Christian Friedrich Spittler mit seinem großen Projekt der Palästina-Mission. Der schon 1820 gegründete „Basler Verein zur Verbreitung des Christentums unter den Juden" wurde jetzt (1831) umbenannt in „Verein der Freunde Israels". Ein Lieblingskind war für Spittler die von ihm gegründete „Pilgermission". Er plante eine „Apostelstraße" mit Missionsstationen von Jerusalem bis Kairo und weiter nach Abessinien und Zentralafrika. 1838 trat Spittler mit seinen diesbezüglichen Ideen an die Öffentlichkeit um für Spenden zu werben. Erst 1846 war es dann soweit, dass er zwei in Chrischona ausgebildete Missionszöglinge, Konrad Schick und Ferdinand Palmer nach Jerusalem aussenden konnte. Sie sollten dort ein „Brüderhaus" gründen und nicht als Missionare, sondern als Handwerker auftreten. Spittlers Anweisungen für die Gestaltung des Lebens im „Brüderhaus" waren zu strikt und zu wirklichkeitsfremd, als dass sie dem Projekt hätten dienlich sein können. Spittlers Urteilsfähigkeit mangelte die eigene Erfahrung. Er war nie in Palästina und wirft gar Bischof Gobat vor, er habe Schick und Palmer mit finanziellen Angeboten abzuwerben gesucht. 1848 entsandte Spittler zwei weitere Chrischonabrüder, Samuel Müller und Heinrich Baldensberger ins Jerusalemer „Brüderhaus". Aber sie konnten der Einrichtung keinen wesentlichen Impuls mehr geben. Das „Brüderhaus" stand vor seiner Auflösung. Spittlers letzter Rettungsversuch war die Entsendung Johann Ludwig Schnellers, der sich schon als Hausvater der Pilgermission von St. Chrischona sehr bewährt hatte. Der Gedanke der Pilgermission war noch lange nicht aufgegeben, ihm fehlte aber nach der Gründung einiger weiterer Stationen der lange Atem und der Realitätssinn für die sich rasch ändernden politischen, wirtschaftlichen und religiösen Verhältnisse in Palästina.

# Mission unter den Juden in Palästina

Schon 1820 wurde der erste Missionar des „Basler Vereins zur Verbreitung des Christentums unter den Juden" nach Palästina entsandt. Aber dem Unternehmen war kein Erfolg beschieden; noch waren die politischen Verhältnisse in dieser Region zu instabil.

In seinem ersten Jahresbericht schreibt Bischof Samuel Gobat am 9. November 1847 aus Jerusalem: „Ich höre von Zeit zu Zeit, dass viele Juden halb überzeugt sind, Jesus sei der Christus; viele gibt es, welche heimlich das Neue Testament lesen; weniger solche, die den Mut haben, ihre Herzen den Missionaren zu öffnen, oder auch nur, sie zu besuchen, oder Besuche von ihnen anzunehmen; und sehr wenige haben das Herz, ihren Glauben an einen gekreuzigten Erlöser offen zu bekennen. Auf der anderen Seite sind die Schwierigkeiten für die Juden, die an Jesum glauben und seinen Namen zu bekennen wünschen, beinahe unübersteiglich... Sie müssen von vorn herein sich darauf gefasst halten, dass von dem Augenblick an, wo sie ihren Glauben an Christum offen aussprechen, die Liebe und Anhänglichkeit ihrer nächsten Angehörigen und Freunde sich in Verachtung und Spott und tödlichen Hass verwandelt... Seit dem Jahre 1839 sind 31 Erwachsene und 26 unmündige Israeliten getauft worden... Es ist schon oben bemerkt worden, dass ein Jude, sobald er seinen Glauben an Jesum bekennt, in der Regel durchaus keinen Lebensunterhalt mehr hat... Da die Mittel der Gesellschaft zur Bekehrung der Juden ihr nicht erlauben, irgendetwas für Schulen zu tun, so möchte ich diesen Teil unserer Arbeit nicht nur den Fürbitten, sondern auch der tätigen Teilnahme aller derer empfehlen, welche wünschen, dass die Lämmer des Hauses Israel dem guten Hirten zugeführt werden. Wir haben nämlich zunächst, obwohl nicht ausschließlich Judenkinder im Auge..." Der Bericht schließt mit dem Gruß: „Der Gott Israels wolle Euch allen gnädig sein und Seinen Segen geben allen denen, die Jerusalem Frieden wünschen!"

Euer Freund und Bruder
Samuel Gobat

Gobat wird wegen seiner Äußerungen zur Judenmission von verschiedenen Seiten heftig angegriffen. So antwortet er Christian Carl Josias von Bunsen in London am 4. März 1848: „Was Proselytenmacherei betrifft, so ist sie nicht so sehr meine Sache, wie Sie zu befürchten scheinen. Mein Grundsatz im Allgemeinen ist folgender: Es ist Pflicht eines jeden Christen, einerseits die Wahrheit des Evangeliums mit Klugheit, aber frei und offen zu bekennen... andererseits seine Brüder, auch anderer Konfessionen, liebreich zu warnen vor Wegen, die zum Verderben führen. Es ist aber auch eine besondere Pflicht aller Geistlichen und besonders eines Bischofs, als Knechte Jesu Christi, soviel an ihnen ist, das Evangelium mit Weisheit und frei aller Kreatur zu verkündigen...“

Im 2. Jahresbericht vom 30. Oktober 1848 schreibt Gobat: „Ich habe dies Jahr hindurch wieder drei Evangelisten oder Kolporteurs beschäftigt, einen unter den Christen, einen unter den Juden in Jerusalem und einen unter den Arabern verschiedener Ortschaften. Ich erwarte einen vierten von Beirut in wenigen Tagen. Das Werk ist nicht ohne Erfolg gewesen, besonders zur Beschwichtigung der Vorurteile der Juden und Christen in Jerusalem..“

Auch in einem Brief an Dr. Barth in Calw vom 5. März 1850 äußert sich Gobat ähnlich: „Von Jerusalem habe ich nur wenig zu sagen. Die Juden sind nicht nur immer dieselben, sondern in diesem Augenblick ist auch keine erfreuliche Ausnahme, wie vor einem Jahr. Der Hass der Juden ist gegenwärtig hauptsächlich gegen meine Schule, die sie lange ruhig gelassen haben, gerichtet. Sie haben neulich eine Familie ganz ausgestoßen, weil sie ihre Kinder, zwei allerliebste Mädchen, nicht aus der Schule nehmen wollten. Jetzt kommen die Mädchen, die nun englisch gut verstehen, auch in die Kirche. Die Eltern sind noch geistlich tot, aber sie sehen richtig auf den Vorteil ihrer Kinder.“

Immer mehr wurde die ständige Herausforderung durch die Judenmission ein weiterer Beweggrund europäischer Juden, ihre Glaubensbrüder durch vermehrte Präsenz in Jerusalem zu stärken. So entstanden ab 1854 eigene diakonische Aktivitäten der Juden in Palästina. Gobat schreibt am 6. November 1854: „Die Juden schienen letztes Frühjahr einige Zeit durch die Liebesbeweise der Christen sehr ergriffen zu sein, und ihre Vorurteile schienen zu weichen. Da ergriff die Juden in Europa Furcht vor den möglichen Folgen christlicher Liebe, und sie sammelten große Summen Geldes, welche teilweise zur sofortigen Hilfe unter die Armen verteilt werden sollten. Der größte Teil jedoch dieser Summen war bestimmt, unseren Instituten ähnliche Anstalten zu errichten, um auf diese Weise die Bande abzuschneiden, welche in einem gewissen Sinn eine große Anzahl Juden mit unserer Mission verbinden. – Der Überbringer dieser Summe, Herr Cohen aus Paris, welcher im Monat Juli hier ankam, schlug sogleich vor, ein Hospital für Juden zu errichten, um dem Einfluss des Hospitals der englischen Judenmissionsgesellschaft entgegenzuwirken; auch sollten Schulen und eine Art Industrieschule für junge Juden und Jüdinnen in Opposition gegen die unsrigen eingerichtet werden. Auch forderte Herr Cohen seine Glaubensgenossen in nicht sehr bemessenen Ausdrücken auf, sich unabhängig zu machen von den ‚Fremden'."

Es ist augenfällig, dass die Judenmission in Europa nicht annähernd so aktiv betrieben wurde wie in Palästina. Die Christianisierungswelle unter den Juden Europas war bekanntlich eine Folge der Judenemanzipation. Die Juden suchten sich zu integrieren unter Verlust ihrer eigenen religiösen Identität. Was in Europa fast schon zu einer konsequenten Entwicklung geworden war, musste nun aus Sicht der Missionsgesellschaften zur neuen Aufgabe im Heiligen Land, das den Europäern – Christen wie Juden – nun neu in den Blick gekommen war, in Angriff genommen werden.

# Die Templer

Es hat noch lange gedauert, bis sich die chiliastisch motivierten Christen zur Auswanderung organisierten. 1854 wurde in Ludwigsburg die „Gesellschaft für die Sammlung des Volkes Gottes in Jerusalem" gegründet. Aus ihr ging 1859 die „Tempelgesellschaft" hervor. Die Vorbereitung wurde sehr systematisch in Angriff genommen. Der Theologe Christoph Hoffmann, Sohn des Gründers der Korntaler Brüdergemeinde, begann 1845 mit der Herausgabe der „Süddeutschen Warte", einer Zeitschrift „gegen den antichristlichen Zeitgeist." Das Blatt diente in erster Linie dazu, die Gedanken an eine Zukunft im Land des wiederkehrenden Herrn weit im Volk bekannt und vertraut zu machen. Es wurde zum wesentlichen Medium der Verbreitung dieses Gedankens in der Öffentlichkeit und erfreute sich größter Beliebtheit in pietistischen Kreisen. Es setzte sich sehr kritisch mit den kirchlichen und politischen Zuständen im eigenen Land und in Europa auseinander. Der aufgeklärte Zeitgeist wurde gezielt angeprangert. Etablierte Kirche und Kirchenleitung sind unentwegt Ziel polemischer Kritik. Vor allem aber befasst sich das Blatt mit der Zukunft im Heiligen Land und der Sammlung des Volkes Gottes hierzulande. Die Gebrüder Paulus hatten auf dem Salon bei der Karlshöhe in Ludwigsburg eine Schule gegründet, in der die Auswanderer gründlich auf die neue Aufgabe im Heiligen Land vorbereitet wurden. 1869 trafen dann die ersten Siedler der Templer in Palästina ein. Dass es neben der großangelegten Bewegung der Templer noch viele andere Initiativen, Missionsgesellschaften und sonstige Organisationen, insbesondere im Südwesten Deutschlands gab, die sich in Palästina engagierten, wie z.B. das „Syrische Waisenhaus" (Schneller-Schulen), darf nicht unerwähnt bleiben. Im Gegensatz zu den Missionsgesellschaften enthielten sich die Templer und das Syrische Waisenhaus aber ganz bewusst der gezielten Mission unter den Juden. Dennoch konnte es innerhalb ihrer Aktivitäten in Einzelfällen zu Bekehrungen kommen. Die Templer arbeiteten am Aufbau ihres eigenen geistlichen Tempels und zur eigenen Erlösung. Die Familie Schneller hatte sich ganz dem Bildungs- und Ausbildungsauftrag in dieser noch unterentwickelten Region verschrieben. Dass dies mit der Verkündigung des Evangeliums Hand in Hand ging, verstand sich von selbst.

# Sammlung des „Volkes Gottes"

„Der Pietismus des 18. Jahrhunderts hatte sich in die Erweckungsbewegung des 19. Jahrhunderts gewandelt. Anliegen der Bewegung war die Vorbereitung des Reiches Gottes in dieser Welt... Kennzeichnend ist das Bewusstsein, in einer Endzeit zu leben." (Hermann Ehmer, Kleine Geschichte der Evangelischen Kirche in Württemberg, Leinfelden-Echterdingen 2008).

Der Gedanke, dass die Christen das Erbe Israels als Gottes auserwähltes Volk angetreten haben, ist seit Paulus (Röm. 9 – 11) als umstrittene These im Raum der Kirche virulent. Vor allem ist dies die Ansicht der Herausgeber und Verfasser der „Süddeutschen Warte". In einer bis dahin einmaligen und großangelegten Aktion der Öffentlichkeitsarbeit wurde diese These propagiert. Die Menschen sollten motiviert werden, sich dieser Sammlung des Volkes Gottes anzuschließen und sich dem Aufbruch ins Land der Verheißung anzuschließen.

Der messianische Traum der Christen erwartete die Erlösung der Menschheit in der Christianisierung der Welt, mit dem Anspruch, das „wahre Israel" zu sein. Das war für Juden nicht akzeptabel. Dies wiederum wurde den Juden vorgehalten; sie seien schuld am Ausbleiben des messianischen Reiches. So wurden Juden von Christen je nach Standpunkt abgelehnt, missioniert, oder als Ur-Träger der Verheißung auch hofiert.

Im Folgenden soll in erster Linie die „Süddeutsche Warte" selbst ausführlich zu Wort kommen, um eigenen Interpretationen und Wertungen möglichst wenig Raum zu geben.

Ziel und Programm dieses pietistischen Presseorgans wird sehr klar zu Beginn des zehnten Erscheinungsjahrs 1854 in der Nr. 1 vom 5. Januar formuliert: „Die Süddeutsche Warte beginnt heute ihr zehntes Jahr; neun Jahre des Kampfes sind vorüber, und sie sind nicht umsonst gewesen, denn sie haben den Weg gebahnt zu der nunmehrigen Bestimmung der Warte, die wir aussprechen, indem wir sie von nun an als **Organ für Sammlung eines Volkes Gottes** bezeichnen." Im Folgenden wird unmissverständlich beschrieben, dass man sich deutlich von den Geschehnissen der Revolution von 1848 absetzt: „Die Warte konnte es also nicht für ihren Beruf halten, an diesem Neubau nach dem Sturm der Revolution teilzunehmen. Sie konnte nichts tun, als auf die Unzuverlässigkeit dieses Friedens hinweisen... So kann die Warte nach ihren ursprünglichen Grundsätzen und nach dem, was die Erfahrung 1848 gelehrt hat, nicht anders, als von nun an auf die Bildung eines Volkes Gottes, als auf das Eine, was uns Not tut, hinweisen... Mit der Aussicht auf die Gründung eines Volkes Gottes ist also der Blick auf Jerusalem, als die gottgewollte Stätte dieses großen Ereignisses, unzertrennlich verbunden."

„Das heilige Land soll nach der ausgesprochenen Bestimmung desselben dem heiligen Volke gehören. Ein solches Volk wollte Gott aus dem Volk Israel machen; darum gab der Herr ihnen sein Gesetz, damit sie durch dasselbe sein vorzügliches Eigenthum vor den Völkern der Erde würden, ein Königreich von Priestern und ein heiliges Volk. Da sie nun in Unreinigkeit und Sünde versanken, und das Land entheiligten, wurden sie ausgetrieben, wie es zuvor festgesetzt war. Dennoch blieb die erste Bestimmung unverändert, dass das heilige Volk das Land erben sollte. Das Land aber liegt wüste und öde und wird von Feinden zertreten bis auf den heutigen Tag. Wo fehlt es? Es fehlt an einem heiligen Volk. Ein solches Volk zu sammeln, nicht allein aus den fleischlichen Nachkommen Israels, sondern auch aus denen, die in der ganzen Welt und unter allen Völkern sich vorfinden, das war der Zweck und die Aufgabe Jesu Christi, für welche er gestorben ist. Sein Tod wurde die neue Lebensquelle, aus welcher Israel und seine wahren Kinder geboren wurden... niemand anders kann zu dem heiligen Volke gehören, als wer aus Christi Blut ein neues Leben empfängt. Diesen aus Christi Blut geborenen sagt die Schrift: ihr seid das auserwählte Geschlecht, das königliche Priestertum, das heilige Volk, das Volk des Eigentums... und doch ist das heilige Volk selbst noch nicht da. Es ist noch nicht da, denn sonst müsste es auch in das Land eingesetzt sein, das ihm nach der Verheißung gebührt... Das heilige Volk ist Abrahams Samen. Nun gehören zu Abrahams Samen nicht nur die, die von der Beschneidung sind, sondern auch die, die da wandeln in den Fußstapfen des Glaubens Abrahams. Diese Fußstapfen aber sind Taten; denn die Schrift sagt: Abraham ist durch Taten gerecht geworden, da er seinen Sohn Isaak auf dem Altar opferte... Gott kann dem Abraham aus Steinen Kinder erwecken; warum nicht aus uns?" („Süddeutsche Warte"- künftig: SW – 1853 Nr. 28, S. 111)

„...wir wissen, dass Gott uns eine Stätte bereitet, von wo aus wir als Könige die Erde beherrschen werden. Offb. 5, 10." (SW 1853 Nr. 32, S. 128)

„Ja Offb. 21, 3. versichert uns, dass am Ende aller Dinge Gott ein Volk haben wird, dass also der erklärte Wille Gottes, ein eigenes Volk zu haben, für alle Ewigkeit gültig ist und bleibt. Man könnte nun sagen, das Wort Volk bedeute im Neuen Testament etwas anderes, kein Volk, sondern eine Religionsgesellschaft oder Kirche. Wir aber bleiben beim Wort und sagen, ein Volk ist ein Volk, und wenn Gott erklärt, dass er ein Volk haben will, so meint er nicht eine Kirche, sondern ein Volk, eine selbständige, unabhängige Nation." (SW 1853 Nr. 33, S. 131)

Eitel-Friedrich von Rabenau beurteilt in seinem Aufsatz „Die deutschen Ansiedlungen in Palästina" in der Festschrift zum hundertjährigen Bestehen des Jerusalemsvereins „Palästina und wir" Hoffmanns Theologie folgendermaßen: „Er streifte die übliche theologische Auffassung der alttestamentlichen Prophetie ab und entschloss sich, die Weissagungen über Palästina und Jerusalem auf seinen Plan zu beziehen, nämlich auf die Auswanderung in das Heilige Land mit dem Ziel, das irdische Gottesreich zu begründen... Er meinte, in dem Gedanken des Reiches Gottes auf Erden die höchste und umfassendste Idee gefunden zu haben... Ihm schwebte bei der Sammlung des Volkes Gottes in Palästina eine Verbesserung der Zustände im Orient und rückwirkend auf den Occident vor. Die Hingabe an diese Idee, die Ausführung derselben mit allen Kräften erschien ihm als der Inbegriff der Frömmigkeit." Von Rabenau ist auch der Meinung, dass Hoffmann von dem abgeirrt sei, was in der Bibel „Reich Gottes" genannt ist. Aus dem falschen Verständnis von Sünde resultiere auch seine Ablehnung der Sakramente.

# Landverheissung

„...hat dieses Volk ein Land nöthig und welches? Die biblische Antwort ist einfach: ‚Die Verheißung' sagt Paulus Gal. 3., ‚ist Abraham und seinem Samen zugesagt. Nun ist der wahre Samen Abrahams Christus. Seid ihr also Christi, so seid ihr Abrahams Samen und nach der Verheißung Erben.' Von was für einer Verheißung ist da die Rede? Nur von der einzigen dem Abraham gegebenen, zu welcher namentlich der Punkt gehört: ‚ich will dir und deinem Samen nach dir geben das Land, da du ein Fremdling innen bist, nämlich das ganze Land Canaan, zu ewiger Besetzung, 1. Mose 17, 8. vgl. 1. Mose 12, 7. 13 – 15, 7. 18. Gehört nun dem Samen Abrahams nach der Verheißung das Land, das zwischen dem Wasser Ägyptens und dem großen Wasser Phrat liegt, und sind diejenigen, die Christi Eigentum sind, der Samen Abrahams, so folgt unwidersprechlich, dass sie um Christi willen auch das Anrecht der Verheißung auf jenes Land haben... Man fragt uns, wozu uns denn das Land Canaan nützen soll? Ob es denn nicht einerlei sei, auf welchem Fleck der Erde der Mensch diese kurze Lebenszeit zubringe? Ob wir denn meinen, wir würden durch die Wanderung nach Canaan andere Menschen werden? Diese Fragen sind zwar alle schon abgeschnitten, nachdem einmal bewiesen ist, dass das Wort Gottes es sagt, dass wir das Land erben sollen... Christen können wir überall auf der Erde sein, aber ein christliches Volk, ein Volk Gottes kann nur auf dem Boden seiner Väter, umgeben von den Denkmalen der göttlichen Taten nachwachsen, kann nur in den Orten, wo Abraham geglaubt, wo David gekämpft und Christus gelitten hat, den Ort und Ziel seiner Bestimmung erkennen. Ein mächtiger Zug nach diesem Lande hat zu jeder Zeit die Herzen der Christen bewegt." (SW 1853 Nr. 35, S. 141)

„Absichtlich schweigen wir von dem Volk Israel, das Gott durch sein Wort zum Volke machte und durch sein fleischgewordenes Wort neu gebar. Denn die, welche nach Möglichkeiten fragen, glauben nicht daran, dass der Geist der Propheten und Apostel wieder lebendig werden könne. Wir aber glauben daran und halten darum die Sammlung eines wahren Volks Gottes für möglich." (SW 1853 Nr. 36, S. 145)

„Zur Freiheit ist das Volk Gottes berufen, also auch zur Freiheit vom Mammonsdienst... Wenn wir den Dienst des Mammon verlassen, der die jetzige Welt beherrscht, so entrinnen wir einem harten Herrn... Man sehe doch nur, was die Menschen interessiert, was sie in Bewegung setzt. Die Fragen des Erwerbs sind die Lebensfragen unserer Gesellschaft geworden. Und wo ist noch im ganzen Umfang unseres jetzigen kirchlichen, staatlichen, geselligen Lebens etwas, wofür es sich lohnte, Gut und Blut einzusetzen, wofür jemand, ohne eine törichte und träumerische Begeisterung, mit nüchterner Überzeugung sein Leben geben möchte? Sobald es aber mit einem Volke soweit gekommen ist, so sind seine Lebensquellen vertrocknet. Aus diesem kraft- und leblosen Zustand ist das Volk Gottes berufen, auszugehen in einen besseren, in ein Leben aus Gott und aus der Kraft seines Geistes... Sollte Gott nicht auch jetzt wieder ein Volk sammeln können, das von eben dieser Gesinnung durchdrungen sich darin vereinigte, sich dem Dienst des irdischen Wesens zu entziehen und einem höheren Ziele zu leben." (SW 1853 Nr. 32, S. 127)

Interessant ist auch die sozialpolitische Bewertung der Situation im Königreich Württemberg. Unter der Überschrift „Zeichen der Zeit" schreibt die SW:

„Ein Zeichen unserer Zeit ist die Auswanderung, die enorme, massenhafte Auswanderung. Das irische Volk ist zur Hälfte über den Ozean gezogen, man kann die Jahre ausrechnen, wo die andere Hälfte nachgezogen sein wird. In Deutschland wandern wenigstens so viele, dass die Bevölkerung abnimmt, und zehnmal so viele bleiben nur, weil ihnen das Reisegeld fehlt... Wer bleibt, der hat entweder kein Geld, oder er scheut die Nöte der Reise und der neuen Ansiedlung, oder er traut der unsicheren Zukunft nicht, die ihn jenseits des Meeres erwartet... Ein weiterer Zug unserer Zeit, wenigstens bei uns in Württemberg, ist die Wohltätigkeit, die in einer Ausdehnung in Anspruch genommen und geübt wird, wovon man früher kaum einen Begriff hatte. Wir reden hier von einem der besten und schönsten Züge unsrer Zeit, und sind weit entfernt, die Ausdehnung der Wohltätigkeit hemmen zu wollen... aber eine Macht gegen das Elend zu bilden, die Wiederkehr solcher Zustände zu verhüten, vermag die Wohltätigkeit nicht. Es wächst viel mehr Elend nach, als die Wohltätigkeit zu tilgen vermag..." (SW 1853 Nr. 37, S. 149/150)

# Kritik an den politischen Zuständen in Deutschland

Christoph Hoffmann gab nach seiner Erkundungsreise nach Palästina im Cannstatter Kursaal einen Bericht, den er mit folgendem Statement über die gegenwärtige Lage in Deutschland begann: „Die Christenheit und besonders unsere deutsche Nation befindet sich in einem geistigen Zerfall, der eine verderbliche Verschlimmerung der gesellschaftlichen Zustände zur Folge hat. Die Entstehung einer verarmten hilflosen Masse, des Proletariats, neben einer Minderzahl, die durch Reichtum und Überfluss verdorben wird, die zunehmende Verderbnis der Jugend, trotz der Bemühungen für Erhaltung der Ehrbarkeit, die Zunahme der Selbstmorde und Geisteskrankheiten führe ich beispielsweise als Zeichen des Verfalls an. Dieser innere Verfall, dem, wenn ihm nicht abgeholfen wird, der äußere mit Notwendigkeit folgt, zwingt uns, einen Weg zur Verbesserung des Menschen und der geselligen Zustände aufzusuchen. Dass das Christentum den Weg zur Verbesserung zeigt, ist durch die Erfahrung von Jahrhunderten an Einzelnen und ganzen Völkern bewiesen, aber die heutigen Vertreter des Christentums, die Leiter der Kirchen und Schulen, wenden ihre Tätigkeit nicht zu diesem großen Zweck des Evangeliums an, weil sie entweder das Verderben nicht erkennen und daher es ableugnen oder den Beruf der Kirche oder Schule zur Überwindung desselben nicht anerkennen und die Verantwortlichkeit ihres Amts hierfür ablehnen."

Immer wieder drängt sich bei der Lektüre der „Süddeutschen Warte" die Frage auf, was denn stärker war, der Sog nach dem Heiligen Land, oder die Flucht aus den für widrig gehaltenen Umständen der süddeutschen Heimat. „Der Bau Jerusalems und der Ausgang aus Babylon stehen in einem unaufhörlichen Zusammenhang". Das Land, aus dem Südwesten Deutschlands, aus dem es zu fliehen gilt, wird also Babylon genannt. So ist auch die politische Zielrichtung des Blattes eindeutig gegen alle republikanischen Bestrebungen. Unter der Überschrift „Aus Stuttgart" ist auf S. 90 zu lesen: „Es ist gegenwärtig in Stuttgart eine Menagerie , d. h. eine Sammlung lebender wilder Tiere zur Schau gestellt. In unserem Klima gibt es wenig eigentlich wilde Tiere, d. h. solche, denen das Morden ihr Leben und Element ist, daher der Besucher dieser Menagerie allerdings etwas für ihn Neues zu sehen bekommt. Es ist etwas Schreckliches um diese Bestien, denen Blutdurst und Mordgier aus den Augen und allen Bewegungen hervorleuchtet. – Einen ungewohnten Anblick bietet auch die in Stuttgart immer noch versammelte Landesversammlung dar. Augen- und Ohrenzeugen versichern, dass die demokratischen und rot-republikanischen Eigenschaften allmählich in staunenswerten Kundgebungen sich offenbaren; leise und schüchtern fangen auch sozialistische Sympathien an durchzublicken. Diese demokratischen Kundgebungen offenbaren sich teils in freudiger Hinweisung auf blutige Revolutionen, teils in der Heiligsprechung aller politischen Verbrecher, in den über alles Maß giftigen und unwürdigen Angriffen auf die Repräsentanten der Regierung, die Minister, so wie auf alles Bestehende, teils auch namentlich in der über alle Maßen unwürdigen Behandlung, die der Abgeordnete Kapff erleiden muss; denn vor einem lebendigen Christen scheint den Demokraten alsbald die Galle überzulaufen, er ist ihnen wie Gift. Auch die Galerie trägt durch Bravos und Kundgebungen ihres Unwillens das Ihrige redlich bei zur Vollendung eines Bildes, das einen viel unheimlicheren Eindruck hervorruft, als das Gebärden der Bestien in der Menagerie."

# Distanzierung von Tendenzen in der Kirche

Dass sich die Herausgeber der „Süddeutschen Warte" und ihr weitgestreuter Freundeskreis allmählich auf einen Sonderweg begaben, der nicht mehr allein als ‚schwäbischer Pietismus' hinreichend definiert ist, zeigt sich auch in einer theologischen Auseinandersetzung mit der Zeitschrift „Der Christenbote". Dieses Blatt verstand sich auch als Organ des Pietismus. Dort erschien am 29. Januar 1854 ein Artikel, der sich kritisch mit dem Anliegen der Sammlung des Volkes Gottes, zu der in der „Süddeutschen Warte" unentwegt aufgerufen und zum Aufbruch nach Jerusalem geworben wurde. In Nr. 8 vom 23. Februar 1854 erscheint in der „Süddeutschen Warte" dann eine forsche Replik unter der Überschrift „Der Christenbote". Darin werden zunächst die Vorwürfe nochmals genannt. Das Wirken der „Süddeutschen Warte" sei ein „gefährliches Unternehmen", es wird als „drohender Schaden" bezeichnet. „Den Gedanken, den die ‚Süddeutsche Warte' unter das Volk werfe, eine Schwärmerei... Gott allein könne, so ‚Der Christenbote', sein Volk sammeln, „dass man keine Auswanderungsgedanken unter das Volk werfen solle, dass Jerusalem bloß den Juden von Gott bestimmt sei." Den Verantwortlichen des Christenboten wird entgegengehalten, dass die „Gerichte Gottes" schon begonnen hätten. „Das Blut derer, welche in Sicherheit und falscher Hoffnung glücklicher Zeiten in diese Gerichte hineinstürzen, haben die zu verantworten, die diese falsche Hoffnung erregt haben. Ungern sagen wir dies; denn wir hätten gewünscht und wünschen noch, dass der Christenbote eine andere Stellung zur Weissagung einnähme und wir mit ihm gemeinsam wirken könnten. Auch sehen wir wohl voraus, welchen Sturm diese Erklärung bei vielen gegen uns hervorrufen wird. Aber wir müssen der Wahrheit gehorchen, und so lange der Christenbote fortfahren sollte, falschen Frieden zu predigen, müssen wir gegen ihn Zeugnis ablegen." Eine weitere „Erklärung gegen den Christenboten" ist in der Nr. 14, vom 6. März 1854 veröffentlicht: „Wir sind weit entfernt, das Gute, was er (Der Christenbote) schon ausgesprochen hat, zu verwerfen; ...Aber wenn er es Schwärmerei heißt, dem Wort der Verheißung zu gehorchen, wenn er den Weg zur Errettung, den das prophetische Wort vorzeichnet, mit dem falschen Trost versperren will, als stehe es nicht so übel, in einer Zeit, wo Sünde und Elend wie große Wasserfluten dem Volk bis an den Hals gehen – darüber mussten wir uns aussprechen... der Baalsdienst, der in der Christenheit herrscht, kann nur durch den Geist des Gerichts und des Feuers (Jes. 4, 4)ausgetilgt werden."

Unter der Überschrift „Korrespondenz" mit der Anmerkung der Redaktion: „Der Korresp. ist derselbe, der den Artikel vom gleichen Ort her in Nr. 28. verfasst hat", ist folgende Zuschrift abgedruckt:

„Lieber Herr Redakteur! Die Süddeutsche Warte füllt seit Beginn der Streitigkeiten im Orient ihre Spalten mit der Hoffnung des Volkes Gottes; diese Hoffnung sagt sie, sei die Herstellung eines wirklichen Volkes Gottes, welches sogar in gewerblicher Beziehung nach göttlicher Regel einherwandelte; alsdann müsse dieses Volk einen Sammlungsplatz haben; dieser sei das Land Kanaan, welches Gott Abraham und seinem Samen gegeben hat als Segen, und da die Gläubigen mit dem gläubigen Abraham gesegnet werden sollen, so sei es folglich derselbe Segen, welchen wir ererben werden. Ich wundere mich, dass bis dahin nur einer E. in Nr. 43 etwas ausgesprochen hat, was dieser Auffassungs- und Anschauungsweise nicht ganz gleich war. Deshalb kann ich nicht umhin, dieser Auffassungsweise eine andere entgegenzusetzen. Dass das Land Kanaan wieder von einem Volk Gottes soll besetzt werden, stelle ich nicht in Abrede, denn wenn auch nur das 14. Kap. Sacharä im Worte Gottes vorhanden wäre, so dürfte es Niemand wagen, das Erfüllen dieser Weissagung in Zweifel zu ziehen. Dass aber die ‚Gemeine' dort gesammelt werden wird, das muss ich bestreiten, denn die Gemeine hat einen andern Beruf; ihre Heimat ist im Himmel, von dannen sie auch wartet des Heilandes Jesu Christi. Phil. 3, 20. Die Gemeine ist der Leib Christi, die Erfüllung dssen, der alles in allem erfüllet, sie ist ‚Weib Christi‘ , Offenb. 19, 7... die Gemeine ist also nicht Erbteil Christi... Wenn nun aber die Gemeine mit Christo regieren wird auf Erden, so muss es auch notwendig ein Volk Gottes geben, welches regiert wird. Die Gemeine aber ist dieses Volk nicht, das habe ich soeben bewiesen; sondern Israel nach dem Fleisch, und alle Übrigen aus den andern Nationen, wenn sie sich bekehren, Röm. 11, 15 Sach. 14, 16. Diese werden sein Volk sein... Ferner bitte ich Jes. 66, 8 – 12., Jer. 23, 3. 5. 6. , Jer. 30 zu lesen. Alle diese Stellen haben nur Bezug auf das Volk Israel... Für die Gemeine ist keine Verheißung da, dass eine Blütezeit oder besondere Segnung **vor** der Ankunft Christi statt haben werde... so kommen wir zu demselben Ergebnis, nämlich dass keine Herstellung vor der Zukunft Christi prophezeit sei... Kein Wort von einer Herstellung auf der Welt, auf dem Acker, und was man jetzt so schön und so gut findet... Ich antworte: die Ankunft Jesu Christi ist unsere Hoffnung; die Gläubigen warten seines Sohnes vom Himmel, 1 Thess. 1, 10. Phil. 3, 20... Er bleibt im Himmel, bis auf die Zeit, wo alles wiedergebracht wird, Apost. 3, 19., das heißt so viel, als dass mit seinem Erscheinen alles hergestellt wird.“

# Verhältnis zu den Juden

Dass es analog zu dieser Entwicklung in großen Teilen der christlichen Welt eine durch alle Jahrhunderte sich ziehende Sehnsucht nach dem Heiligen Lande im Diaspora-Judentum gab, sollte immer wieder ins Bewusstsein gerufen werden. Schon im 13. Jahrhundert wanderten viele Juden, insbesondere aus Frankreich und England nach Palästina aus. Im 16. Jahrhundert gab es eine große Einwanderungswelle aus Spanien. Die Zionssehnsucht ist in der europäischen Diaspora nie ganz versiegt. 1848 begann mit dem großen Kosakenaufstand für die Juden in Polen eine Zeit grausamer Verfolgung, der rund einhunderttausend zum Opfer fielen. Die Zionssehnsucht bekam einen starken neuen Impuls. Im 18. Jahrhundert gaben vor allem die Chassidim unter ihrem Begründer Israel Ben Elieser einen erneuten Anstoß zur Rückkehr ins gelobte Land. Besonders folgenschwer für die weitere Einwanderung von Juden aus der Diaspora im Heiligen Land war Napoleons Feldzug in den Nahen Osten (1797 – 99), bei dem er die Juden aufrief, mit ihm für den Wiederaufbau Jerusalems zu kämpfen. Dies hatte Konsequenzen in zweifacher Hinsicht, die bis heute negative Nachwirkungen zeitigen. Zum einen ist seit jener Zeit für die gesamte muslimische Welt die Rückkehr der Juden ins Land ihrer Väter nicht mehr von westlichem Imperialismus zu trennen. Zum andern entstand hier bei den orthodoxen Juden erstmals der Gedanke, die Erlösung nicht durch Gebet, sondern durch die tatsächliche Einwanderung ins Heilige Land herbeizuführen.

Die Templer, die zur Sammlung des Volkes Gottes und zum Aufbruch ins verheißene Land bliesen, waren von Anfang an in einem ambivalenten Verhältnis zu den Juden gefangen. Einerseits mussten sie, um in der Tradition der Verheißung zu stehen, sich den Juden in der Tiefe verbunden wissen, andererseits aber mussten sie sich in ihrem Selbstverständnis als neugeborene Christen deutlich von ihnen absetzen. Insbesondere machte ihnen die große Toleranz gegenüber den Juden, die sich in der offiziellen Politik des eigenen Landes immer deutlicher abzeichnete, große Schwierigkeiten.

„Was fehlt den Israeliten? Was ist es nun, das in unseren Tagen dem alten Bundesvolk abgeht? Das Geld einmal nicht... Vielleicht aber die bürgerliche Freiheit? Nun ja, sie haben nicht den vollen Genuss der politischen Rechte, und wenn man auch bei solchen Ländern stehen bleibt, in welchen sie im Wesentlichen den anderen Staatsbürgern gleichgestellt sind, wie namentlich in Württemberg, so können sie doch in die Ständekammer weder wählen noch gewählt werden,... Zudem sind sie mehreren Einschränkungen im Handel und Wandel unterworfen, wie z.B. eine württembergische Gemeinde nicht genötigt wird, einen Schacherjuden aus einer anderen aufzunehmen;... jedenfalls entziehen Schranken, wie sie das Gesetz vom 25. April 1828 setzt, das Lebensglück nicht, und ihre Aufhebung macht noch nicht zufrieden. Im Übrigen bewegen sich die Israeliten wenigstens frei genug, um da und dort großen Einfluss zu gewinnen. Soll es doch in einem deutschen Staat schon vorgekommen sein, dass sie bei Hof die Mächtigsten waren, die Zeitungen beherrschten, christliche Überzeugungen verhöhnten, über Spielbanken, Maskeraden und andere Fragen des Tags nach jüdischen Gesichtspunkten die Entscheidung gaben... Doch Reformen, sagt man, fehlen noch. Hebräische Sprache, Beschneidung, Sabbat sollen aufgehoben werden, so ist die letzte Schranke geistiger Erhebung Israels gefallen, die Kluft zwischen Morgenland und Abendland ausgefüllt... Wollen aber die Juden mit den hebräischen Psalmen auch die Beschneidung und die Feier des Samstags aufgeben, so sind sie weder Juden noch Christen, von der alten Wurzel getrennt, ohne einen neuen Grund gefunden zu haben... Darum umgekehrt, rufen Altgläubige in Israel, nach Canaan steht unser Sinn, Tempel und Opfer fehlen uns, auf den Sohn Davids hoffen wir, dass er uns erhöhe über die Völker, und Jerusalems Herstellung ist unser tägliches Gebet... Ja, Er fehlt ihnen, außer welchem kein Heil ist, und mit ihm Frieden und Leben. Daher das rastlose Jagen nach Erwerb, den inneren Mangel zu stillen, der gefallsüchtige Schmuck hin und wieder zusammengeraffter Menschenweisheit, die

Blöße des Geistes zu verbergen, das Joch werkheiliger Satzungen des Talmud, den Ruf des Gewissens nach Sühnung zu unterdrücken!... Eröffnet ihnen den Weg zu nützlicher Kunst und edler Wissenschaft; doch achtet's für größeren Dienst Mosen und die Propheten sie zu lehren, damit diese ihnen der Wegweiser zu Christo werden!" (SW 1845 Nr. 5, S. 20)

Noch klarer und eindeutiger ist die Position der „Süddeutschen Warte" in der Nr. 13, vom 30. März 1854: „Wir haben in unserer Mitte die Juden. Sie sind nicht das Volk Gottes, wie manche fälschlich sie nennen, sondern sie sind nach Ezechiel die toten Überreste und Trümmer des Volks Gottes. ‚Nicht mein Volk' nennt sie Gott durch den Propheten Hosea. Und die neutestamentliche Schrift, welche nach der entschiedenen Abkehr der Juden vom Messias geschrieben ist, das Evangelium Johannis, nennt sie nicht mehr das Volk, sondern ‚die Juden'. Wir dagegen, die wir an Jesum glauben und sein Wort zu halten trachten, wir haben ein bestimmtes Anrecht, zum Volk Gottes zu gehören, gegründet auf das Bundes- und Passahopfer, das Christus für uns gebracht hat. Die Juden, solange sie den Messias nicht wollen, haben dieses Recht nicht. Aber **wir** haben die Verheißung, dass auch dieses Volk, und zwar als Volk, wieder lebendig wird; denn die Totengebeine, so sah es Ezechiel, werden leben. Nun diese Wiedererstandenen gehören auch mit zum Volke Gottes, und ehe sie dabei sind, ist es nicht gesammelt, also auch noch keine Zeit, an Aufbruch und Reise zu denken... Wir sind die Angehörigen Jesu, des Sohnes Davids, wir gehören zum Hause Davids; wem stände es also besser an, als uns, zu den Kindern Juda's zu gehen, und ihnen zu sagen, dass die Zeit nahe ist, wo der König Israels will, dass sein Volk sich sammle, um das Land einzunehmen, das Gott den Vätern verheißen hat?"

Immer deutlicher zeichnet sich das Verhältnis zu den Juden ab. „Die **Vorbereitung** und **Zubereitung** zum Ausgang aus Babel und zur Sammlung des Volkes Gottes ist gewiss **jetzt** schon an der Zeit... Besonders aber zähle ich dazu **eifrige, ausgebreitete und tätige Mission unter dem** Volke **Israel**, um demselben die Verheißungen über sein Land und die Sammlung in dasselbe recht nahe zu legen, und seine Bekehrung zu seinem König Christus als notwendige Bedingung recht eindringlich zu machen... **Das Volk Israel muss vorher bekehrt werden und seinen König Christum suchen, dann zieht es in sein Land und die Gläubigen aus den Heiden schließen sich an dasselbe;** denn es wird künftig, so lange es noch unbekehrt bleibt, eben so wenig ein Verlangen haben, wieder in sein Land als Volk gesammelt zu werden, als es seit 1800 Jahren Anstalt dazu gemacht hat. Würden wir denn selbst als Unbekehrte und Ungläubige ein Verlangen haben, in dieses verheißene Land als ein Volk Gottes gesammelt zu werden? Eben so wenig als die Juden!" (S. 77) Fortsetzung in der nächsten Ausgabe auf Seite 81: „Das steht mir ganz fest: **Israel muss sich vorher bekehren**, ehe es in sein Land kommt; und zwar erstens: Weil es den verheißenen Messias, Christum, verworfen hat als seinen König und Herrn, und dadurch ein abtrünniges, untreues, verstoßenes Volk geworden ist... **Darum**, und nur darum **wurde es verworfen von seinem Bundesgott, aus seinem Land verstoßen, unter alle Völker der Erde zerstreut.** Seine Verstoßung, Verwerfung und Zerstreuung kann daher nur dann aufhören, wenn es, wenigstens seiner Mehrzahl nach, sich bekehrt, an den Messias glaubt und dann auch wieder eine solche mächtige Sehnsucht in ihm rege wird, in sein Land zu kommen, wie bei seinen Vorfahren, Ps. 137, 1., die an den Wassern Babels saßen und weinten, wenn sie an Zion gedachten... **Sie können aber gar nicht als vereinigtes, aus der Zerstreuung gesammeltes Volk vom Herrn angenommen werden, so lange sie ihn als ihren König und Messias verwerfen, weil es gegen die klaren, bestimmten Aussprüche des göttlichen Wortes selbst wäre, wie eine Menge Schriftgelehrte es beweisen."**

Schließlich befasst sich ein ganzer Artikel (Nr. 28, 13. Juli 1854) unter der Überschrift „Die Juden" mit der dedizierten Sichtweise der Warte-Herausgeber: „Die Juden sind die einzigen noch erkennbaren Überreste des alten Israel; die übrigen Bestandteile desselben sind unter die Nationen zerstreut und mit ihnen vermischt worden. Die dadurch entstandene Lücke in Israel ist nicht wieder ausgefüllt worden; aber sie ist nicht das größte der Bollwerke, welche die Juden verhindern, wieder das echte Israel zu werden. Viel größere Hindernisse liegen in der Beschaffenheit der Juden selbst, in dem Zustand, in dem sie sich befinden... Es (Israel) würde für alle andern Völker... das lebendige Musterbild geben, nach dem sie sich zu richten haben... Hätte das jüdische Volk der Aufgabe Israels nachgestrebt und sie zu erfüllen getrachtet, so hätte die Vorsehung dasselbe nicht aus dem Lande Israels gestoßen und zum Gegenstand der Verachtung und Unterdrückung bei den andern Nationen (deren schwere Versündigung an den Juden wir damit keineswegs entschuldigen wollen) werden lassen... Diejenigen aber, die sich erinnern, dass ihr Volk das edelste und weiseste Volk der Erde war, dass es in einem Zustand geselliger Wohlfahrt gelebt hat, den andere nur als Traum und Sage kennen, dass es bestimmt ist, ein Segen für alle Geschlechter der Erde zu werden. – Diese fragen wir, ob nicht dazu eine Veränderung des jüdischen Volkes nötig ist? Aber warum hat Gott diese Rettung noch nicht gesendet? Das Hindernis kann nicht bei Gott gesucht werden, es kann nur in dem Zustand der Juden, in ihrer Abweichung von ihrer Bestimmung und Aufgabe liegen. Damit also dem jüdischen Volke sein Messias werde, damit ihm die Zeit der Neugeburt, der Rettung und Herstellung komme, muss vorher in den Juden selbst eine Veränderung vorgehen. Und welches ist nun die Veränderung?... Die Veränderung, um die es sich handelt, muss offenbar bestehen in der Rückkehr zur ursprünglichen Aufgabe Israels... Der Geist des Gesetzes Israels, der Geist des Moses und der Propheten muss in den Juden wieder aufwachen... Dieser Geist erwachte unter den Juden zur Zeit, wo die große Entscheidungsstunde herannahte, in der Person Jesu und seiner Jünger; denn Jesus wollte nichts anderes, als dass das Gesetz zur Wahrheit werde. Aber nicht die Annahme des christlichen Glaubensartikels von der Dreieinigkeit kann die Juden zum Volke Gottes machen, sondern das Eingehen auf das, was Jesus wollte, auf die wahre Erfüllung des Gesetzes. Wenn die Juden anfangen, zu erkennen, dass nicht Glaubensartikel und religiöse Gebräuche, sondern der Sinn, der auf Erfüllung des Willens des Schöpfers gerichtet ist, den Israeliten ausmacht, dann beginnt die Neugeburt."

Immer schwieriger wird es für die Herausgeber der „Süddeutschen Warte" ihr eigenes Verhältnis zu den Juden klar zu artikulieren. Zum einen heben sie die Einzigartigkeit Israels hervor, das zur Maßgabe für die Völker geworden ist und in dessen Fußstapfen die Christen nun treten. Zum andern aber hören sie nicht auf, die großen Defizite, ja die Verworfenheit der Juden anzuprangern. Inzwischen hatte sich die „Gesellschaft der Tempelfreunde" gebildet. In der Nr. 9. der SW vom 4. März 1858 ist ein ausführlicher Artikel unter der Überschrift „Die Juden und ihr Verhältnis zur Sammlung des Volks Gottes in Jerusalem.": „Die angesehenen Männer unter den gläubigen Theologen in Württemberg und anderswo geben sich das Ansehen, als ob sie die Rechte der Juden in Schutz nähmen, während sie in der Tat nichts für die Verbesserung des Zustands der Juden tun... Während solche Juden, die heller sehen, sagen: Die Christen müssen uns die Hand bieten, sie müssen im Lande Canaan unsere Lehrer in den äußeren Dingen werden, die zu einem gesunden Volksleben gehören, in Ackerbau und sonstiger Handarbeit..." Kritisiert wird, dass „die Mission unter den Juden" das einzige sei, „was freilich mit sehr geringem Erfolge von den Christen für die Juden geschieht... Das Wort der Schrift nötigt also die Christen, sich durch das Zurückbleiben der Juden nicht aufhalten zu lassen, und beim Trachten nach dem Reich Gottes nicht auf das Vorangehen der Juden zu warten, sondern rücksichtslos vorwärts zu schreiten, bis alles erfüllt werde, was Gott durch den Mund der Propheten verkündigt hat; aber es nötigt sie auch, den Juden zum Anschluss zu helfen und die unterstützende Hand zu bieten, damit sie das werden, was... sie endlich werden müssen... Richtig denkende Männer unter den Juden haben das Gefühl sowohl von der Notwendigkeit einer durchgreifenden Veränderung im Zustand ihrer Nation, als auch von dem Bedürfnis eines gemeinsamen Wirkens in dem angegebenen Verhältnis... Der irdische Sinn

160

ist das allgemeine Hindernis besserer Zustände; und wenn auch bei den Juden die lange Gewohnheit unproduktiver Tätigkeiten statt der wirklichen auf die Bedürfnisse des Lebens gerichteten Arbeit, die Gewöhnung an Spekulation, Schacher und sogar den Betrug statt an Ackerbau, Handwerk und soliden Handel, den irdischen Sinn in größerer Gewalt als bei den Christen hervortreten lässt, so ist doch die Sache selbst, die ausschließliche Richtung der Geister auf Gewinn und Erwerb, bei beiden Teilen dieselbe... Die Anerkennung der tiefen Gesunkenheit ihrer Nation und des Bedürfnisses nach Herstellung der besseren Zustände, welche die Propheten verheißen haben – das ist es, was wir als Bedingung der Hebung und der Annäherung ans Reich Gottes bei den Juden zu erwecken suchen... Die Zivilisation hat in neuerer Zeit die Schranken, welche Christen und Juden trennten, großenteils weggeräumt. Indem die Christen den Juden Anteil an den Vorteilen ihres Gesellschaftslebens einräumten, haben sie bei den Juden, die darauf eingingen, die Macht des alten Hasses gegen das Christentum bedeutend geschwächt, und von den zahlreichen Judenbekehrungen der letzten zwanzig oder dreißig Jahre kommen ohne Zweifel mehrere auf die Rechnung dieser durch die moderne Bildung vermittelten Annäherung, als auf die Rechnung der christlichen Mission unter den Juden... Eine solche Gemeinde von Juden, welche sich den Christen zur Sammlung des Volkes Gottes in Jerusalem anschließt, von dem verderblichen Betrieb von Spekulation und Wucher zum Ackerbau und Handwerk zurückkehrt und das Gesetz als einzig maßgebende Regel der geselligen Verhältnisse für Christen und Juden annimmt, wird alsdann erst in der Lage sein, ihre geistige Tätigkeit den wichtigsten Aufgaben des Menschen, dem Priestertum und Königtum zuzuwenden."

Hofmann selbst hatte stets ein distanziertes Verhältnis zur Judenmission gehabt. Ihm ging es weniger um die Bekehrung einzelner Juden als vielmehr um die Mitwirkung in der Heilsgeschichte. Für ihn bleibt Zion die Stätte der Heilsgeschichte bis zur Wiederkunft Christi. In Gottes Heilsgeschichte für die Menschen gilt nach Hofmanns

Verständnis der Plan, dass zuerst die Heiden eingegangen sein müssen, bevor die Juden einziehen werden. Zuerst müssen alle Völker in die Kirche Christi integriert sein, dann erst kann das Volk Israel folgen. Der Aufbruch nach Jerusalem war für Hofmann sowohl Zeichen der anbrechenden Endzeit, als auch Vorbild für die Völkerwelt und das Volk der Juden für die endgültige Wallfahrt zum Zion.

# Zur Judenemanzipation

Eine Konsequenz der Emanzipation für die Juden war, dass ihre Religion zu einer Konfession neben anderen wurde. Entsprechend änderte sich die Einstellung der Christen gegenüber den Juden. Aus der religiösen Kritik wurde jetzt zunehmend eine Kritik an den sozialen und rassischen Verhältnissen und Zuständen der Juden. (SW 1846 Nr. 37)

Unter dem Titel „Judenemanzipation" heißt es in der Süddeutschen Warte Nr. 37 von 1846: „Bei der gegenwärtig in Baden und Württemberg und an anderen Orten viel bewegten Frage über Judenemanzipation (d.h. über ihre völlige bürgerliche Gleichstellung mit den Christen) dürfte ein Punkt der Beachtung besonders würdig sein. Es betrifft den Talmud, dieses Religions- und Nationalbuch der Juden, welches von dem rechtgläubigen Teile derselben der heil. Schrift gleichgestellt wird... Der Talmud schreibt: ‚Mit den Goldschmiden, Apothekern, Balbierern, Badern, Leinewebern etc. soll man nicht viel zu schaffen haben. – Die Juden seien Könige und Königskinder, wenn sie arbeiten, so übertreten sie Gottes Gebot damit'... „Auch schreibt der Talmud: ‚einen Zöllner, der kein Jude ist, mag man wohl berauben. In Summa, der Talmud schreibt: ‚Aller Christen und Heiden Güter sind preis wie der Sand am Meer und wer sie bekommt, der mag sie behalten.'" Der Verfasser ergänzt, auf dem württembergischen Landtag von 1828 sei gewünscht worden, den Talmud zu untersuchen so wie die Frage, wie die Juden zu ihm stehen.

Der Protest gegen die Judenemanzipation in der Süddeutschen Warte reißt nicht ab. Unter der Überschrift „Über Judenemanzipation" steht da auf Seite 111: „Unter der Emanzipation (bürgerlichen Befreiung) der Juden versteht man bekanntlich die Aufhebung aller diesem fremden Volke in den christlichen Staaten gesetzten Schranken. Völlig durchgeführt ist diese Emanzipation in Frankreich, wo der Jude nicht nur in seinen Geschäften völlig unbeschränkt ist, sondern auch jedes Amt, so gut wie ein Christ, bekleiden kann. Ob man ein von Juden regiertes Volk ein freies, christliches Volk heißen könne, darüber kann man zweifelhaft sein; dass aber ein solcher Zustand für Deutschland, wo er, gottlob, noch nicht besteht, durchaus nicht zu wünschen sei, daran zweifeln Wenige. Aber gerade diese Wenigen machen sich in Zeitschriften und Kammern so laut, dass man glaubt, es seien ihrer wunder wie viel! Und doch sind wenigstens die Stimmen in den Zeitungen, die für die Judenemanzipation sprechen, meistens nur Stimmen junger, ehrgeiziger Juden, oder von Juden bezahlt. Was die Kammern betrifft, so pflegen hier teils Männer, die einer missverstandenen christlichen Liebe, teils solche, die der liberalen Feindschaft gegen einen ‚christlichen Staat' huldigen, für die Emanzipation der Juden aufzutreten. So war es bei uns in Württemberg Herr Prälat v. Hafner... Als im Jahr 1843 der rheinische Landtag sich für Judenemanzipation aussprach, ging an den König von Preußen folgende, von 350 ansässigen Bürgern der Stadt Minden unterschriebene Bittschrift ab: ‚Wohl ist es uns bekannt, dass fast alle Zeitschriften, größtenteils unter jüdischen Einflüssen schreibend, die Judenemanzipation für eine dringende Anforderung unserer Zeit, ja für eine Christenpflicht ausgeben, und wir hören diese Grundsätze von denen, welche sich Gebildete und Aufgeklärte nennen, vielfach wiederholen. Die Zeitschriften aber und diese Gebildeten sind weit davon entfernt, die wahre Volksmeinung zu vertreten; der Kern des Bürgerstandes wenigstens, dem wir allesamt angehören, teilt jene modernen Ansichten keineswegs, nimmermehr können wir uns überzeugen, dass die bürgerliche Freiheit, welche wir wohl zu schätzen, aber auch von Auflösung und Umwälzung zu unterscheiden wissen, sondern sollte, dass eine christliche Bevölkerung den Juden völlig gleiche Rechte einräume, und dass eine christliche Regierung keinen Unterschied zwischen Juden und Christen machen dürfe... Fragt man einen Jeden einzeln, ob er wünsche, einen Juden zur Obrigkeit zu haben, einen Juden gar zum Führer im Kriege, einen Juden, der weder Christ noch Deutscher ist, so wird gewiss überall die ehrliche

164

Antwort ‚Nein' heißen." Nach diesem ausführlichen Zitat aus der Bittschrift des rheinischen Landtags fährt der Berichterstatter der „Süddeutschen Warte" fort: „Hieraus kann man sehen, wie das Volk denkt. Es denkt auch bei uns so, und, wenn... in Württemberg auf 300 nur zwei Juden, also aufs ganze Land 10.000 – 12.000 Juden kommen, so kann man daraus sehen, wie gering die Zahl derer ist, denen die Emanzipation scheinbar nützt, gegen denen, die dadurch in ihren heiligsten Rechten gekränkt würden."

Die Rubrik „Judenemanzipation" scheint sich in der Süddeutschen Warte eingebürgert zu haben. Unter dieser Überschrift erscheinen weitere Artikel, so in Nr. 43 von 1846, S. 176: „Deshalb ist... es eine reine Unmöglichkeit, dass ein christlicher Staat die Juden völlig emanzipiere; denn tut er das, so verleugnet er seinen Grund, auf dem er erbaut ist, er verlässt seine Lebensquelle, Christus und sein Wort... Man liebe und achte den Juden als Menschen... man bete für ihn und bezeuge ihm und lasse bezeugen, dass auch für ihn nur in der Erkenntnis Christi wahres Heil und Ruhe zu finden ist; aber man bewahre auch die uns durch Christum gegebenen und bisher durch Gottes Gnade erhaltenen Güter und verzichte auf das Hirngespinst einer allgemeinen, völligen Emanzipation, einer äußerlichen Verschmelzung bei so wesentlicher und bedeutsamer Verschiedenheit."

„Judenemanzipation" steht auch über dem Artikel S. 223 von Nr. 43, 1846: „Uns ist es eine ausgemachte Sache: Der Zustand der Juden war ein ungehöriger und es ist Pflicht der Christenheit, denselben zu verbessern und ihnen gebührende Menschenrechte angedeihen zu lassen. Aber damit will ich durchaus nicht sagen: das Begehren unserer Radikalen um völlige Emanzipation der Juden sei zu billigen; wir behaupten vielmehr: solches Begehren ist von Seiten der Christen wie der Juden eine Frucht des Unglaubens. Der rechtgläubige Jude sehnt sich nach Palästina als seinem eigentlichen Vaterlande; noch steht es in den jüdischen Gebetbüchern und wird täglich wiederholt: ,Wegen unserer Missetaten sind wir aus unserem Lande vertrieben.' ... Obgleich die neueste Rabbinerversammlung in Breslau es ausgesprochen: man dürfe dem Staate zulieb den Sabbath opfern und arbeiten, so kehrt sich der fromme Jude an solche Feststellungen neuerer Rabbiner nicht... Nur eine Anzahl reicher Juden und junger Männer, die alle eigentliche Religion aufgegeben und deren ganzes Bestreben im Staatsleben aufgeht, die das diesseitige Leben und seine Genüsse für das Höchste achten, begehren eigentlich die Emanzipation, scheuen auch keine Opfer, um sie zu erlangen.

# Vorbehalte gegenüber
# orientalischen Christen und Muslimen

Im Blick auf die Abwertung des orientalischen Christentums durch die westliche Theologie in Vergangenheit und Gegenwart gibt es noch viel aufzuarbeiten.

Im „Missions-Atlas" von R. Grundemann, der 1905 in Calw und Stuttgart erschien, sind auf der „Religionskarte der Erde" mit Angabe der wichtigsten Missionsgebiete nur die evangelischen, katholischen, mohammedanischen und heidnischen Gebiete ausgewiesen. Dass es große Gebiete mit orthodoxer und altorientalischer Bevölkerung gibt, wird unterschlagen oder einfach nicht wahrgenommen.

Auch die „Süddeutsche Warte" hält sich in der Kritik des orientalischen Christentums nicht zurück: Dort heißt es in der Ausgabe Nr. 27 von 1853 auf Seite 107: „Auch diese Kirche hat einst das heilige Land besessen, aber es wurde unter ihren Händen Jerusalem nicht der Ort, von wo das Gesetz und das Wort des Herrn ausging, und ihr zum Gericht hat es Gott in die Hände der Mohammedaner gegeben... Das heilige Land ist nach einer unwiderrufenen göttlichen Erklärung das ewige Eigentum des Volks Gottes. Eine lange Zeit hat Gott, müde des Missbrauchs, der von Christen, angeblichen Gliedern des Volks Gottes, mit diesem Lande getrieben wurde, dasselbe den Mohammedanern überlassen. Jetzt ist deren Zeit aus, niemand hat das Recht, das herrenlos werdende Erbe anzusprechen, als der rechtmäßige Erbe, das Volk Gottes. Aber dieses Volk ist noch nicht gesammelt, es ist noch nicht vorbereitet, sein Eigentum in Besitz zu nehmen... Ob Gott einen der evangelischen Kirche zugetanen Staat, ob er England oder Preußen gebrauchen wird, um seinem Volke den Weg zu Besitznahme seines Landes zu bahnen, das wird sich zeigen; eines aber steht fest: das Heilige Land gehört niemand als dem Volke Gottes, es gehört Jesu, dem Sohne Davids, und denen, die Jesu Volk sind."

Der Islam, insbesondere in Gestalt des Osmanischen Reichs, wird in der SW hart verurteilt: „Gerade die Schwäche des türkischen Reichs ist das Verderben der christlichen Untertanen, an denen jeder seinen Mutwillen üben kann. Wann wird man endlich das brennende Haus zusammenreißen, um auf seiner Stätte ein neues und festeres zu gründen?" (SW 1845 Nr. 5, S. 20)

Und weiter in der SW 1845 Nr. 26, S. 113 mit einem Zitat aus Nr. 333 des ‚Beobachters': „Deutschland ist es beschieden, den Türken, den Erbfeind des deutschen Reiches, aus Europa zu jagen, und das osmanische Reich, sey es früher oder später, zusammenzubrechen. Der Mohammedanismus ist morsch und bedarf das ewig junge Christentum. Der Mohammedanismus endlich ist die dem Christentum verwandteste Religion, an welche am besten angeknüpft werden kann." Dazu der Herausgeber der SW: „Der Mensch, von dem diese Worte herrühren, meint wirklich, man habe auf ihn gewartet, ehe man anfing den Mohammedanern das Evangelium zu predigen... Er weiß nicht, dass der Mohammedanismus die dem Christentum feindseligste Religion ist, an welche am wenigsten angeknüpft werden kann."

Wiederholt wird der undifferenzierte Blick der Europäer auf die Muslime deutlich. Man macht kaum einen Unterschied zwischen den muslimischen Osmanen und den muslimischen Arabern. Erst ab der Siedlungstätigkeit in Palästina wird das Bewusstsein dafür geschärft. Die Araber haben nicht weniger Vorbehalte gegenüber Konstantinopel als die Europäer. Die Templer verhehlen ihre Geringachtung der arabischen Bevölkerung Palästinas keineswegs.

# Politische Position

1853 ist wieder einmal in Jerusalem ein unheiliger Streit zwischen den griechisch-orthodoxen und den römisch-katholischen Mönchen um die heiligen Stätten ausgebrochen. Zar Nikolaus I., der sich als Schutzherr der orthodoxen Christen im Heiligen Land versteht, schaltet sich ein. Ebenso Napoleon III. Im Oktober 1853 erklärt die Türkei Russland den Krieg. Am 27. Oktober desselben Jahres ist in der Ausgabe Nr. 43 der „Süddeutschen Warte" auf Seite 173 zu lesen: „‚Krieg bis aufs Äußerste!' Diese Worte soll der russische Kaiser ausgerufen haben, als ihm die türkische Kriegserklärung zu Gesicht kam... Tatsache ist: Der Krieg ist da, und zwar der Krieg der christlichen Macht des Ostens gegen den Erbfeind der Christenheit, ein Krieg, dessen Ende kein anderes sein kann, als Umsturz der mohammedanischen Herrschaft in Europa, tiefe Erschütterung derselben in Kleinasien, Syrien und Ägypten... wenn auch der Kaiser Nikolaus jene Worte nicht in strengstem Sinn genommen haben sollte, in der Stellung Russlands, in dem Sinn des russischen Volks stehen sie in einem strengsten Sinn geschrieben: Krieg bis aufs Äußerste gegen die Türkei ist die natürliche Losung dieser Macht.

Naturgemäß sollte man glauben, dass in diesem Kriege alle Wünsche und Hoffnungen der christlichen Völker für Russland, gegen die Türkei sein müssten; denn die türkische Macht verschließt dem Christen die Stätte, welche durch Geschichte und Weissagung geheiligt ist, das gelobte Land, an welches die Erinnerung der Taten Gottes in der Menschheit und die Aussicht der prophetischen Verkündigung jedes gläubige Gemüt fesselt. Ist doch die Macht, gegen die der Kampf gilt, wesentlich dieselbe, gegen die vor 750 Jahren die Christenvölker wie Ein Mann sich erhoben, um ihr die heiligen Stätten, wo David geherrscht und Christus gelitten hat, zu entreißen. Wie ganz anders aber steht es jetzt? Frankreich und England, eine katholische und eine protestantische Macht, sind im Begriff, für die

169

Mohammedaner gegen die Christen Partei zu nehmen. Österreich und Preußen nehmen eine neutrale Stellung ein, die man sich daraus erklärt, dass diese Mächte überzeugt seien, Russland werde den Krieg nicht ‚bis aufs Äußerste‘, nicht bis zu dem erwähnten Ende treiben. Die christlichen Völker haben aufgehört, die Angelegenheiten des Christentums als die ersten und wichtigsten anzuerkennen; es handelt sich für sie nicht um die Befreiung des Landes der Verheißung aus mohammedanischer Zertretung, sondern um eine gefürchtete Machtergreifung Russlands. Nicht auf Jerusalem, sondern auf Konstantinopel sind ihre Gedanken gerichtet. Und auch Russland begeistert zwar sein Volk zum Religionskampfe, aber nicht für Jerusalem, sondern für Konstantinopel. Nicht auf dem Moriah, sondern auf der Aja Sofia wünschen die Russen das Panier des Kreuzes aufzustecken. Und soweit dieser Gedanke im Abendland begriffen wird und Wirkung hat, nämlich in den katholischen Kreisen, da ist man dagegen, nicht weil dadurch Jerusalem die Ehre vorenthalten wird, die ihr gebührt, sondern weil Rom gegenüber ein zweites Rom im Osten wieder zu erstehen droht. Die große Masse aber unter denen, die den Ton in der Christenheit angeben, kümmert sich nicht um Jerusalem, nicht um Rom, nicht um Halbmond und Kreuz, sondern um die Börse in London, in Paris, in Frankfurt, und ihre Hoffnungen und Besorgnisse bei dem Krieg der Russen gegen die Türken drehen sich um den Stand der Staatspapiere und der Wechselkurse... Nicht der Türke ist der Erbfeind des Volkes Gottes, sondern andere Mächte, die in Offb. 13. beschrieben sind. Überlassen wir also Russland den Krieg gegen die Türken, die unrechtmäßigen Beherrscher des heiligen Landes, deren Gewalt allerdings untergehen muss, damit dieses Land frei und zubereitet werde zum Erbe des heiligen Volkes. Wir aber haben gleichzeitig uns zu einem Krieg bis aufs Äußerste zu rüsten, nämlich zu dem Kampf gegen den Drachen, gegen das Tier und den falschen Propheten. Nicht ein türkisches oder griechisch-russisches Konstantinopel ist die gefährliche Feindin Jerusalems, sondern eine andere Stadt, welche die Weissagung mit dem Namen Babylon nennt, und deren Einfluss und Ansehen sich über die ganze Welt erstreckt. Die Macht dieser feindseligen Stadt über die Christenheit zeigt sich unter anderem auch darin, dass die Christenvölker die großen Weltstädte und ihre Kirchen, Paläste und Börsen höher achten als Jerusalem und den Tempel des lebendigen Gottes. Diesem Babel den Untergang zu verkündigen, und wider die genannten Erbfeinde des Volkes Gottes uns zu versammeln zum Streit, das ist unsere Aufgabe, und wenn wir sie gelöst haben, dann erst gilt es den gerechten Krieg bis aufs Äußerste."

# Aufgabe als „Volk Gottes"

Dass das aus frommen Christen berufene Volk Gottes nicht nur eine neue Gemeinschaft Erwählter bildet, sondern in dieser Funktion eine wichtige Aufgabe hat, wird immer wieder betont. Sie fühlen sich zum Kampf gegen die bösen Mächte und die Sünde berufen. Unter der Überschrift ‚Nur frisch hinein!' wird in der „Süddeutschen Warte" Nr. 45 vom 10. November 1853 der Ruf zur Sammlung des Volkes Gottes konkretisiert: „Solange die Sache eine Meinung ist, so stehen ihr tausend andere Meinungen gegenüber; wenn sie zur Tat wird, so wird jeder seine Stellung dazu nehmen... Ein für allemal sagen wir also: was wir unternehmen ist nichts als der Wille Jesu Christi, die Pflicht eines jeden Jüngers Jesu... unbekümmert darum, ob uns die Welt als gutmütige Toren, oder als anmaßende Narren, oder als gefährliche Verführer ansehe. Nicht wir unternehmen ein Werk, sondern Jesus Christus hat es unternommen, die zerstreuten Kinder Gottes zu sammeln, und ihm stellen wir uns zu Gebot... Die Sammlung des Volkes Gottes ist ein großes und wichtiges Unternehmen. Es handelt sich nicht um einen Auswanderungsplan, nicht um die Frage, ob wir in dem Lande Canaan eine Existenz für so und so viele Familien finden, ein Unterkommen begründen können. Es handelt sich um Bildung eines Volkes, einer festen unzertrennlichen Vereinigung zum Kampf wider die Sünde, den Teufel, die Welt und die Mächte der Welt, nämlich wider die Feinde, die in Offenb. 13. und 17. beschrieben sind."

# Die Templer und die Württembergische Landeskirche

Eine ausführliche Darstellung des Zerwürfnisses mit der Württembergischen Landeskirche ist hier nicht zu thematisieren. Sie ist wiederholt an anderer Stelle geschehen. Besonders sei auf die Arbeit von Andreas Maurer verwiesen.

Karl Bitzer schreibt in seiner 1968 in Stuttgart erschienenen „Rückschau ins gelobte Land" auf Seite 30. „Die Templer haben kein dogmatisch formuliertes Glaubensbekenntnis und lehnen Sakramente, Dogmen und Trinitätslehre ab, damit stehen sie dem Judentum näher als die christlichen Kirchen."

Ob diese Konsequenz zutreffend ist, bleibt dahingestellt. Jedenfalls kann nicht außer Acht gelassen werden, dass es 1859 schon zum Bruch der Templer mit der Württembergischen Landeskirche kam.

Es ist in jeder Beziehung erfreulich, dass die Verwerfungslehre (Israel ist von Gott für immer verworfen, weil es seinen Sohn abgelehnt hat) und die Substitutionstheorie (die Kirche ist in der Erwählung durch Gott an die Stelle Israels getreten) heute weitgehend aus der Theologie verschwunden sind. Dennoch muss diese theologische Frage weiterhin erörtert werden. Das schuldet die westliche Theologie sowohl den Juden als auch den christlichen Theologen im Nahen Osten.

# Siedlungsbedingungen in Palästina

Sehr aufschlussreich für die Verhältnisse, die die Siedler in Palästina antrafen, ist ein in der „Süddeutschen Warte" Nr. 51 vom 17. Dezember 1868 abgedruckter Artikel aus der „A. (Augsburger) Allg. Zeitung". Dort heißt es am Schluss: „Das größte Hindernis, welches dennoch unüberwunden ist, bietet das Verhalten der Landesregierung zu allen europäischen Unternehmungen in ihrem Reich, und in Palästina insbesondere. Die türkische Regierung, unfähig der Einmischung im Großen, seitens der Mächte Widerstand zu bieten, sucht sich durch kleinliche Häkeleien und Nichtbeachtung der Traktate, an den Ausländern ausgeübt, dafür zu rächen. Wie die Klagen der fränkischen (steht für Europäer) Kaufleute bei den Handelsgerichten keine Berücksichtigung finden, so ziehen auch in allen anderen Händeln zwischen Eingeborenen und Fremden, trotz der Konsulate, letztere den kürzeren. Allen europäischen Unternehmungen ist die Regierung feind, und sucht sie durch nie direkt verweigerten, aber doch nie aufrichtig geleisteten Schutz dem Übelwollen der Eingeborenen preiszugeben. Am wenigsten sind die Maßnahmen der Franken in Palästina gern gesehen; alles was Europäer in dieser Provinz tun, oder zu tun beabsichtigen, ist nach türkischer Auslegung ein politischer Schritt, der nicht erlaubt werden kann. Fränkische Ansiedler, zumal wenn sie in größerer Anzahl kommen und ein Gemeinwesen bilden wollen, werden mit großem Misstrauen betrachtet werden; die Behörden würden alles, auf versteckte schlaue Art und Weise zwar, aufbieten, um den Vorläufern der fremden Macht das Leben sauer zu machen, und das würden sie bald und am ehesten durch Nichtstun erreichen."

In Nr. 52 wird der Artikel fortgesetzt: „Solange die Moslemin die Herren des gelobten Landes sind, wird jeder noch so wohlgemeinte Versuch zur Kolonisation vereitelt werden, und man kann deshalb nicht genug vor dem Eingehen auf die immer wieder auftauchenden

Projekte dieser Art warnen; aber auch wenn einst das Land in besseren Händen sein wird, wozu es doch früher oder später kommen muss, kann man nur mit großer Vorsicht, ja eher mit gegründeten Bedenken, von einer germanischen Einwanderung reden. Daraus, dass Palästina das gelobte Land geheißen und von dem Volk Israel bewohnt worden, folgt noch nicht – obschon zuweilen dieser Schluss gezogen wird – dass es von Deutschen bevölkert werden müsse; man bedenkt nicht, dass die Juden ihren Ursprung in diesen warmen Zonen genommen haben, und das noch so heiße Klima Äyptens nicht den geringsten nachteiligen Einfluss auf ihre Vermehrung ausgeübt hat; sie fanden in Palästina ein für sie vortrefflich passendes Klima vor." In einer Anmerkung ist hinzugefügt (vom Verfasser?): „Warum tun denn aber die Juden so gar nichts um, wozu heutzutage gewiss Gelegenheit wäre, ihr altes Vaterland, wenigstens für einen Teil ihres Stamms, wieder zu gewinnen? Sie beten allwöchentlich in ihren Synagogen um ihre Rückführung dahin, vergessen aber dabei das: ‚Hilf dir selbst, und Gott wird helfen.' Am Geld fehlt es ihnen wahrlich nicht, auch nicht an diplomatischen Verbindungen. Freilich müsste man dann im Schweiße des Angesichts arbeiten."

Der Artikel fährt fort: „Die Deutschen sind doch in viel kälteren Himmelsstrichen geboren und können naturgemäß sich nicht schnell akklimatisieren; es gehen Jahre darüber weg, und wenn sie vorüber sind, ist die aus der kühleren Heimat mitgebrachte Kraft verschwunden, und bei manchen auch der Mut." Festzuhalten ist, dass also im Jahr 1868 noch kaum von einer bemerkenswerten jüdischen Einwanderungsbewegung gesprochen werden kann. Dass es aber schon seit einigen Jahrzehnten eine Ansiedlung von Juden in Palästina gab, zeigt ein Artikel der „Süddeutschen Warte" vom 24. Juni 1858: „In Jerusalem befindet sich eine zahlreiche Kolonie von Juden, teils spanische Juden (die hier Sephardim genannt werden und die spanische Sprache reden), teils sogenannte Aschkenazim d. h. Juden aus Russland, Polen, Galizien, die ein schwerverständliches Deutsch reden; auch eine kleine Anzahl deutscher Juden befindet sich darunter. Da diese

Juden meist von den Beiträgen leben, die von ihren Glaubensgenossen in der ganzen Welt für die Juden in Palästina gesammelt werden, so treiben sie wenig Gewerbe oder Handel, sondern halten das Studium der jüdischen Theologie für ihre Hauptaufgabe. Obgleich ihre äußeren Zustände unter diesen Umständen sehr elend sind, so sind sie doch im Allgemeinen sehr misstrauisch gegen religiöse Einwirkung von Seiten der Christen..." Zurück zum Artikel von 1868. Sehr aufschlussreich ist die Antwort der Redaktion der „Süddeutschen Warte", unmittelbar im Anschluss unter der Überschrift „Unsere Antwort": „Dieser von einem Unparteiischen und sachkundigen Manne geschriebene Artikel, welcher seit vielen Jahren in Jerusalem wohnt und für eine Autorität in den orientalischen Verhältnissen gilt, widerlegt die weitverbreitete uns oft entgegengehaltene Ansicht, dass das gelobte Land, durch den Fluch seiner Fruchtbarkeit beraubt, in unseren Tagen nicht mehr fähig sei, ein arbeitsames Volk zu ernähren... Die größten Schwierigkeiten liegen, wie der Korrespondent ebenfalls konstatiert, in den politischen Verhältnissen, welche durch die jetzigen Einwohner und durch die türkische Regierung bereitet werden. Der Korrespondent hält diese Schwierigkeiten für unüberwindlich und hierin weichen wir von seiner Anschauung ab, denn wir halten auch sie für überwindlich... Der Korrespondent selbst hat noch einen anderen höheren Standpunkt, den er zwar nicht ausspricht, doch aber mit einem Worte verrät, wenn er zu verstehen gibt, dass nicht die Deutschen sondern die ‚Juden' zur Kolonisation von Palästina berufen seien. Offenbar würde er eine von den Juden ausgehende Kolonisation Palästinas freudig begrüßen, und alle Bedenken, welche er dem Tempel gegenüber hat, fallen lassen; weil er hierbei durch seinen theologischen Standpunkt bestochen ist... Er teilt den Standpunkt der englischen Theologen, welcher auch nach Deutschland importiert worden ist und darauf hinausläuft, dass die Propheten ‚dem Volk der Juden' und sonst niemandem den Besitz des gelobten Landes und die Rückkehr dahin zugesprochen und geweissagt hätten. Diese Theologen übersehen jedoch, dass die Anerkennung des Messias, des Königs der Juden, der entscheidende Punkt ist; durch seine Verwerfung haben die Juden ihr Recht auf den durch sein Blut geheiligten Boden verloren...“ Diese Deutlichkeit lässt nichts zu wünschen übrig, zeigt sie doch zum wiederholten Male, wie ambivalent das Verhältnis der Templer zu den Juden war. Zum einen die Anerkennung deren Erwählung von einst, doch zugleich auch deren Verwerfung. Diese Ambivalenz wird die weitere Geschichte der Templer und ihrer Siedlungstätigkeit in Palästina begleiten und prägen. Die Vorbehalte der Templer gegenüber den Juden wird im Folgenden der ‚Antwort‘ noch deutlicher: „Dass die Juden, so wie sie jetzt sind mit ihrem Materialismus und Handelsgeist hierzu total unfähig sind, wird kein Verständiger bestreiten; die Rückkehr der Juden nach Palästina so lange sie auf ihrem Irrtum beharren, wäre also ein Antagonismus, den die Menschen nicht wünschen können, und Gott, der sie verstoßen, nicht dulden wird.“

# Bildteil
# Block B

Mühsame Pionierarbeit auf den Feldern Galiläas. (1910)

Jüdische Landwirte beim Pflügen

Petach Tiqua. (1890)

Turnen in der Schneller'schen Landwirtschaftsschule Bir Salem (gegründet 1891)

Weinkellerei in Rischon le Zion (1910)

Herzl-Straße in Tel Aviv (1920)

Templersiedlung Sarona (Gegründet 1871)

Werkstätten im syrischen Waisenhaus (Schneller) in Jerusalem.

Jüdische Hamawerke in Haifa (1910)

Mandelernte in Rischon le Zion (1910)

Templersiedlung Sarona (1890)

Feldarbeit (Ende 19. Jahrhundert)

191

Jüdische Landarbeiter in Rosch Pina (1910)

Posaunenchor im syrischen Waisenhaus (Ende 19. Jahrhundert)

193

# Jerusalemer Christen
## zu den Aktivitäten der Templer

Aus Palästina kamen immer häufiger schriftliche Stellungnahmen zum Siedlungswerk der Templer. Neben Samuel Gobat, dem Bischof des seit 1841 in Jerusalem eingerichteten gemeinsamen Bistums der Anglikaner und der preußischen Protestanten äußerten auch Conrad Schick, Johannes Zeller und Johann Ludwig Schneller vorsichtig ihre Bedenken. Die Württembergische Landeskirche beobachtete äußerst reserviert das eigenwillige Vorgehen der Templer. Conrad Schick, der von der Schwäbischen Alb stammende Handwerker, hatte es mit seinen großartigen Leistungen als Architekt bis zum „Königlichen Baumeister von Jerusalem" gebracht. Er warnte die frommen Siedler aus Südwestdeutschland vor der Unterschätzung der Probleme bei einer Kolonisierung in Palästina. So schreibt er in einem Brief: „Ich möchte es ganz Deutschland zurufen, wer reich werden will, wer (mit irdischen Wünschen und Hoffnungen) ins tausendjährige Reich will, der gehe doch nach Amerika und komme ja nicht hierher; denn hier findet er dieses am wenigsten oder wenigstens jetzt noch nicht. Wer aber ins Reich Gottes, ins Himmelreich kommen und darin ein Kind, ein Bürger sein will, wo es gilt, arbeiten, verleugnen, leiden, dulden, kämpfen, streiten, harren, ringen um das Reich Gottes, nicht auf der alten, von der Sünde verderbten Erde, sondern beim Herrn und in besseren Elementen sucht, dabei aber wünscht, dass den armen Araber[n], Juden, Christen und Türken sein elender Zustand möge erleichtert werden und wer diesem Zweck Gut und Blut aufzuopfern Willens ist, der komme hierher, der ist am Platze." (Zitiert nach Jakob Eisler, Der deutsche Beitrag zum Aufstieg Jaffas 1850 – 1914, Wiesbaden 1997, S. 52). Über Christoph Hoffmann schreibt Schick, er habe sich selbst viele Gegner, insbesondere unter den Geistlichen geschaffen, weil er sich bewusst mit seiner Kirche anlegte und die wirklichen Probleme einer Ansiedlung in Palästina ignorierte. Er kritisiert auch die „persönliche Starrheit der Siedler", die nicht bereit seien, sich der einheimischen Lebensweise in Palästina anzupassen. „Sie glaubten im Gegenteil, auserwählt zu sein und andere belehren zu können" (C. Schick, Studien über die Kolonisierung des Heiligen Landes in Österreichische Monatsschrift für den Orient 1881, S. 58). Ähnlich lautete die Kritik Johannes Zellers, des Schwiegersohns von Gobat und wie er im Basler Missionshaus ausgebildet, am Vorgehen der Templer, sie seien „sektiererisch und eigenwillig". Bischof Gobat, der schon aufgrund seiner missionarischen Prägung viel Verständnis für das Anliegen der Templer hatte, riet ihnen unmissverständlich von ihren Plänen der Siedlung in Jerusalem ab. Haim Goren drückt in seinem Artikel „Erste Siedlungsversuche der deutschen Templer in der Jesreel-Ebene im 19. Jahrhundert" im Jahrbuch des Deutschen Evangelischen Instituts für Altertumswissenschaft des Heiligen Landes von 1989, die Vermutung aus, dass dies der Grund sein könnte, warum die Templer zuerst in Haifa, Jaffa und der Jesreel-Ebene und erst zehn Jahre später in Jerusalem siedelten.

Hoffmann wehrte sich, Gobat und Schick würden das Vorhaben der Templer bei der Kirchenleitung in Württemberg in Misskredit bringen, wie er in einem Artikel in der „Süddeutschen Warte" schrieb.

Schon 1860 wurde eine Vorhut der Templer nach Jerusalem entsandt. Es waren vier in der Evangelisten-Schule auf dem Salon bei der Karlshöhe in Ludwigsburg ausgebildete Missionare. Bei der Ankunft in Jerusalem wandten sie sich zuerst einmal an ihren Landsmann Johann Ludwig Schneller, wo sie auch zunächst unterkamen. Bald aber stellten sich theologische Kontroversen über den wahren Pietismus ein, so dass die vier Jerusalem verließen und nach Nazareth zogen, wo sich Johannes Zeller um sie annahm. Drei von ihnen kehrten im Jahr darauf nach Jerusalem zurück, wo sie wieder von Schneller aufgenommen wurden, der seinerseits deshalb von manchen kritisiert wurde, die den Templern kritisch gegenüberstanden. Er ließ sich aber nicht davon abbringen, sie in seinem neu gegründeten „Syrischen Waisenhaus" wenigstens zeitweise zu beschäftigen.

Bischof Samuel Gobat bemerkte auch sehr früh die zunehmende Reserviertheit der im Lande lebenden Juden gegenüber den missionarischen und sozialen Aktivitäten der Christen. So schreibt er am 6. November 1854: (Zitiert nach A. Carmel, Christen als Pioniere im Hl. Land) „Die Juden scheinen letztes Frühjahr einige Zeit durch die Liebesbeweise der Christen sehr ergriffen zu sein, und ihre Vorurteile scheinen zu weichen. Da ergriff die Juden in Europa Furcht vor den möglichen Folgen christlicher Liebe, und sie sammelten große Summen Geldes, welche teilweise zu sofortiger Hilfe unter die Armen verteilt werden sollten. Der größte Teil jedoch dieser Summen war bestimmt, unseren Instituten ähnliche Anstalten zu errichten, um auf diese Weise die Bande abzuschneiden, welche in einem gewissen Sinn eine große Anzahl Juden mit unserer Mission verbinden. – Der Überbringer dieser Summe, Herr Cohen aus Paris, welcher im Monat Juli hier ankam, schlug sogleich vor, ein Hospital für Juden zu errichten, um dem Einfluss des Hospitals der englischen Judenmissionsgesellschaft entgegenzuwirken; auch sollten Schulen und eine Art Industrieschule für junge Juden und Jüdinnen in Opposition gegen die unsrigen eingerichtet werden. Auch forderte Herr Cohen seine Glaubensgenossen in nicht sehr bemessenen Ausdrücken auf, sich unabhängig zu machen von den ‚Fremden‘."

Einer deutlichen Sprache bedient sich Bischof Gobat in einem Brief vom 29. Januar 1855, der im „Calwer Missionsblatt" veröffentlicht und in der „Süddeutschen Warte" vom 14. Juni 1855 abgedruckt wurde. Dort heißt es über die Templer: „...die Wut – ich kann es nicht anders nennen – womit die sogenannte Sammlung des Volkes Gottes in Jerusalem betrieben wird, ist mir unbegreiflich, wenn ich bedenke, dass es doch wahre Christen sind, die sich damit abgeben... Zuerst dachte ich, es sei nur ein frommer Gedanke, der sich bald in Nichts auflösen werde; aber jetzt tritt die ganze Sache immer mehr als ein Schreckbild vor mein Gemüte. Es ist den guten Leuten ernst; sie scheinen sogar zu eilen in ein Verderben, wovor mir graust, weil ich es wahrscheinlich mit ansehen muss. Und wir in Jerusalem sind alle einer Meinung..." Unmittelbar im Anschluss ist das Antwortschreiben der Templer veröffentlicht. Dort heißt es u. a.: „Aus dem Entwurf der Verfassung des Volkes Gottes, den wir gleichzeitig mit diesem Briefe an Sie abgehen lassen, werden Sie erkennen, dass es sich bei uns nicht um eine phantastische Liebhaberei für das Wohnen in Palästina handelt, sondern um die Herstellung eines auf Gottes Wort gegründeten Gesellschaftszustandes... Wir können uns darin nicht irre machen lassen, durch gelehrte Theorien, welche behaupten, die Verheißung gelte nur den Juden, Theorien, die nur dahin wirken, dass nichts zur Ausführung des göttlichen Ratsschlusses unternommen wird und weder unter den Juden noch unter den Christen ein Verlangen erwacht, der Verheißung teilhaftig zu werden, während wir bereits jetzt aus Tatsachen sehen, dass unser Streben die Juden zum Eifer reizt und ein Interesse für den Beruf des Volkes Gottes in ihnen erweckt." Worauf sich die Bemerkung bezieht, das Vorbild der Templer würde die Juden zum Eifer – gemeint ist wohl: zur eigenen Initiative – reizen, ist nicht genannt. Kann davon ausgegangen werden, dass es sich dabei um ein allseits bekanntes Phänomen handelte? Abschließend hier noch einmal ein Zitat von E.-F. von Rabenau: „Die Bemühung um eine Ausbreitung der „Tempelgesellschaft" oder wenigstens ihrer Ideen schlug fehl. Weder durch sein Buch „Orient und Okzident", noch durch seine Reisen nach Deutschland und Amerika gelang es Hoffmann, eine größere Zahl von Anhängern zu gewinnen oder die Augen der Welt auf die vermeintlich begonnene Sammlung des Volkes Gottes zu richten. Es kam weder zu einer Reform in den orientalischen Völkern, noch zu einem erweckenden Zeichen für Europa und Amerika. Vielmehr trat eine Abgrenzung ein. Die deutschen Siedlungen fanden wohl viel freundliche Anerkennung; aber sie bekamen kaum noch Zuwachs von außen. Eins wird man freilich sagen können: sie haben einen Pionierdienst für die Einwanderung der Juden geleistet. Das aber lag außerhalb der Gedanken und Absichten Hoffmanns."

# Das „Syrische Waisenhaus" in Jerusalem

Johann Ludwig Schneller, 1820 in Erpfingen auf der Schwäbischen Alb geboren bestand mit 18 Jahren das erste Examen für den Württembergischen Lehrerdienst mit Auszeichnung. Auch die zweite Dienstprüfung für den Lehrerberuf gelang ihm mit Auszeichnung. Unverzüglich wurde ihm die Berechtigung verliehen, selbständig Lehrer auszubilden. Wenig später wurden ihm leitende Aufgaben im erzieherischen Bereich in Württemberg und in der Schweiz übertragen. In der Pilgermission von St. Chrischona bei Basel wurde er Lehrer und Hausvater und bildete Handwerksburschen zu Missionaren aus. Chr. Friedrich Spittler, der Mitbegründer der Basler Mission, erkannte bald seine außergewöhnlichen pädagogischen Fähigkeiten und seine Begabung, Menschen anzuleiten und zu führen. Deshalb schlug er ihn, der erst 33 Jahre alt war, vor, die Leitung des „Brüderhauses" in Jerusalem zu übernehmen. Spittler hatte vor, von hier aus den Orient systematisch zu missionieren. Schon 1854 traf Schneller mit seiner Frau und sechs seiner Missionarsschüler in Palästina ein. Die von Spittler geplante Missionsarbeit in Jerusalem ließ sich so nicht realisieren. Schneller und Spittler hatten verschiedene Vorstellungen und trennten sich. Schneller erkannte die Wichtigkeit, Armen und sozial Geschädigten in Palästina eine solide und nachhaltige Erziehung und berufliche Ausbildung zukommen zu lassen. Er widmete sich konsequent diesem Ziel, erwarb einige Kilometer außerhalb der Stadtmauern von Jerusalem ein Grundstück und baute sofort ein Haus darauf. Wiederholt musste er sich räuberischer Überfälle erwehren oder ergeben. Als 1860 in Syrien in der Gegend des heutigen Libanon ein erbitterter Kampf zwischen Muslimen und Christen, insbesondere Maroniten, ausbrach, dem viele Menschen zum Opfer fielen, drang die Nachricht von der Not der vielen Waisenkinder bis nach Jerusalem. Von Spittler aus Basel kam der Vorschlag, Schneller möge doch eine Rettungsanstalt für Kriegswaisen in seinem Haus beginnen.

Kurz darauf brach Schneller in Begleitung des Preußischen Konsuls per Schiff in den Libanon auf. Am 10. November 1860 traf er mit neun Waisenkindern wieder in Jerusalem ein. Schon am folgenden Tag wurde die Gründung des „Syrischen Waisenhauses" feierlich begangen. Bald sandte Spittler aus Chrischona und Basel Missionszöglinge zu Schneller, um ihn bei dieser wichtigen Arbeit zu unterstützen. Das gesamte Werk stand von Anfang an unter einem guten Stern. Bald gründeten sich Hilfskomitees und Förderkreise in Deutschland und in der Schweiz. Die Arbeit in Jerusalem konnte zügig ausgebaut werden. In den folgenden Jahren entstanden nach und nach die Kleinkinderschule, die Elementarschule, eine Oberschule, Handwerksbetriebe, Mädchenschule, Blindenschule, landwirtschaftliche Ausbildung und schließlich sogar ein Lehrerseminar. Zentrum war und blieb das Internat. Johann Ludwig Schneller: „Unser Haus ist ein Gotteshaus, weil Kinder eine Gabe Gottes sind." Bald war das Gelände des „Syrischen Waisenhauses" größer als die gesamte ummauerte Altstadt von Jerusalem. Religiöse Erziehung und berufliche Ausbildung waren die beiden Schwerpunkte in Schnellers pädagogischer Konzeption. Der Pietist J. L. Schneller war zugleich ein Pädagoge auf der Höhe der Zeit: „Lernen sollten die Kinder aber nicht nur durch den Unterricht allein, sondern auch durch das Vorbild der Erzieher." (Jahrbuch des Syrischen Waisenhauses 1861, S. 7, § 7.) Die Handarbeit wird als eine wichtige Ergänzung zur theoretischen Ausbildung bei der Persönlichkeitsbildung und der Sozialisation verstanden: „Sollten wir etwa gelehrte Bettler erziehen? ...sollten wir etwa faule fromme Schwätzer erziehen? ...Wollte man uns die Hand- und Berufsarbeit in unserem Erziehungsplane streichen, so würden wir unsere Waisenhäuser schließen." (So J. L. Schneller in seiner Rede zum 25. Jubiläum der Gründung des „Syrischen Waisenhauses"). Diese mit Bedacht konzipierte Arbeit entfaltete sich schließlich zur größten Bildungseinrichtung des Nahen Ostens in seiner Zeit. Der unaufhaltsame Aufstieg dieses Werkes ist kontinuierlich in den Jahresberichten, sowie in den ebenfalls lückenlos erhaltenen Protokollen des in Köln tagenden Vorstandes dokumentiert. Ab 1884 beginnt die Öffentlichkeitsarbeit mit dem vierteljährig erscheinenden „Der Bote aus Zion". Die dort veröffentlichten Berichte gestatten ein Gesamtbild der Entwicklung dieses vorbildlichen Instituts. Regelmäßig werden die gesamten Spendeneingänge veröffentlicht. Die Beiträge kommen vornehmlich aus Südwestdeutschland und der Schweiz. Im Folgenden beziehe ich mich auf die Darstellung Samir Akels in seiner 1978 veröffentlichten Dissertation „Der Pädagoge und Missionar Johann Ludwig Schneller und seine Erziehungsanstalten".

1877 werden zum ersten Mal Schülerstatistiken veröffentlicht. Daraus geht hervor: 50 % der Kinder (meist Waisen) stammen aus Palästina, 30 % aus Syrien, 7 % aus Afrika (Ägypten, Abessinien, Innerafrika). Der Rest aus Armenien und Kleinasien. 32 sind Muslime, 174 Christen (29 Katholiken, 29 Maroniten, 87 Griechen, 8 Kopten, 1 Armenier und nur 19 Protestanten). In den Jahren 1897 und 1898 ist die Zahl der Zöglinge und der Ausbildungszweige so stark gewachsen, dass rund 100 neue Mitarbeiter eingestellt werden mussten. Die schulische Ausbildung ab dem 14. Lebensjahr war immer mit beruflicher gekoppelt. In den folgenden anstaltseigenen Werkstätten und Ökonomiebetrieben konnten die Schüler den praktischen Teil ihrer Ausbildung absolvieren: Land-, Garten-, Wein- und Obstbau. Dazu gab es 10 Werkstätten: Schlosserei, Schmiede, Ziegelei, Schreinerei, Töpferei, Schusterei, Schneiderei, Nähstube, Bäckerei und nicht zuletzt die Druckerei. Dort wurden Bücher, Schriften, Formulare u. ä. in den verschiedensten Sprachen gedruckt: Deutsch, Arabisch, Englisch, Französisch, Italienisch, auch Hebräisch, Russisch und Tschechisch. Auch Schulbücher für den eigenen Bedarf des „Syrischen Waisenhauses". In „Der Bote aus Zion" vom August 1901 steht dazu: „Die Druckerei zeichnet sich gegenwärtig nicht nur durch ein zahlreiches Arbeitspersonal aus, sondern sie erfreut sich auch in der sonst flauen Sommerzeit eines fleißigen Zuspruchs, den wir den Juden zu verdanken haben. Bald sind es Bücher, bald Kalender, bald Druckwerke mit Klischees versehen und in bunten Farben ausgeführt, die ins Abendland versandt werden. Wir haben da ein bescheidenes Stück Zionismus. Denn die Drucksachen werden versandt und sollen Propaganda machen für die Interessen der Juden, damit die zerstreuten Glaubensbrüder die Blicke auf das irdische Jerusalem richten.“

## Juden und Araber aus der Sicht
## Schnellers und des „Syrischen Waisenhauses"

Schon im Jahresbericht des Syr. Waisenhauses von 1868 ist zu lesen: „Wenn 700.000 Mohammedaner im Land täglich fünfmal laut bekennen la Alla illa Alla! (es ist kein Gott außer Gott) so sind es höchstens 12.000 Juden, die im Namen Jehovah, Gott Zebaoth, die krummen Wege des Talmud wandeln, von denen 10.000 in Jerusalem selbst ohne Tempel, ohne Priester, ohne Opfer, ohne Heiligthum an ihrem Klageplatz, außerhalb der westlichen Tempelmauer gen Himmel rufen: Ach Herr, wie so lange! Während kaum 80.000 nominelle Christen im Land mit ihrem unevangelischen Bilderdienst (circa 6.000 – 8.000 in Jerusalem) den Juden und Moslemin ein Ärgernis und eine Torheit sind. Dass fast bei keiner Partei die Religion im praktischen Leben zu ihrem Einfluss und Recht gekommen ist, so sind sie in Umgang und Handlungsweise fast alle gleich und verträglich, obgleich sie im Herzen einander hassen, nur der Jude ist verachtet, und ‚Jehudi' ist ein schlimmeres Schimpfwort als ‚Teufel!' wenn schon die Juden viel klüger sind als die Araber. Ismael dagegen ist ein Spötter, 1. Mose 21,9 und alle seine Nachkommen. Auch der Europäer muss es ertragen, dass ihn jeder Gassenjunge ausspotte, und im eigenen Hause ins Angesicht verlache." Der Jahresbericht aus dem Jahr 1879 scheint hier direkt anzuschließen: „Die sind jetzt nur noch in zwei von einander geschiedenen Völkerreichen erkennbar, die **Israeliten**, welche unter dem Fluche Gottes wegen ihres Abfalls in alle Welt zerstreut sind und dort als ein Fluch empfunden werden, und die **Ismaeliten**, Edomiter und zahlreichen Stämme der Midianiter, die jetzt mit den Resten heidnischer Völkerschaften zu einem **arabischen** Volk verschmolzen sind. Von dem Volk der Offenbarung, den Israeliten, den 2.000-jährigen Trägern des Reiches Gottes, ist von Alters her, laut dem Worte Gottes, alle wahre Religion und aller rechte Glaube in die Welt ausgegangen und sie sind somit ein Segen für alle Völker geworden." Auch hier – wie bei den Templern – die

202

gleiche Mischung aus Verachtung und Hochachtung im Blick auf die Juden. In einem Atemzug wird von Fluch und Segen gesprochen. „Was sie in ihrer Zerstreuung bedeuten und wozu sie fähig sind, das lehrt die tägliche Erfahrung überall besonders da, wo sie, wie in den Kulturstaaten, durch einen übel angebrachten Humanismus – der Schrift (4Mos. 23,9. 3Mos. 20,26. 2Mos. 19,6), ihrer Volksstellung, ihrem Charakter und Beruf zuwider, den Völkern gleichgestellt sind, mit denen sie nie ein einheitliches Element bilden können, noch sollen. Wenn da beide Teile durch einander genug gestraft und gedemütigt sein werden – volkstümlich und räumlich sich trennen müssen, da wird man Israel gern seine alte Heimat wieder gönnen, ihm das Land seiner Väter wieder überlassen, und dieses darin wieder auf sich selbst angewiesene Volk seiner endlichen Bestimmung, die es als Israel der Zukunft nach der Weissagung hat, entgegenreifen... Ein intelligentes Volk (die Araber, A.d.V.) aber mit solch feuriger Auffassung dessen, was es einmal ergreift, mit solch zähem und ausdauerndem Charakter von Gott inmitten der Völker der Erde situiert, kann nach seiner bisherigen Entwicklung seine Rolle in der Welt noch nicht ausgespielt haben, kann nicht nur ein unbildsamer Klotz sein, der einer gesunden Weiterentwicklung der Welt- und Völkerverhältnisse stets hemmend im Wege liegt. Es muss noch eine andere Aufgabe, eine höhere Zukunft haben; insbesondere dann, wenn auch das stammverwandte Israel in das Land der Verheißung zurückkehrt.“

# Mission unter den Juden
# im Spiegel von „Der Bote aus Zion"

Wie die Templer verstanden sich auch die Verantwortlichen des Syrischen Waisenhauses nicht als Judenmissionare.

Die Mission unter Juden in Palästina war von Beginn an ein brisantes Unterfangen. Die christlichen Missionsgesellschaften sahen hier eine neue Aufgabe, da sich das Judentum nach der sogenannten Judenemanzipation in den europäischen Ländern nun selbst neu erfuhr. Umso heftiger war die Reaktion jüdischer Organisationen in Palästina. Immer wieder befasst sich die Vierteljahresschrift „Der Bote aus Zion" aus dem „Syrischen Waisenhaus" mit diesem heiklen Thema. So zum ersten Mal in der Ausgabe Nr. 4 von 1890 mit einer sachlichen Darstellung von Fakten: „Die Mission unter den Juden bildet eine Sache für sich. Sie braucht eigens hierfür vorgebildete Arbeiter und ihre eigene Methode und operiert darum, wie allwärts, ganz abgesondert von anderen Missionstätigkeiten. Sie hat Stationen in Jerusalem unter etwa 20.000, in Jaffa unter etwa 6.000, in Safed unter etwa 10.000, und in Tiberias unter etwa 6.000 Juden und ist in den Händen von Engländern und Schotten. Ihre ausgedehnteste Tätigkeit entfaltet sie in Jerusalem selbst. Hier ist eine eigene Kirche für sie erbaut (die Zionskirche), die ein Hauptpastor und zwei weitere Geistliche bedienen. Ein Krankenhaus mit eigenem Arzt, ein Inquirerhouse, wo sie auf die Aufrichtigkeit ihrer Absichten hin beobachtet werden. Wer hierbei als weiterer Bemühungen würdig erfunden wird, darf in das Industry-house übersiedeln, wo er Gelegenheit hat, ein Handwerk zu erlernen und die Predigt von Christo zu hören. Im Verlauf von drei Jahren hat er sich endgültig zu erklären, ob er sich taufen lassen will. Anstatt dies zu tun verlassen aber sehr viele die Schule, um ihr ungeordnetes Leben ohne Beruf fortzuführen, während ein kleiner Teil zum Taufunterricht sich meldet und hernach getauft wird. Im Dienst derselben Sache stehen noch zwei Kindererziehungsanstalten, eine für Knaben und eine für Mädchen, ferner ein Frauenarbeitssaal, in dem armen Jüdinnen Gelegenheit zu Arbeit und Verdienst und zum Hören des Wortes Gottes geboten wird. – Ähnlich wie hier arbeitet die Londoner Judenmissionsgesellschaft auch in Jaffa und in Safed, während sich in Tiberias und Safed die Schottische Judenmissionsgesellschaft mit einem Arzt und Schulen festgesetzt hat. Die Erfolge dieser Arbeit sind wie immer verhältnismäßig gering. Dazu trägt, abgesehen davon dass sie taube Ohren für das Evangelium haben, noch besonders der Umstand bei, dass der christlichen Mission systematisch entgegengearbeitet wird. Um den Eltern die Versuchung zu nehmen, ihre Kinder in christliche Anstalten zu schicken, hat die Alliance israélite in Paris ein Waisenhaus gegründet, das nicht nur Schulunterricht erteilt, sondern auch in irgend einen Lebensberuf einführt. Rothschild in Paris unterhält für seine Glaubensgenossen eine Schule, ferner ein schönes, neugebautes Hospital. Neuerdings ist sogar ein Jude Mayer hier tätig, der die bestimmte Aufgabe hat, die Missionsarbeit unter Israel zu hindern. Nichtsdestoweniger finden Taufen und feste Eingliederung in den Verband der evangelischen Kirche von Jahr zu Jahr statt."

In der Berichterstattung des „Boten aus Zion" der Jahre 1897 und 1898 nimmt die Mission unter den Juden einen größeren Raum ein. In der Ausgabe von August 1897 heißt es: „In jüngster Zeit erregte die Auflehnung der hiesigen Juden gegen die Bestrebungen der Londoner Missionsgesellschaft zur Verbreitung des Christentums unter den Juden" viel Aufsehen. Den ersten Anstoß hierzu gab die Eröffnung des neuen Hospitals dieser Missionsgesellschaft im Nordwesten, außerhalb der Stadt. Dieselbe hatte ihr Hospital früher in der Stadt. Es wurde von den Juden gerne und viel besucht, erwies sich aber allmählich, weil zu klein und unpraktisch eingerichtet, als den vorhandenen Anforderungen nicht mehr genügend. Daher schritt man zu einem Neubau auf einem Landstück, das dieser Gesellschaft gehört, und auf dem neben einem Sanatorium seit Jahren auch ein Judenmädchen-Waisenhaus steht. Das Hospital wurde im Pavillionsystem in ganz eigentümlichem, ästhetischen Ansprüchen wenig Rechnung tragendem Stil aufgebaut, und als es fertig war, wurde über dem Hauptportal in großer Schrift eingraviert: ‚Hospital der Gesellschaft zur Ausbreitung des Christentums unter den Juden‘. Das erregte nun unter den Juden sehr großes Ärgernis. Die Rabbiner ließen infolgedessen das Verbot ausgehen, dass bei Gefahr der Verbannung aus der jüdischen Gemeinde kein Jude das Hospital im Krankheitsfalle besuchen dürfe. Die Folge davon war, dass nicht nur keine Kranken in das Hospital kamen, sondern auch die gesamte jüdische Bedienung sich entfernte und seitdem hat dasselbe nur ausnahmsweise wenige jüdische Kranke, die sich um das Drohen der Oberen nicht kümmern. Der ausgebrochene Sturm dehnte sich auch auf die übrigen Judenmissionsanstalten, besonders auf die Schulen aus. Davon weiß in erster Linie die Judenmädchenschule des englischen Bischofs zu erzählen, der unter lärmendem Auflauf von einer großen Schar von Juden drei Mädchen mit Gewalt entrissen worden sind... Diese Vorgänge sind ein neuer Beweis, wie tief der Hass der Juden gegen Christum und Christentum sitzt, und wir verhehlen uns nicht, dass sie im Fall der Gefahr lieber mit gegen die Christen losschlagen würden als neutrale Zuschauer zu bleiben.“

Auch der folgende Bericht aus „Der Bote aus Zion“ Nr. 4 von 1897 kann nur im Original die ganze unglaubliche Wirklichkeit wiedergeben: „Die aktive Opposition der hiesigen Juden gegen die englische Judenmission, von der wir in der letzten Nummer unseres Boten einiges mitgeteilt haben, ist seither eifrig fortgeführt worden. Erst im Lauf der letzten Woche wieder gab es in dieser Richtung einen recht widerwärtigen Auftritt. Eine arme israelitische Frau war in das englische Judenhospital verbracht worden, wo sie auch starb. Nun war es von den Rabbinern verboten gewesen, jüdische Kranke in dies Missionsinstitut zu verbringen, und da dies Gebot immer wieder übertreten wurde, sollte an dieser Frau einmal in gründlicher Weise ein Strafexempel statuiert werden. Die Rabbiner erklärten, sie erkennen sie, da sie in einer christlichen Missionsanstalt verstorben sei, nicht als Jüdin an und verweigerten ihre Beisetzung auf dem jüdischen Begräbnisplatz. Die Engländer dagegen erklärten, sie sei nicht getauft und dürfe deshalb nicht auf dem protestantischen Gottesacker begraben werden. Zur Schlichtung des Streites wurde die türkische Regierung angerufen. Die ließ die Leiche durch Militär und Polizeisoldaten auf den jüdischen Begräbnisplatz am östlichen Abhang des Kidronthales bringen. Der Leichenzug wurde aber dort von einem gedungenen Haufen von Juden mit Steinwürfen empfangen. Die bewaffnete türkische Militärmacht ließ sich dadurch – wahrscheinlich unter kräftiger Mitwirkung eines klingenden Geheimnisses – einschüchtern und fand den günstigen Ausweg, dass sie die Tote auf einem nebenangelegenen, in englischem Besitz befindlichen, Grundstück begrub. Die aufständischen Juden wurden nun allerdings samt ihrem Rädelsführer arretiert, aber nur um auf dem Serail kurz verhört und sofort wieder entlassen zu werden. So blieben die Juden Sieger in diesem Handel und haben dabei auch das Weitere erreicht, dass nun kein einziger Jude mehr in dem englischen Judenmissionshospital sich befindet."

Die christliche Mission unter den Juden in Palästina blieb ein Dorn im Auge jüdischer Organisationen. „Der Bote aus Zion" schreibt in seiner 1. Nummer vom Februar 1898: „Die erwartete Linderung der Feindschaft der Juden gegen die hiesige Londoner Juden-Missionsgesellschaft ist immer noch nicht eingetreten. Die Zugänge zu dem neuen Hospital dieser Gesellschaft werden fortwährend von bezahlten jüdischen Wächtern beobachtet, um alle Juden von dem Eintritt in dasselbe zurückzuhalten, die sich etwa versucht fühlen sollten, dessen Hilfe in Anspruch zu nehmen. Die Folge davon ist, dass die großen, neuen Säle seit ihrer Eröffnung nur immer mit ganz wenigen oder gar keinen Kranken besetzt sind... Die anderen Institute dieser Gesellschaft haben ihren ungestörten Fortgang: Die Knabenanstalt neben der Zionskirche in Jerusalem, die Mädchenanstalt neben dem neuen Hospital außerhalb der Stadt, welche beide ausschließlich von Judenkindern bevölkert sind, die von auswärts hierher gesandt, zu den hiesigen fanatischen Juden in der Regel in keiner näheren Beziehung stehen, und endlich das jüdische Industriehaus, eine gewerbliche Bildungsanstalt für junge Juden, die mehr oder weniger dem Christentum zuneigen." Offensichtlich galten die im Land verbliebenen Juden als fanatisch, sowohl aus der Sicht der zionistischen Einwanderer, als auch der christlichen Neubürger.

# Der Zionismus aus der Perspektive des „Syrischen Waisenhauses"

Die Aktivitäten der jüdischen Kolonisten wurden durchaus mit Wohlwollen seitens der Familie Schneller wahrgenommen und auch so bewertet, wenn auch gelegentlich die alten Vorurteile gegenüber den Juden durchscheinen. Vor allem seit dem Einsetzen der zionistischen Kolonisierung herrscht eine positive Beurteilung dieser Siedlungstätigkeit vor. „Der Bote aus Zion" geht schon im ersten Jahr des eigentlichen Beginns der zionistischen Bewegung auf dieses Großereignis ein. In seiner Nr. 4 von 1897 nimmt er wie folgt dazu Stellung: „So sehr sich die hiesigen Juden religiös und national als etwas Besonderes zu behaupten suchen und allmählich wegen ihrer Zahl, ihrer kommerziellen und gewerblichen Rührigkeit eine bedeutende Rolle spielen, so wenig wollen sie von der nationalen Bewegung der Zionisten, die erst neulich wieder durch ihren Kongreß in Basel die Augen der Welt auf sich richtete, etwas wissen. Ich fragte kürzlich einen alten Juden um seine Meinung über dieselbe. Der sagte, diese ganze Sache sei Schwindel. Man gehe dabei nur darauf aus, sich unter einem begeisternden Titel Geld zu machen. Damit hänge es auch zusammen, dass sich die Rabbiner nicht an dieser Bewegung beteiligen. Palästina habe man nicht verkauft, man brauche es daher auch nicht zu kaufen. Der Weg ernsten Kampfes sei der allein mögliche und richtige für dessen Wiedergewinnung. – Dass der Versuch, im hiesigen Lande einen jüdischen Staat aufzurichten, bei der gegenwärtigen Lage der Dinge mit außerordentlichen Schwierigkeiten verbunden wäre, die sich nicht nur von Seiten der türkischen Regierung erheben würden, ist jedem Einsichtigen klar. Es erscheint daher befremdlich, dass diese Gesellschaft überhaupt ernstlich auf den Gedanken einging, diesen Versuch mit Geldmitteln zu machen – es ist ja allerdings für Juden das nächstliegende Machtmittel; es erscheint aber auch dem Juden so befremdlich, dass er alsbald auf den Gedanken kommt, man wolle sich auf diesem Wege nur ein ‚Profitchen‘ machen. – Das Ziel, das sich die Zionisten stecken, ist etwas ganz anderes als der von ihnen vorgeschlagene Weg zu demselben. Der gläubige Israelit wird mit dem ersteren auf Grund seines prophetischen Wortes ganz einverstanden sein, während er gegen den letzteren protestieren kann. Dass Palästina eigentlich den Juden gehören sollte, ist nicht nur auf Grund der heiligen Schrift bei den Juden und Christen, sondern auch bei den Mohammedanern anerkannt... Natürlich darf der Jude von seiner Hoffnung der einstigen Realisierung solcher Erwartungen nicht sprechen und gelegentliche öffentliche Hinweisungen auf dieselbe und eine mögliche kraftvolle Erhebung der Juden, wie sie zur Zeit der Makkabäer stattgefunden hat, wurden immer streng geahndet. Aber die massenhafte Einwanderung der Juden in den letzten Jahrzehnten ruht auf dieser Hoffnung wie auch insbesondere die Bemühungen, blühende jüdische Ackerbaukolonien herzustellen. Dass sie in der verhältnismäßig kurzen Zeit, seitdem sie in größerer Zahl in unserem (sic! A.d.V.) Lande ansässig sind, den größten Teil des Handels an sich gezogen haben, ließ sich bei ihrem bekannten Handelsgenie nicht anders erwarten; auch dass sie in allen Gattungen des Handwerks, selbst als Steinmetzen und Maurer, die Hand mit anlegen und dabei Fleiß und Geschicklichkeit zeigen, ergibt sich für die Leute, die aus Russland und dem südöstlichen Europa kommen von selbst; aber die Landwirtschaft ist ihnen etwas Neues. Auch darin haben sie sich nun in mehr als 20 Kolonien auf der Küstenebene des Mittelmeeres und im oberen Jordantal versucht. Im Anfang ging es ihnen dabei schwer und sie mussten viel Lehrgeld zahlen. Aber nun wissen sie, welche Produkte sich mit Nutzen pflanzen lassen und wie das Land zu behandeln ist, damit es die Mühe der Bebauung lohnt. Und als weiteres Moment, das ihnen einen günstigen Erfolg sicherte, kam die reichliche Unterstützung von Seiten Edmond von Rothschilds und anderer reicher Juden und Judenvereine hinzu. Es sind auf diese Weise – allerdings mit Aufwand sehr vielen Geldes – wirklich recht schöne und blühende Kolonien entstanden, die den landwirtschaftlichen Fähigkeiten der Juden alle Ehre machen. Inwieweit das richtig ist, was viele behaupten, dass nämlich die meisten dieser Kolonien ohne beständige Zuschüsse von auswärts sich nicht zu halten vermöchten, entzieht sich unserer Beurteilung." Hier wird immer wieder der Name Baron Rothschild genannt, dessen finanzielle und organisatorische Einflussnahme sehr entscheidend für das Gelingen der zionistischen Ziele war. In „Der Bote aus Zion" vom Februar 1899 ist dazu zu lesen: „Im Lauf des Monats Januar war der bekannte Baron Ed. Rothschild aus Paris hier in Jerusalem. Er fühlte in sich den Drang, wieder einmal nach seinen Unternehmungen im Heiligen Lande zu sehen. Dieselben zielen von Anfang an darauf ab, seinen armen Volks- und Glaubensgenossen durch Sorge für Arbeit und Verdienst in dem Lande ihrer Väter aufzuhelfen... Rothschild richtete großartige Keltereien mit mächtigen Maschinen, Fabrikation etc. ein und soll allmählich zirka 30 Millionen Franken in diese Unternehmungen gesteckt haben." Rothschild war von der Organisation des Wein-Geschäftes seiner Angestellten sehr enttäuscht und weigerte sich, die Weinproduktion aufzukaufen. Er befahl, künftig statt Weinreben Olivenbäume zu pflanzen. Seine Mitarbeiter waren empört und empfingen ihn äußerst unfreundlich. „Der Bote aus Zion" (Februar 1898): „Rothschild ist im höchsten Grad empört, dass sein so wohlgemeintes und freundliches Unterstützungswerk ihm nun nichts als Undank und Hass einträgt, während die Colonisten sich bitter beklagen, dass Rothschild durch Abgehen von seinem ursprünglichen Vertrag sich ein himmelschreiendes Unrecht zu Schulden kommen lasse. Man kann sich denken, was das für einen Abschied gegeben hat. Rothschild reiste per Extrazug von Jaffa herauf nach Jerusalem, besuchte ganz gegen den jüdischen Brauch die Omarmoschee, die ein Jude aus Furcht, den Ort, wo das Allerheiligste stand, zu betreten, nicht besuchen soll, ließ sich auf eine Menge von Bittschriften, die ihm arme Volksgenossen vorlegten, in keiner Weise ein und verließ nach ein paar Stunden Jerusalem wieder." Schon im November 1899 ist in „Der Bote aus Zion" zu lesen: „Ölpflanzungen werfen langsam mäßigen Ertrag ab. Dagegen ist Öl immer absatzfähig, während es mit dem Wein eine unsichere Sache bleiben wird, auf die man sich nicht verlassen kann. Darum haben verschiedene Judenkolonien sich zum Teil auf Ölbaumpflanzungen gelegt, was sie umso mehr tun konnten, als der Ölbaum auch auf magerem Boden gedeiht."

Einen wesentlichen Unterschied zwischen christlichem und jüdischem Siedeln im Heiligen Land sieht der Verfasser des Berichtes vom November 1899 in „Der Bote aus Zion": Die Christen würden sich aus „religiösen Rücksichten" in Palästina ansiedeln. Hierbei sollte aber berücksichtigt werden, dass auch innerhalb der christlichen Siedlergruppen große Unterschiede bestehen. Die Templer verstehen sich als das „wahre Volk Gottes". Als solches wollen sie eine neue Gemeinschaft gründen, die dem kommenden Messias im gelobten Land entgegenlebt. Andere Gruppen, wie die Schneller-Familie, wollen mit diakonischen, schulischen und berufsbildenden Maßnahmen in Palästina, sowohl unter Muslimen als auch unter orthodoxen und altorientalischen Christen missionieren. Dazu kommen vor allem aus England und Schottland Juden-Missionsgesellschaften. Die im Zuge der zionistischen Bewegung ins Land kommenden Juden betonen größtenteils, dass ihr Siedeln in Palästina im Gegensatz dazu nicht religiös sondern rein national motiviert ist.

Auch der ausführliche und vielsagende Bericht in „Der Bote aus Zion" vom August 1901 soll hier nur wenig gekürzt zu Wort kommen: „Ja, diese Juden sind das Rätsel der Weltgeschichte, und ein Christ kann nicht anders als die in der Gegenwart sich anbahnende Lösung des Rätsels aufmerksam verfolgen. Uns und vielen gläubigen Christen steht es außer Zweifel, dass der Zionismus nichts anderes als die gottgewollte Sammlung des Volkes Israel ist, von der der Prophet Hesekiel im 37. Kapitel spricht... Die Juden fühlen heute mehr als je, dass sie ein zusammengehöriges Volk sind und schließen sich zusammen. Wenn auch noch zahlreiche jüdische Kreise der Bewegung ferne stehen – sie ist ja noch sehr jung – so wird sie doch immer weitere Wellen schlagen, und bereits bekennen sich einflussreiche Glieder zu ihr. Das Charakteristische und Biblische aber ist, dass sie auch nicht die Spur von religiöser Tendenz an sich trägt. Das Programm des Zionismus erwähnt nirgends den Namen Gott. Es ist lediglich der nationale Zusammenschluss und die gemeinsame Rückkehr ins Land der Väter, was die Bewegung erstrebt. Diesem Ziel sind die Juden schon ziemlich nahe gekommen, und nicht etwa im Lauf vieljähriger Anstrengung sondern – das ist das Überraschende – in dem kurzen Zeitraum von 10, höchstens 20 Jahren. Heute sind an 50.000 Juden in Jerusalem… In der Ebene und im oberen Jordantal haben die Juden etwa 30 Ackerbaukolonien, zu denen je ein Dorf mit einem großen Landgebiet, meistenteils schön mit Reben, Eukalyptus, Oliven- Maulbeer- Feigen- und Palmbäumen bepflanzt, gehört. Und in allerjüngster Zeit haben sie, wie wir soeben hören, eine Anzahl Dörfer Galiläas (man spricht von 15 und mehr) samt Markungsgebiet angekauft; die bisherigen Einwohner werden in den Hauran (A.d.V.: östlich des Jordan um die syrische Stadt Bosra) auswandern. Trotz aller Einwanderungs- und Landkaufverbote haben sie sich doch stätig gemehrt, weil der Jude weiß, wo er den Hebel ansetzen muss. „Geld regiert die Welt" sagt der Abendländer, der Orientale aber: „…lege Geld dar und du wirst die Tochter des Sultans zur Frau bekommen." Geld hat es ohne Zweifel zuwege gebracht, dass mit diesem Jahr das den Juden gegoltene Landkaufverbot aufgehoben worden ist, Geld hat auch die oben erwähnten Erwerbungen gezeitigt. Mit Genugtuung berichten die hiesigen Juden von der 2 $\frac{1}{2}$ stündigen Audienz, welche der Sultan unlängst dem Führer des Zionismus Dr. Herzl gewährt hat, und von der ihm durch Verleihung eines hohen Ordens zuteil gewordenen Ehrung. Das alles sind die Erfolge weniger Jahre… Wir glauben, dass die Juden in nicht allzu ferner Zeit wieder in den Besitz des Heiligen Landes kommen werden, ohne dass dies notwendigerweise unter dem Zepter eines eigenen Herrschers sein müsste."

Immer wieder wird der Erwerb von Land durch die Juden aufmerksam bei Schneller registriert, ebenso die Sympathie, die der Sultan den jüdischen Siedlern entgegenbringt. In „Der Bote aus Zion" vom Februar 1902 widmet man sich ausführlich diesem Phänomen: „In den Zeitungen las man in der letzten Zeit vielfach Berichte über die jüngste, in Basel stattgehabte Versammlung der Zionisten. Es wurde dabei unter anderem mitgeteilt, dass nach den Erfahrungen, die der Vorsitzende bei Gelegenheit eines Besuches in Konstantinopel gemacht habe, Aussicht vorhanden sei, dass sie, vom Sultan selbst unterstützt, in Palästina größere Landstrecken zu einer großen jüdisch-nationalen Ansiedlung ankaufen könnten. Man kam daher hier auf den Gedanken, dass der Sultan nicht abgeneigt sein dürfte, ihnen seinen eigenen Privatbesitz im Jordantal käuflich abzutreten. Man behauptete auch schon, ein Geometer sei beauftragt worden, die betreffenden Ländereien zum Zweck des Verkaufs zu vermessen." Später heißt es dazu in demselben Bericht: „Übrigens kann man es bei der ständigen Geldnot der türkischen Regierung wohl verstehen, wenn sie darauf ausgeht, sich wo immer möglich neue Geldquellen zu erschließen."

Sehr aufschlussreich sind die statistischen Zahlen zum Umfang des jüdischen Siedlungswerks von einem Jerusalemer Rabbi. Davon der Bericht in „Der Bote aus Zion" vom Mai 1902: „Über die landwirtschaftlichen Kolonien der Juden im Heiligen Lande hat der in Jerusalem lebende Rabbi Abraham Moses Luncz kürzlich ein Schriftchen veröffentlicht, in dem er genaue Angaben macht über ihre Lage, Zahl, Gründungszeit und Einrichtung, über die Ausdehnung ihres Landbesitzes, die Zahl der Kolonisten, die Gegenstände der Kultur etc. Wir entnehmen demselben folgende Angaben: In Judäa befinden sich 8 Kolonien... und 8 Güter, in Untergaliläa 6 und in Obergaliläa

5 Kolonien und 5 Güter. Außerdem weist das Ostjordanland, 1 ¹/₂ Std. östlich des Ostufers des Sees Genezareth, eine jüdische Kolonie auf. Im Ganzen sind es 20 Kolonien und 13 Güter, in denen 1.205 Familien mit 4.935 Seelen leben. Sie bebauen insgesamt 12.686 Hektar Land... Die jüdische Niederlassung Jerusalems, die bei weitem die größte des Landes ist, hat gar keine Landwirte sondern ausschließlich Kaufleute, Handwerker, Talmudisten etc. Sehr viele von ihnen sind sehr arm und daher auf die Mildtätigkeit ihrer auswärtigen Glaubensgenossen angewiesen. Dieselben haben vor kurzem – an Kaisers Geburtstag im Beisein hoher Beamter – ein neues Hospital eingeweiht. Das für die Aufführung des schönen und soliden Gebäudes, das in der Nähe des Syr. Waisenhauses an der Jaffastraße gelegen ist, nötige Geld wurde in Deutschland und Holland gesammelt. Es steht unter der Leitung des deutsch-jüdischen Arztes Dr. Wallach und hat vorerst 22 Betten, während der Raum für die dreifache Zahl ausreichen würde." Die Zahlen der Schüler in Palästina sprechen für sich. Die in „Der Bote aus Zion" vom August 1904 veröffentlichten Statistiken nennen 845 Schüler der Englisch-protestantischen Kirche, 903 deutsch-protestantische, aber 3.888 jüdische Schüler.

# Kirchliche Aufbauarbeit der Protestanten

Neben den Templern mit ihrem eigenen Gepräge, das weder einer Missionsgesellschaft noch einer Sozialinstitution zu vergleichen ist, und dem Syrischen Waisenhaus, das sich mit seiner Schul- und Bildungsarbeit auch deutlich von den spezifischen Missionsgesellschaften abhebt, sei hier noch eine dritte Form evangelischer Aktivitäten in Palästina dargestellt. Es handelt sich um den Aufbau und die Unterstützung kirchlicher Arbeit und ihrer Strukturen. Dies soll am Beispiel des Jerusalemvereins und der Gemeindegründungen von Bethlehem und Hebron gezeigt werden.

# Der Jerusalemsverein

Als Friedrich Adolf Strauß, Domhilfsprediger zu Berlin 1845 nach
Jerusalem reiste – also noch 6 Jahre bevor Theodor Fliedner mit seinen Diakonissen dort eintraf, gab es dort noch keinerlei evangelische
Einrichtungen. Das 1841 gegründete gemeinsame Bistum von Anglikanern und Protestanten hatte noch keine konkreten Früchte hervor-
gebracht. Es fand in der preußischen Bevölkerung nicht viel Gegen-
liebe, vor allem wegen der Gemeinschaft mit England. Die englisch-
anglikanische Dominanz in dieser Bistums-Koalition wurde erst mit
dem Antritt des protestantischen Bischofs Samuel Gobat 1846 relati-
viert. Über seine ergreifenden und bedrückenden Eindrücke auf seiner
„Wallfahrt" schrieb Strauß einen Reisebericht mit dem Titel „Sinai und
Golgatha", der 1847 als Buch erschien. Es wurde zur einschlägigen
Lektüre aller Palästina-Begeisterten jener Zeit und erfuhr noch weitere zehn Auflagen. Die Situation der unter ärmlichsten Verhältnissen
lebenden Menschen im heiligen Land, ließ ihn nicht mehr los. So
begann er, Hilfsmaßnahmen zugunsten der protestantischen karitati-
ven Einrichtungen in Jerusalem und Umgebung ins Leben zu rufen.
Am 2. Dezember 1852 stiftete er dann zu diesem Zweck einen Hilfs-
verein, der den Namen „Jerusalemsverein" erhielt. Er wollte dem protestantischen Teil des mit den Anglikanern gemeinsamen Bistums
zum eigenen Profil verhelfen. So heißt es im Gründungsstatut: „Unter
dem Namen ‚Jerusalems-Verein' hat sich zu Berlin ein Verein gebildet,
um die im Heiligen Lande in Folge der Stiftung des evangelischen
Bistums zu Jerusalem hervorgerufenen deutsch-evangelischen Anstalten und Unternehmungen zu unterstützen, zu erweitern und zu vermehren."

Das Ziel war also keine Mission im klassischen Sinne, sondern diakonische und pädagogische Arbeit. Bald schon hatte sich die Einsicht
durchgesetzt, dass Mission unter Juden im großen Stil nicht zu realisieren und die Missionierung von Muslimen verboten war. So hatte

man die Evangelisation unter Christen ins Auge gefasst. Bis heute wirkt diese Entscheidung bei den orthodoxen Kirchen im Nahen Osten nach, weil sie diese westliche Mission als Proselytismus, als Abwerbung empfanden. Die wichtigste Aufgabe des Vereins blieb es, die deutsch-evangelischen Einrichtungen in Palästina zu fördern. Später wurde der Wirkungsbereich auch auf Beirut und Ägypten (Kairo und Alexandria) ausgedehnt. Und so erhielt die von Strauß herausgegebene Vereinszeitschrift den Namen „Neueste Nachrichten aus dem Morgenlande". Man war der Überzeugung, dass nur glaubwürdiges christliches Vorbild und karitative Hilfe die eigentliche Aufgabe evangelischer Präsenz in Palästina sein konnte. In den Statuten des Vereins ist festgehalten: „die Vertretung der deutschen evangelischen Kirche im Heiligen Lande durch Sammlung von Beiträgen zu fördern und für die innere und äußere Mission unter den Eingeborenen jener Gebiete und den daselbst ansässigen und reisenden Deutschen in den bereits gegründeten und noch zu gründenden Pfarren, Schulen, Krankenanstalten und Hospizen tätig zu sein." Nach und nach entstanden in mehreren Städten der Region evangelische Gemeinden. Aus ihnen entstanden die protestantischen arabischen Gemeinden der Anglikaner und der Lutheraner.

Zu diesen Gemeindegründungen gehört auch Bethlehem.

# Bethlehem

Schon seit dem 4. Jahrhundert war Bethlehem zu einem der wichtigsten Wallfahrtsorte der Christenheit geworden. Bald schon siedelten sich dort immer mehr Christen an. Es dauerte nicht lange, bis auch ein orthodoxes Bistum eingerichtet wurde. Die römisch-katholische Präsenz begann erst 1550 mit den Franziskanern, die dann 1598 dort eine Schule für Knaben eröffnete. Die evangelische Präsenz begann 1819 mit der Entsendung von Missionaren des „American Bord". Aber bereits 1841 zogen sie sich wieder aus Palästina zurück. Bischof Gobat begann bald nach seinem Amtsantritt in Jerusalem sich um die Christen in Bethlehem zu kümmern. Die kleine Gemeinde wurde zunächst von der „Church Missionary Society" (C.M.S.) betreut, die dazu den in Chrischona ausgebildeten Samuel Müller beauftragte. Die Gottesdienste im Hause Müller wurden nach anglikanischer Liturgie gestaltet. In Bibelstunden wurde gegen religiöse Unwissenheit und „wüsten Aberglauben" aufgeklärt. 1860 übernahm der Jerusalemsverein die Arbeit der C.M.S. mit deren Mitarbeiter Müller. Dieser Wechsel hat eine Vorgeschichte, die keine schriftliche Bestätigung hinterlassen hat, sondern auf einem „Gentlemen's Agreement" basiert. Danach sollen Engländer und Preußen vereinbart haben, das „Missionsgebiet" Palästina aufzuteilen und zwar in eine englische und eine deutsche Einflusszone: Nördlich von Jerusalem die Anglikaner, südlich die Protestanten. Nachdem nun der evangelische Jerusalemsverein für die Gemeinde in Bethlehem zuständig geworden war, wurde sie dem Pfarrer der deutschen Gemeinde in Jerusalem zugeordnet. Man blieb zwar vorerst bei der anglikanischen Liturgie nach dem „Book of Common Prayer". Es gab aber eine entscheidende Neuerung: Man betete künftig nicht mehr für die englische Königin, sondern für den preußischen König und das ganze Königshaus. Bald schon wurde auch nach einem Grundstück für einen Kirchenbau Ausschau gehalten. Am 17. November 1864 wurde die neugebaute

Kapelle mit großem Pomp eingeweiht. Man wollte den orientalischen Christen Eindruck machen, bei denen man als Ketzer und Sekte verschrieen war. Dennoch legte man in der weiteren Gemeindearbeit größten Wert auf äußere wie innere Bescheidenheit. Die Gemeinde wuchs deutlich zum Missbehagen des griechischen orthodoxen Patriarchen, der jedes Mal, wenn die jährliche Registrierung der Christen zu Steuerzwecken anstand, Abgeordnete zu den protestantischen Familienvätern schickte und sie ins Patriarchat einlud. Einige nahmen diese Einladung an, „worauf er sie zu ihrer früheren Kirche zurückzukehren ermahnte", schreibt Samuel Müller. Nach längeren Anstrengungen gelang es schließlich der evangelischen Gemeinde, einen eigenen Vertreter gegenüber der osmanischen Verwaltung zu bekommen, einen sogenannten Muhtar. Das war der erste Schritt zur offiziellen Anerkennung. Bisher besaßen die Orthodoxen und Katholiken je 5, die Muslime 2 und die Armenier 1 Muhtar. Doch schrumpfte die Zahl der evangelischen Gemeindeglieder wieder. Ein Aufschwung kam erst, als die Missionsstation zur Pfarrstelle erhoben und 1884 mit Ludwig Schneller besetzt wurde. Durch ihn und die Unterstützung durch seinen Vater kamen immer mehr ehemalige Zöglinge aus dem Syrischen Waisenhaus zur Bethlehemer Gemeinde. Als das englisch-preußische Bistum 1886 in seinen anglikanischen und protestantischen Teil zerfiel, führte Ludwig Schneller die altpreußische und württembergische Liturgie, die er ins Arabische übersetzt hatte, im Gottesdienst ein. Auch der Bau der Weihnachtskirche wurde unter Schneller begonnen. Allerdings wurde er 1888 nach Köln berufen, um die Leitung des neugegründeten deutschen Fördervereins für die Schnellerschulen zu übernehmen.

# Hebron

Das Beispiel Hebron soll deshalb hier angeführt werden, weil es etwas aus der Reihe fällt. Als der Jerusalemsverein 1884 mit seiner Arbeit begann, gab es dort keine Christen, auch keine von Christen ins Leben gerufenen Schulen oder diakonischen Einrichtungen. Die Stadt selbst gilt als eine der ältesten ununterbrochen bewohnten Städte der Welt. Schon in vorisraelitischer Zeit war hier ein zentrales Heiligtum. In 1. Mose 13, 18 wird berichtet, dass Abraham hier einen Altar baute. Den Juden ist diese Stadt seither ein ganz besonders bedeutsames Heiligtum. Hier in Mamre bei Hebron erwarb Abraham die Höhle Machpela als Familiengrab, in dem er als erste seine Frau Sara bestattete. Es wird auch als Grab Abrahams, Rebekkas, Jakobs und Leas verehrt. Hebron war auch Davids Residenz (2. Sam. 2,1; 3,2), bevor er hier zum König von Juda gesalbt wurde (2. Sam. 5,1 ff) und seine Residenz nach Jerusalem verlegte. Auch gleich nach der Rückkehr aus dem babylonischen Exil siedelten die Juden wieder hier. Judas Makkabäus eroberte die Stadt 142 v. Chr. von den Edomitern zurück. In byzantinischer Zeit war die Stadt sogar Sitz eines Bistums bis zur muslimischen Eroberung. Wegen der dort befindlichen Patriarchengräber wurde die ganze Stadt zum Waqf erklärt. Das ist eine religiöse Stiftung, die von einem Kadi bestätigt werden musste, der streng über die Einhaltung der Stiftungsbedingungen zu wachen hatte. Ein Waqf darf weder zweckentfremdet noch veräußert werden. Es besitzt im Islam höchste Priorität. Hebron war eine rein islamische Stadt geworden, bis es von den Kreuzfahrern eingenommen wurde, die Kirchen über den heiligen Stätten errichteten, in denen sogar Bauelemente eines jüdischen Heiligtums aus herodianischer Zeit eingearbeitet wurden. Saladin eroberte die Stadt 1187 für die Muslime zurück. Als die Juden 1492 aus Spanien vertrieben wurden, fanden hunderte von ihnen in Hebron wieder eine neue Heimat. Um die Mitte des 19. Jahrhunderts gab es eine jüdische

Gemeinde mit rund eineinhalb tausend Mitgliedern. Es gab eine relativ konfliktlose Koexistenz mit den Muslimen. Man hatte viele Berührungspunkte, hatte geschäftliche Beziehungen und kaufte in denselben Läden ein. Die Juden hatten längst die arabische Sprache übernommen. Kulturell gab es nur wenige Unterschiede. Nur ihre jeweilige Religionszugehörigkeit unterschied sie. Sie wurden „arabische Juden" genannt. Juden siedelten im Wesentlichen nur wegen der Grabstätte der Erzväter in dieser Stadt. Sie waren keine Zionisten und dachten nicht an die Gründung eines jüdischen Staates. Zu Beginn der 80er Jahre des 19. Jahrhunderts, als der Jerusalemsverein sein Augenmerk auf Hebron richtete waren fast 90 % der Bevölkerung muslimisch, der Rest jüdisch. Christliche Missionen hatten sich nicht in diese Stadt gewagt. Die Stadt war nahezu isoliert. Die erste feste Straße nach Jerusalem wurde erst in jener Zeit angelegt. Hier mit christlichen Aktivitäten zu beginnen, war also eine Herausforderung für Juden und Muslime einerseits, und für die Neuankömmlinge in ganz anderer Weise. Wer oder was hatte die Verantwortlichen des Jerusalemsvereins, in Hebron mit ihrer Arbeit zu beginnen, motiviert? In den „Neueste Nachrichten aus dem Morgenlande" Nr. VI von 1884, der Zeitschrift des Jerusalemsvereins wird berichtet, „einige angesehene Persönlichkeiten des Hebronner Stadtrates" seien an den Jerusalemsverein mit der Bitte herangetreten, neben den existierenden Koranschulen eine „Säkularschule" zu errichten (zitiert nach Mitri Raheb, Das reformatorische Erbe unter den Palästinensern). Erhalten ist ein Dokument von 1881 eines arabischen Befürworters des Projekts: „Meines Erachtens bleiben bei allem Gutscheinen der Sache nach noch viele unbekannte Schwierigkeiten. Doch scheint es möglich zu sein, eine Schule dort zu gründen, wenn man die rechten Leute dazu findet." Es ist davon auszugehen, dass es doch auch innerhalb des Islam Kräfte gab, die liberalere Neuerungen anstrebten, die sich am ehesten mit Hilfe von Europäern realisieren ließen. Pfarrer Ludwig Schneller schien dafür der richtige Mann, denn er war der Meinung, der Islam müsse die Überlegenheit der christlichen Kultur aus dem Westen zu seinem eigenen Vorteil anerkennen. Im Blick auf die Notwendigkeit der ärztlichen Versorgung in der Stadt, in der ein einziger völlig überforderter jüdischer Arzt praktizierte, schrieb Schneller: „Die seit Jahrhunderten eingewurzelten Vorurteile der Mohammedaner gegen alles, was christlich heißt, können durch nichts nachdrücklicher bekämpft werden, als durch die wohltätige Wirksamkeit eines Missionsarztes" (NNM II, 1885). Druck zum neuen Engagement des Jerusalemsvereins in Hebron entstand auch durch die bevorstehende Konkurrenz von englischer und schottischer Seite. Da aber die mündliche Vereinbarung bestand, dass das Aufgabengebiet südlich Jerusalems den deutschen Kirchen und Gesellschaften zugewiesen war, musste schnell gehandelt werden. Wie mühsam die dort begonnene Schularbeit dann vonstatten ging, obwohl der erfahrene Lehrer Elias Dagher aus dem Syrischen Waisenhaus dafür gewonnen werden konnte, belegt das folgende Zitat aus NNM IV von 1884: „Was nun die Schule betrifft, so konnte dieselbe nur allmählich und unter primitiven Verhältnissen in Gang kommen. Wir hatten mit umso schwierigeren Verhältnissen zu kämpfen, als die türkische Regierung seit einiger Zeit ungemein scharfe Verordnungen gegen den Besuch christlicher Schulen erlassen hat, welche sie oft mit drakonischer Strenge durchführte. Zu den beiden eigenen Kindern des Lehrers gesellten sich allmählich vier bis sechs Schüler, darunter auch einige Mohammedaner, welche nun täglich arabischen Unterricht empfangen. Das Hauptlehrbuch ist die Bibel."

Die Akzeptanz der neuerrichteten Klinik war wesentlich größer, als die der Schule. Juden nahmen beide Angebote wahr: „In diesem Zusammenhang ist es interessant, dass die jüdische Inanspruchnahme beider Einrichtungen bei etwa 50 % lag. Dies ist, wenn man so will, eine erste Form des Jerusalemsvereins, unter den Juden Palästinas zu wirken" (NNM, 1885). Die von der Bevölkerung und von den Repräsentanten der Stadt sehr geschätzte Arbeit in Hebron wurde zunehmend von Seiten der osmanischen Behörden erschwert. „Diesen gelang es nämlich, allen Muslimen den Besuch der christlichen Schule und der Klinik bei Gefängnisstrafe zu verbieten. Aber so schnell wollte der Jerusalemsverein die Station Hebron nicht aufgeben. Nachdem die Regierung aber die Tätigkeit des vom Jerusalemsverein im Jahre 1887 angestellten Arztes Iskandar Dabbak verboten hatte, bat auch der Lehrer um seine Abberufung aus Hebron." Schon 1888 beschloss der Jerusalemsverein die vollkommene Einstellung seiner Hebroner Aktivitäten.

# Der Zionismus

Schon vor Herzl entstand in Deutschland eine Bewegung mit dem Ziel der Rückkehr der Juden in das Land ihrer Väter. Sehr bald stellte sich heraus, dass die entscheidende Grundlage des Siedelns in Palästina die Landwirtschaft ist. Ackerbau war aber den Juden in der Diaspora meist verboten. Es gab also wenig Erfahrung in größerem Stil auf diesem Gebiet. So gründeten David Wolffsohn und Max Isidor Bodenheimer den „Kölner Verein zur Förderung von Ackerbau und Landwirtschaft in Palästina".

Theodor Herzl (1860 – 1904) war anfänglich noch von der Judenemanzipation geprägt. Er war nahe daran, seine Kinder taufen zu lassen. 1896 schreibt er an den international geachteten dänischen Literaturkritiker Georg Brandes: „Ich selbst habe mich nie als Jude gefühlt!" Im selben Jahr, 1896, erschien Herzls Werk „Der Judenstaat". Dort entwirft er seine Vision, die eine entscheidende Wende im endlosen Schicksal der Juden einleitete. Das Buch erfuhr eine fulminante Verbreitung. Noch im Erscheinungsjahr gab es drei weitere Auflagen. Bis Ende des Jahres war es schon in 10 Sprachen übersetzt worden. Die Anhängerschaft war auf Hunderttausende angestiegen, so Herzl in einem Brief. Es wird fast überall hervorgehoben, dass Herzl der Repräsentant des *politischen* Zionismus sei. Im Gegensatz zu den Verlautbarungen des sogenannten religiösen Zionismus ist diese Charakterisierung sicher nicht falsch. Dennoch muss darauf hingewiesen werden, dass es einen rein politischen Zionismus nicht geben kann, da der Zionismus seine Wurzeln und seinen Namen aus der biblischen Tradition hat. So finden sich in der wohltuend nüchternen Planung eines Judenstaates bei Herzl nicht wenige Hinweise auf eben diesen religiösen Hintergrund, ohne den das Feuer einer politischen Massenbewegung vermutlich nicht zu entzünden gewesen wäre: „Wir erkennen unsere historische Zusammengehörigkeit nur am Glauben unserer Väter" (S. 75) und „Wir erkennen uns eigentlich nur noch am väterlichen

Glauben als zusammengehörig... – Der Glaube hält uns zusammen."
(S. 100) Auch die Organisation eines solch großen Vorhabens lässt sich
nicht ohne das Zurückgreifen auf vorhandene Strukturen der religiösen
Gemeinschaft durchführen. „Die Ortsgruppen werden kleine Vertrau-
ensmännerkommissionen unter dem Vorsitz des Rabbiners einsetzen."
(S. 76) „So werden auch wir dem tiefen Glaubensbedürfnisse unserer
Leute Zielpunkte errichten. Unsere Geistlichen werden uns ja zuerst
verstehen und mit uns gehen." (S. 84). Herzl vergleicht die moderne
Auswanderung der Juden mit dem biblischen Auszug der Israeliten aus
Ägypten (Mizraim) und die Zentralstelle der Juden (Society of Jews) als
den neuen Moses (S. 93). Immer wieder gebraucht Herzl biblische
Begriffe, um sein Anliegen in der jüdischen Glaubenstradition zu veran-
kern: „Aber wir zeigen ihnen den Weg in das Gelobte Land." (S. 110)
„...jeder trägt ein Stück vom Gelobten Land hinüber". (S. 111). Auch
die Anknüpfung an die glorreiche Geschichte der jüdischen Befreiungs-
bewegungen kann da nicht fehlen: „Die Makkabäer werden wieder auf-
erstehen." (S. 112) Am häufigsten wird der Einzug in das Land der Väter mit der Landnahme der aus ägyptischer Gefangenschaft ins Gelobte Land einziehenden israelitischen Stämme verglichen. Mindestens
zwölfmal bedient Herzl sich dieser Begrifflichkeit: Landnahme, Land-
ergreifung, Landnehmer, Landverteilung, Landkauf usw.

1904 war Herzl bei Papst Pius X. in Rom. Der sagte zu ihm: „Der
Boden Jerusalems ist geheiligt durch das Leben Jesu Christi. Als Haupt
der Kirche kann ich nicht anders sprechen. Die Juden haben unseren
Herrn nicht anerkannt, darum können wir das jüdische Volk nicht
anerkennen. Und darum, wenn ihr nach Palästina kommt und euer
Volk sich dort niederlässt, werden wir bereitstehen mit Kirchen und
Priestern, um euch alle zu taufen." (W. Vischer, a.a.O., S. 34) Die
Kirche *ist* „Israel", aber das „*wahre Israel*". Darin sind sich die Chris-
ten jener Zeit einig.

Es spricht für Herzl, dass er sich immer wieder sehr darum bemühte,
Reaktionen von ihm wichtigen Stimmen zu seinem Buch zu erhalten.

So schrieb er an den oben schon erwähnten Georg Brandes mehrere Briefe. Brandes seinerseits schreibt über sich an Arthur Schnitzler: „Ich kenne nicht einen einzigen hebräischen Buchstaben", und: „Früher war ich Däne und wurde so aufgefasst. Plötzlich werde ich Jude genannt, und war es nie... Die dänische Sprache ist nun einmal mein Vaterland." Henri Nathansen schreibt in seinem „Et Portraet", Brandes habe gesagt: „Ich für meinen Teil bin bekanntlich Jude von Geburt. Ich habe Antipathie gegenüber Juden, war ... nie in eine Jüdin verliebt." Der Briefwechsel zwischen Herzl und Brandes ist insofern ein sehr wichtiges Zeitdokument, als es die Abkehr der Juden von der bürgerlichen Einstellung ihrer Assimilierung hin zum neu entstehenden eigenen Nationalbewusstsein darstellt. Brandes hat sich allmählich Herzl angeschlossen. 1918 schreibt er: „In den letzten Jahren hat sich meine Auffassung der jüdischen Fragen sehr geändert... Obwohl ich ganz Kosmopolit bin, hat diese Bewegung meine volle Sympathie. Sie ist berechtigt, natürlich und urwüchsig. Nachdem sie sich für Palästina als Ziel entschieden hat, und nachdem der Gedanke, die Juden dort ansiedeln zu lassen, von mehreren Regierungen, freilich nicht von der türkischen, als berechtigt anerkannt worden, scheint der Zionismus die Zukunft für sich zu haben." Stefan Zweig schreibt am 13. Mai 1915 an Brandes: „Sie haben als erster kühn den Finger auf die Wunde des jüdischen Volkes gelegt, das als Teilhaber aller Nationen am meisten von allen leidet, das nur das Leiden hat und nicht auch den Ruhm wie die anderen."

Zurück zu Herzls „Judenstaat". Herzls Zionismus war für viele eine politische Provokation. David Ben-Gurion schreibt im Vorwort zur 12. Auflage des „Judenstaat": „Herzl war der Schöpfer der wiedergeborenen jüdischen Politik."

Dass im ganzen Buch kein einziger Hinweis auf das Aufbrechen christlich-pietistischer Zionssehnsucht zu finden ist, überrascht. Wurde sie auch nicht im Entferntesten als Rivalität gesehen? War sie im Verhältnis zur machtvollen Bewegung im Judentum zu unbedeutend?

Blieb sie unerwähnt, um jeglichen Vergleich mit dieser doch stark schwärmerisch geprägten religiösen Bewegung zu vermeiden?

Köln wurde von Anfang an, wie Herzl selbst in einem Brief vom 16. Mai an Max Bodenheimer schreibt, der Hauptort des deutschen Zionismus: „...dass Köln nunmehr als Hauptort des deutschen Zionismus anzusehen sei." Entsprechend sammelte sich hier auch der Widerstand gegen den politischen Zionismus in den eigenen Reihen der Juden. Als die Vorbereitungen für einen politischen Zionistenkongress in München getroffen wurden, meldete sich ernstzunehmender Widerstand. Im Auftrag der „National-Jüdischen Vereinigung in Köln" schreibt Bodenheimer: „Das Projekt des Münchener Kongresses hat in Deutschland seitens unserer Stammesgenossen durchaus keine günstige Aufnahme gefunden, ja, Vereine und Körperschaften haben direkt eine feindselige Stellung dagegen eingenommen. Die Gründe sind offensichtlich. Es herrscht die Furcht, dass durch die Kundgebung nationaler Sonderbestrebungen, dem Antisemiten eine Waffe in die Hand gegeben würde, und dass selbst billig denkende Christen, in der Verteidigung der politischen Rechte der Juden in Folge dessen lässig werden könnten." Dr. Max Isidor Bodenheimer kam, 1865 in Stuttgart geboren, 1890 nach Köln. Dort gründete er verschiedene zionistische Organisationen, so die jüdische Bank „Jewish Colonial Trust" und den „Jüdischen Nationalfonds". 1933 verließ er Deutschland und zog nach Jerusalem.

Die Gegner des Münchner Kongresses vertraten vor allem die Ansicht, noch kein Staatsgebilde in Palästina ins Auge zu fassen. Das Planen einer Staatengründung würde nur allzu leicht Angriffspunkte bieten. Das sei ein Phantasiegebilde wie die „Schaffung einer jüdischen Flotte" und, man pflanze auch keine „Flagge auf das Dach, bevor das Haus gebaut sei." In jedem Fall muss der Zionismus als das Erscheinen der Judenschaft im Licht der Weltgeschichte verstanden werden.

# Wurzeln des Zionismus

Dass der Zionismus als eine nationale Bewegung des Judentums verstanden werden muss, steht außer Zweifel. Ohne den vorausgehenden europäischen Nationalismus wäre er so nicht denkbar. Dennoch muss diese Entwicklung noch in einem weiteren Kontext gesehen werden, der jedoch aus demselben Geist geboren ist. Die Befreiung der Juden in der sogenannten Judenemanzipation war, wie schon erwähnt, eine Folge von Aufklärung und französischer Revolution. Diese Emanzipation führte aber schließlich zu einer Assimilierung in die christliche Kultur der europäischen Staaten, und damit in den zunehmenden Verlust jüdischer Identität. Immer mehr Juden ließen sich taufen. Hierin liegt noch ein weiteres Movens des Zionismus, neben dem Zeitgeist des Nationalismus. Der Zionismus wandte sich eben auch ganz entschieden gegen diese drohende Vereinnahmung durch das Christentum. Die insbesondere von David Friedrich Strauß vertretene historisch-kritische Theologie beeinflusste auch das Judentum. Überlieferungen und Bräuche wurden zum Teil abgeschafft. Auch die Abschaffung von Sabbat, Speisegeboten und Beschneidung wurde gefordert. Bei Festveranstaltungen und Feiern wurde immer häufiger Goethe statt Mose zitiert. Daneben gab es auch die Bewegung der sogenannten Neu-Orthodoxie, die solche Neuerungen strikt ablehnte. In Deutschland war eine gemäßigte Richtung am meisten verbreitet, die versuchte, Neuerungen und Tradition in der Waage zu halten. Dennoch gab es eine ständige Reformbewegung. Dort suchte man sich der Form des protestantischen Gottesdienstes anzugleichen. Selbst der schwarze Talar mit Beffchen und Barett wurde eingeführt. Gebete um das Kommen des Messias wurden eingestellt, denn man sei nun endgültig im Vaterland Deutschland angekommen. Die Predigt in deutscher Sprache setzte sich durch. Auch deutschsprachiger Chorgesang und Orgelspiel wurde eingeführt. Der jüdische Prediger Ludwig Philippson in Marburg „sah im Judentum die einzige wahre

Weltreligion, welche für die ganze Menschheit bestimmt sei, damit sie auf Grund der Gotteskindschaft aller Menschen zur erhabenen Sittenlehre des Judentums geführt würde. Das sei die messianische Aufgabe des Judentums, darum seien die Juden in alle Welt zerstreut, ihr Sonderstaat vernichtet, daher die Leiden und Prüfungen. Darum müsse das Judentum sich allen Zeiten und Verhältnissen anpassen und nur seine Glaubens- und Sittenlehre bewahren." (F. Heman, Geschichte des jüdischen Volkes seit der Zerstörung Jerusalems, Stuttgart 1927). Philippson gründete zur Verbreitung dieser Einsichten 1837 die „Allgemeine Zeitung des Judentums". Darin bekämpfte er nicht nur den Antisemitismus, sondern das Christentum, insbesondere dessen Judenmission. Das Judentum sei dem Christentum nicht nur ebenbürtig, sondern sogar geistig überlegen. Die rationalistische und historisch-kritische christliche Theologie würde auf die Auflösung des Christentums hinwirken und somit dem jüdischen Anspruch zuarbeiten. Es kam schließlich 1844 zu einer Synode von Reformrabbinern in Braunschweig, deren Beschlüsse so radikal ausfielen, dass sich die Gegenseite 1845 zu einer eigenen Versammlung in Berlin zusammenfand. Beide Seiten waren vom Zeitgeist geprägt. Dennoch setzte man verschiedene Akzente. Der Gedanke an ein Messiasreich in Jerusalem wurde aufgegeben. Die Wiedereinführung des Opfers wurde ernstlich erwogen. Orgelmusik in der Synagoge wurde endgültig zugelassen. Noch deutlicher artikulierte sich der liberale Gabriel Rießer in seiner Schrift: „Über die Stellung der Bekenner des mosaischen Glaubens in Deutschland" von 1831. Das Judentum sei eine Religion. Ihre Nationalität in Deutschland sei deutsch. Deutschland, nicht Palästina sei ihre eigentliche Heimat. Juden seien Deutsche, mosaischer Religion. Das war Assimilation in konsequentester Manier. Dagegen artikulierte und erhob sich der Zionismus.

# Entfaltung des Zionismus

Dass Theodor Herzl zum richtigen Zeitpunkt mit seinen Publikationen über das zionistische Anliegen in die Öffentlichkeit trat, steht außer Zweifel. Dadurch wurde das im Judentum weitgestreute aber dennoch weitgehend latent vorhandene zionistische Gedankengut zusammengetragen und erstmals in seiner Fülle wahrnehmbar. Hier wurde eine Bewegung entfacht, die nicht mehr rückgängig zu machen war. Ihren weiteren Erfolg aber verdankt sie nicht nur der vehementen Eigendynamik, sondern nicht zuletzt der eigenen, diese begleitenden und prägenden Pressearbeit. Ohne deren systematische Darstellung der Entwicklungen jüdischen Lebens in internationaler Übersicht, ohne die konsequente Berichterstattung über Pogrome und Übergriffe auf Juden in europäischen und außereuropäischen Ländern, ohne den zusammenfassenden Überblick über alle Gründungen und Aktivitäten von internationalen jüdischen Organisationen, hätte sich der Zionismus wohl kaum in dieser explosiven Vitalität zu solch einer machtvollen Bewegung entfaltet. Dies soll hier am Beispiel der seit 4. Juni 1897 regelmäßig freitags erscheinenden Zeitschrift „Die Welt" dargestellt werden. Die Nummer 1 beginnt mit der klaren Definition der eigenen Ziele: „Unsere Wochenschrift ist ein ‚Judenblatt'. Wir nehmen dieses Wort, das ein Schimpf sein soll, und wollen daraus ein Wort der Ehre machen… Wir möchten… eine völkerrechtlich gesicherte Heimstätte schaffen für diejenigen Juden, die sich an ihren jetzigen Wohnorten nicht assimilieren können oder wollen. Unter der Zionsfahne finden wir uns zusammen… Die anständigen Juden glaubten zu Allem schweigen zu müssen." Weiter ist in dieser Selbstdarstellung von „Nationaljudentum" und „neuer nationaljüdischer Bewegung" die Rede.

Von Anfang an ist „Die Welt" ein Instrument zur Verwirklichung der zionistischen Idee. Sie bereitet die Zionistischen Kongresse vor und wirbt für sie. So bekommt sofort in der ersten Ausgabe Theodor

Herzl das Wort. Unter der Überschrift „Der Kongress" wirbt er für den zunächst in München geplanten ersten Kongress: „Der Abfluss jüdischer Massen nach dem Lande der Väter würde nicht nur eine Erleichterung für die vom Antisemitismus aufgewühlten Staaten bedeuten, in denen die Juden zu den äußersten Umsturzparteien hingedrängt werden, sondern auch dem türkischen Reiche einen Zuwachs an Kultur und Wohlstand bringen." Herzl ist davon überzeugt, dass die türkischen Finanzen nur noch von den Juden saniert werden können. Er schätzt den Sultan Abdul Hamid sehr und versteht das Angebot keineswegs nur als politische Geste.

Neben den oben bereits erwähnten Rubriken erscheinen auch regelmäßig Artikel unter dem Titel: „Christen über Juden" oder „Christen über die Judenfrage". Hier kommen nahezu ausschließlich zionistenfreundliche und in der Regel prominente Christen, auch bekannte Schriftsteller zu Wort. Eine weitere periodisch erscheinende Rubrik heißt „Juden und Christen". Hier sind auch kritische Stimmen jüdischer Feder gegenüber Christen zu vernehmen. In Nummer 11 vom 13. August 1897 schreibt S. Lublinski über die frühen Christen in Palästina: „Die Christen aber, auch die jüdisch Geborenen unter ihnen, betrachteten mit Gleichgültigkeit den Fall Jerusalems, in dem sie wohl gar ein göttliches Strafgericht erblickten. Das Heil ihrer Seele galt diesen Männern unendlich mehr, als das Heil ihres Staates. Sie waren nicht Staatsbürger, sondern Kinder Gottes, richtiger gesagt Metaphysiker – Hellenisten."

Sehr aufschlussreich sind die wiederkehrenden Berichte über die „Protestrabbiner". So steht in der Nummer 7 vom 16. Juli 1897 auf Seite 1 unter dieser Überschrift: „Das Neueste in der Judenbewegung sind die Protestrabbiner. Max Nordau hat diesen Typus bereits in einem Worte gebrandmarkt, das bleiben wird: Es sind die Leute, die im sicheren Boot sitzen und den Ertrinkenden, die sich an den Bootsrand klammern möchten, mit dem Ruder auf die Köpfe schlagen. So ist schon der gewöhnliche aggressive jüdische Zionsfeind.

Nimmt man noch die Anstellung als ‚Seelsorger' einer größeren Gemeinde hinzu, so ist der Protestrabbiner fertig. Fünf solche Protestrabbiner haben im ‚Berliner Tagblatt' und an anderen Orten die nachstehende Erklärung erlassen:

„...1. Die Bestrebungen sogenannter Zionisten, in Palästina einen jüdisch-nationalen Staat zu gründen, widersprechen den messianischen Verheißungen des Judentums, wie sie in der heiligen Schrift und den späteren Religionsquellen enthalten sind.

2. Das Judentum verpflichtet seine Bekenner, dem Vaterlande, dem sie angehören, mit aller Hingebung zu dienen und dessen nationale Interessen mit ganzem Herzen und mit allen Kräften zu fördern.

3. Mit dieser Verpflichtung aber stehen nicht im Widerspruch jene edlen Bestrebungen, welche auf die Kolonisation Palästinas durch jüdische Ackerbauern abzielen, weil sie zur Gründung eines nationalen Staates keinerlei Beziehung haben.

Religion und Vaterlandsliebe legen uns daher in gleicher Weise die Pflicht auf, alle, denen das Wohl des Judentums am Herzen liegt, zu bitten, dass sie sich von den vorerwähnten zionistischen Bestrebungen und ganz besonders von dem trotz aller Abmahnungen noch immer geplanten Kongress fern halten."

Die Reaktion in „Die Welt" ist unverblümt: „Das ist ein merkwürdiges Dokument. Der erste Eindruck, den wir davon haben, ist, dass es das Ansehen der Juden nicht gerade erhöhen wird. Die ganze Erklärung ist ja, wie jeder Jude auf den ersten Blick sieht, nach außen hin gewendet. Es ist eine jener verächtlichen und verachteten Beteuerungen, die um die Gunst der Feinde winseln. Zum Glück sind nicht alle Rabbiner so..." Am Schluss des ausführlichen Artikels heißt es dann: „Damit sie fürder nicht mit den guten Rabbinern verwechselt werden, wollen wir die Angestellten der Synagoge, die sich gegen die Erlösung ihres Volkes verwahren, die **Protestrabbiner** nennen."

Die innerjüdischen Auseinandersetzungen waren offensichtlich härter, als es meist in der Öffentlichkeit zu Tage trat. Leider ist das ernsthafte theologische Anliegen dieser Rabbiner in der heftigen und lauten Polemik untergegangen.

Eine weitere, stets wiederkehrende Rubrik heißt: „Spenden für zionistische Zwecke", wobei immer auch die Spendenadresse angegeben wird. Dabei werden auch die Aktivitäten der überall entstehenden zionistischen Vereine veröffentlicht. Das Bankengeschäft zu diesem Zwecke wächst, wie sich allein aus den Berichten dieser Zeitung schließen lässt.

Großen Raum nimmt die Vorbereitung des zunächst für München geplanten, dann aber nach Basel verlegten ersten zionistischen Kongresses ein. Ohne diese Öffentlichkeitsarbeit wäre ihm sicherlich nicht diese Aufmerksamkeit geschenkt worden. Dazu machte die Gründung von zionistischen Vereinen, Organisationen und Banken Schule. Die Informationen über das Leben der Juden in anderen Ländern war ebenso ein starker Effekt für internationale Solidarität. Die Vernetzung all dieser Informationen, Aktivitäten und Initiativen machte das beeindruckende Erstarken der zionistischen Bewegung in so kurzer Zeit erst möglich.

Mein Hauptaugenmerk bei der Lektüre ganzer Jahrgänge der Wochenzeitschrift „Die Welt" aber lag auf den jüdisch-christlichen Beziehungen, insbesondere seit und während der Kolonisation im 19. Jahrhundert. Es fällt auf, dass hier nur ganz vereinzelt davon die Rede ist. Dies geschah in anderen Publikationen und Berichten aus den vorangehenden Jahrzehnten. Jetzt, mit Beginn der zionistischen Bewegung waren die Größenverhältnisse zwischen der christlichen und der jüdischen Siedlergruppe so klar, dass eine ernsthafte Auseinandersetzung mit etwaigen christlichen Konkurrenten in Palästina kaum in Erwägung gezogen wurde. Breiten Raum nimmt dagegen die Berichterstattung über die Palästinafahrt des deutschen Kaisers ein. Man geht davon aus, dass der Kaiser dem Bestreben des Zionismus positiv gegenübersteht. Besonders geschätzt wird sein gutes

Verhältnis zur Türkei, an dem auch den Juden sehr gelegen ist, da ja Palästina zur Provinz Syrien des osmanischen Reiches gehört. In Nummer 21 heißt es auf Seite 1: „Deutschlands Einfluss hatte den englischen verdrängt und war dem russischen zuvorgekommen". Frankreichs Interesse galt nach wie vor seiner Vormachtstellung als traditionelle Schutzmacht der Christen und ihrer heiligen Stätten im Orient. Die bezieht sich aber besonders auf Katholiken und Orthodoxe. Der deutsche Kaiser wird weniger als Schutzherr der Protestanten wahrgenommen als vielmehr der Weltpolitiker, der die Einflusssphären der Großmächte im Orient mit gestaltet. „Und der Protestantismus selbst ist im Heiligen Lande viel zu schwach, um seinerseits irgendwie aussichtsreiche Hoffnungen hegen zu können." Der Kaiser hat zwar die Aufbauarbeit der deutschen Kolonisten in Palästina, die vornehmlich aus dem Südwesten Deutschlands kamen, in besonderer Weise wahrgenommen und gewürdigt, aber zu keiner Zeit ihnen einen Vorrang vor zionistischen Siedlern und deren Aufbauarbeit eingeräumt.

Wie schon angedeutet, spielt die theologische Frage des biblisch begründeten Anspruchs auf das Land eine sehr untergeordnete Rolle. In Nr. 27 auf Seite 1 ist in einem Artikel unter der Überschrift „Die heiligen Stätten" von Dr. Friedemann zu lesen: „Sind doch die Hoffnungen und Prophezeihungen von der Entstehung des tausendjährigen Reiches, die sich zahlreich im Neuen Testamente finden, stets abhängig gemacht von der Erhaltung der Juden und wohl auch, wenngleich die Bedeutung der Stellen unklar ist, von ihrer vorherigen Rückkehr nach Zion." Leider bleibt es bei dieser Andeutung. Ein eigentliches Ringen um die richtige Auslegung solcher Texte bleibt auch hier aus. Im selben Artikel auf Seite 2 wird unmissverständlich von den Machtverhältnissen unter den Religionen in Palästina gesprochen: „Weniger noch wird der Protestantismus Schwierigkeit erheben. Die englischen Kirchen, insbesondere die zahlreichen Sekten, zeigen starke Sympathien für die Nachkommen des Volkes der Bibel. Für einen Quäker z.B. ist es noch heute eine große Schmeichelei, als

Nachkomme eines Juden bezeichnet zu werden! Bei den eigenartigen religiösen Verhältnissen in England ist es zudem ganz unwahrscheinlich, dass man griechischen oder römischen Katholiken Palästina lieber gönnen sollte, als Juden. Und der Protestantismus selbst ist im Heiligen Lande viel zu schwach, um seinerseits irgendwie aussichtsreiche Hoffnungen hegen zu können... Darum verfolgen wir die Pläne zur moralischen Stärkung des Protestantismus im Osten mit Gleichmut. Verstehen die evangelischen Mächte ihre eigenen Interessen – woran wir nicht zweifeln – so wird der Zionismus keinen Grund haben, die Kaiserreise zu bedauern."

Dem Zionismus war nicht zuletzt dadurch ein solcher Erfolg beschieden, dass er seinen Anhängern ein neues, in der Diasporageschichte erstmaliges Selbstbewusstsein mit auf den Weg gab. Unablässig wurden die Leser des Magazins „Die Welt" daraufhin erzogen. So heißt es in Nummer 29 vom 22. Juli 1898, Seite 5: „Wenn die jüdische Nation ihre Auferstehung feiern und wieder eintreten wird in den Kreis der Nationen und der Weltgeschichte, dann muss das auch einen für die Welt und die Entwicklung der Menschheit bedeutenden und segensreichen Zweck haben... Dem jüdischen Volk ist aber schon vor Jahrtausenden die Aufgabe zugewiesen worden, dass in ihm alle Völker der Erde sollen gesegnet werden. Dies wird es erfüllen, wenn es in seinem Lande den vollkommenen Staat der sozialen Gerechtigkeit bildet. Die sozialen Einrichtungen werden also solche sein, durch welche die Entstehung eines Proletariats verhütet wird. Es werden die sozialen Verhältnisse, Industrie und Handel, Ackerbau und Gewerbe so geregelt sein, dass der Arbeit ihr voller Lohn zuteil wird. Armselige, schwächliche, abgehärmte und abgearbeitete Frauen wird es nicht geben; dann werden sie aber auch nicht ein Dutzend hungernder, kränklicher, schmächtiger Kinder gebären. Ein wohlhabendes, glückliches, großes, starkes Geschlecht wird kein so zahlreiches, aber ein umso kräftigeres Geschlecht erzeugen. Mit der sozialen Frage wird das jüdische Volk auch die Populationsfrage in gesunder, natürlicher, den Moralgesetzen entsprechender Weise praktisch und mustergültig lösen. Die Populationsfrage ist eine soziale Frage und kann daher nur auf soziale Weise im vollkommenen Sozialstaat gelöst werden."

Die politische, wirtschaftliche und religiöse Situation, die zur Zeit des beginnenden Zionismus in Palästina herrschte, unterscheidet sich schon sehr deutlich von den Jahrzehnten seit Beginn der expandierenden Kolonisation von Christen und Juden um die Mitte des 19. Jahrhunderts. Dies kommt in einem Referat von Leo Mozkin, das er auf dem Zionistenkongress in Basel gehalten hat, zur Sprache. Die folgenden Auszüge entnehme ich der Veröffentlichung des Referats in „Die Welt" Nr. 36 vom 9. September 1898, Seite 9 ff.: „Seit den Fünfziger-Jahren hat sich das Interesse verschiedener Länder Palästina zugewandt, meistens von bestimmten Gesellschaften ausgehend. Zuerst von Frankreich her, das seit Napoleons abenteuerlichem Zug nach Palästina, an welchem auch zahlreiche Forscher teilgenommen, eine besondere Aufmerksamkeit den heiligen Stätten schenkt und im Orient den Katholizismus vertritt, alle katholischen Bestrebungen wahrnehmend. Sodann kommen England, Deutschland und Russland. Immer sind es von vornherein religiöse Gesichtspunkte, welche die betreffenden Gesellschaften veranlassen, in Palästina Einfluss zu suchen, aber allmählich bildeten sich Machtbestrebungen heraus; die Volksmassen allerdings blieben ihnen fern. Die Literatur über diesen Gegenstand ist ins Ungeheure gewachsen, die wissenschaftliche Form hat die kirchliche verdrängt... Man braucht nur einen Blick in das gegenwärtige Palästina zu tun, um sich zu überzeugen, dass das Land ein Kampfobjekt der verschiedenen Kirchen bildet, während die türkische Regierung allen diesen Vorgängen tatenlos zuschaut. Die englische und französische Sprache ringen miteinander um die Herrschaft, während die anderen Kirchen direkt darauf ausgehen, materielle Güter im Lande zu erwerben. Ländliche Kolonien im vollen Sinne haben nur die Deutschen in der Nähe von Jaffa, Haifa, Rephaim geschaffen und bilden darum ein nicht unbeträchtliches, ansässiges Element in den Centren, wo sie auch Geschäfte betreiben, Hotels besitzen usw. ... Im Laufe des Jahrhunderts wächst auch die jüdische Bevölkerung von Tiberias, Hebron, Saffed usw. und erweckt das Interesse europäischer Juden."

# Ankunft des Zionismus in Palästina

Die Zusammenarbeit zwischen jüdischen und deutschen Siedlern war ausgesprochen gut, bis sich der Einfluss der Zionisten in den jüdischen Kolonien durchsetzte. Als die zielgerichtete Zionismusbewegung in Palästina Fuß fasste, war die christliche Siedlungsbewegung in einem Stadium der Stagnation angekommen. Von Seiten der neu siedelnden Juden wurden deren Aktivitäten sehr unterschiedlich gewertet. Die einen sahen argwöhnisch auf deren Erfolge und potenzielle Konkurrenz, insbesondere in der Landwirtschaft. Die anderen suchten gute Nachbarschaft nicht zuletzt, um deren diesbezügliches Wissen sich dienstbar zu machen. Seit 1883 unterstützte Baron Edmond de Rothschild im großen Stil die jüdischen Kolonien, so dass die deutschen Siedler immer weniger konkurrenzfähig wurden. Vor allem wurden dadurch umfassende Grundstückskäufe der Juden möglich. So wuchs das Misstrauen der Deutschen zusehends. 1884 kam es sogar zu einem Boykott gegenüber dem jüdischen Warenangebot. Dass es auch innerhalb der Juden in Palästina zu erheblichen Differenzen kam, hat auch mit der unterschiedlichen Haltung gegenüber der zionistischen Grundeinstellung zu tun. So kam es 1888 zum Streit zwischen jüdischen Siedlern in Zikhron-Ya'aqov und Beamten des Barons Rothschild, weil diese Deutsche bei der Einstellung als Mitarbeiter bevorzugten. Die Aktivitäten von Rothschild wurden durchaus nicht von allen Juden vorbehaltlos begrüßt. Er war dabei, ein System zu organisieren, das ganz auf ihn und sein Planen zulief. Auch Rothschild musste den Neuerungen, die mit dem Zionismus nach Palästina kamen, mit Zurückhaltung begegnen. In seinem oben schon erwähnten Referat vor dem Zionistenkongress in Basel stellt Leo Mozkin fest, dass die bereits in Palästina ansässigen jüdischen Kolonisten mit Begeisterung die neuen Perspektiven und Planungen der Zionisten verfolgen. In diesem Zusammenhang kritisiert er unumwunden das Administrations-System Rothschilds: „Wir sprechen von der Administration des Baron Rothschild. Meine Herren! Ich will hier eine scharfe Scheidung vornehmen. Administration und Baron Rothschild sind ganz verschiedene Teile. Ich gehöre nicht zu denjenigen, welche etwa geneigt sind, Magnaten Huldigungen darzubringen, ich habe auch nicht die Absicht, es hier auf dem Kongress gegenüber Rothschild zu tun, aber das muss ich doch sagen, auf Schritt und Tritt, in allen Kolonien, im Verlaufe aller Unterhaltungen, musste ich mich überzeugen, dass es Rothschild außerordentlich ernst um die ganze Angelegenheit ist, dass er unzweifelhaft dies nicht nur aus idealen Gründen tut, sondern dass er auch in die gesamten Angelegenheiten der Kolonisten wirklich sich hineinzumischen bestrebt... Was nun die Administration anbetrifft, so werde ich mich nicht so günstig über dieselbe äußern. Ich habe nicht die Absicht, ein absolutes Verdammungsurteil über die gesamte Administration des Baron Rothschild zu fällen, ich will sogar ausdrücklich bekennen, dass es Ausnahmen auch in dieser Administration gibt, ich muss aber hinzufügen, dass gerade die besseren Elemente in der Administration am wenigsten Aussicht haben, zu irgendwelchem Einfluss zu gelangen. Diese Administration ersetzt ja in gewisser Beziehung die Polizei in den Kolonien. Es ist eine eigentümliche Institution, stärker und unangenehmer als die Polizei, ein willkürliches Verfahren und selten ein Interesse für die Sache. Meist sind die Administrations-Angestellten ihrer Aufgabe nicht gewachsen; das ist die größte Beschuldigung, die gegen sie angeführt werden kann. Aber was schlimmer ist, fast durchweg nicht zionsfreundlich. Also, meine Herren, in jüdischen Kolonien in Palästina sind nicht die Zionsfreunde die Verwalter der Kolonie! Es ist ein fremdes Beamtentum, das in den schwächeren Kolonien selbst über das Eigentum zu verfügen sich erlaubt... Ich verzichte darauf, weitere Ausführungen zu machen, ich verzichte deswegen, weil ich nicht den Kongress in seiner Stimmung stören möchte, weil ich nicht den Kongress in eine ganz andere Laune versetzen möchte... Die Administration hat den Ruf der Kolonisten geschädigt. Am Anfang, meine Herren, war darum mehr Idealismus. Jetzt sind fast alle in

Abhängigkeit, nicht von Baron Rothschild, aber von der Administration, auch die ‚unabhängigen' Kolonisten. Denn, wie ich Ihnen schon gesagt habe, die meisten Kolonisten beschäftigen sich mit Weinbau und der einzige Weintrauben-Absatz ist beim Baron Rothschild... Die Administration des Baron Rothschild, welche seit dem Baseler Kongress – ich spreche nicht von der ganzen, sagen wir von einem großen Teile – eine große Angst vor der Öffentlichkeit hegt, hat auf Schritt und Tritt gesucht, den Zionismus unter den Kolonisten und überhaupt unter den palästinensischen Juden lächerlich zu machen." Das ist eine klare Abgrenzung, die an Deutlichkeit nichts zu wünschen übrig lässt.

Uneingeschränkt positiv wird in zionistischen Kreisen die Palästinareise des deutschen Kaisers 1898 bewertet. So heißt es in „Die Welt" Nr. 46 vom 18. November 1898 Seite 1: „In unserer Bewegung ist ein Ereignis zu verzeichnen, dessen Bedeutung nicht erst erklärt werden muss. Es ist dies der Empfang der zionistischen Abordnung in Jerusalem durch den deutschen Kaiser... Am zweiten November fand der Empfang im kaiserlichen Zelte zu Jerusalem im Beisein des Staatssekretärs von Bülow statt. Seine Majestät der Kaiser beantwortete die Ansprache des Dr. Herzl in freundlichster Weise." Schon in der vorangehenden Ausgabe wurde berichtet: „Kaiser Wilhelm empfing eine jüdische Deputation, welche ein Album mit Ansichten der in Palästina errichteten jüdischen Kolonien überreichte. Auf die Ansprache des Führers der Deputation erwiderte Kaiser Wilhelm, dass alle diejenigen Bestrebungen auf sein wohlwollendes Interesse zählen können, welche auf die Hebung der Landwirtschaft Palästinas zum Besten der Wohlfahrt des türkischen Reiches unter voller Respektierung der Souveränität des Sultans abzielen." Theodor Herzl schreibt in seinem Bericht darüber in „Die Welt": „Wir sind nicht als Vergnügungstouristen, auch nicht als Forschungsreisende nach Palästina gegangen, sondern wir hatten einen bestimmten politischen Zweck... Die Resultate unserer Kolonisten, insbesondere derjenigen, die auf ihren eigenen Füßen stehen, sind einfach verblüffend." Es folgt eine ausführliche und begeisterte Schilderung der Bauern und ihrer großartigen Leistungen. „Tüchtige, nüchterne Menschen mit harten Fäusten, und in den Augen haben sie eine Begeisterung für das Land. Die jüdischen Ackerbauern sind zäh und intelligent... Für die Türkei bedeutet die Ausführung des zionistischen Planes ganz zweifellos eine Vermehrung ihrer Macht und Wohlfahrt. Manches in der Art, wie die Kolonisation früher betrieben wurde, war geeignet, das Misstrauen und Übelwollen der türkischen Regierung hervorzurufen. Aber wir haben immer wieder gesagt und wiederholen es jetzt nachdrücklicher als je, dass wir eine Infiltration kleiner Menschengruppen perhorrescieren (verabscheuen)." Ob Herzl hier auch die kleinen christlichen Kolonistengruppen meint, ist aus diesem Zusammenhang nicht zu erschließen. Er fährt fort: „Niemand hat das Recht, diese Leute einem ungewissen Schicksal preiszugeben. Nur nach förmlichen Verträgen mit der türkischen Regierung hat das Kolonisieren Aussicht auf ein rechtliches Gedeihen. Der Türkei können von dem jüdischen Volke solche Vorteile geboten werden, dass das Zustandebringen dieser Abmachung nur eine Frage der Zeit ist... Aber selbst wenn die türkische Regierung die allmähliche Einwanderung kleiner Gruppen ohne förmliches Übereinkommen gern sähe, müssten wir uns ganz entschieden gegen solche Experimente aussprechen. Wir können nach gewonnener Einsicht in die Sachlage nach unserem besten Wissen und Gewissen nur sagen, dass die Kolonisation im Kleinen unverantwortlich große Menschenopfer erfordern würde." Herzl stellt schließlich fest, dass es ihnen gelungen sei, das Interesse zweier Herrscher für ihre gerechte Sache gewonnen zu haben. Selbstredend sind damit der Sultan und der deutsche Kaiser gemeint. Eben weil die Juden selbst keine politische Macht besaßen, war diese Orientierung an den einflussreichen politischen Repräsentanten besonders wichtig. So schreibt Herzl im selben Artikel: „Bei den Juden in ihrer jetzigen Lage findet sich die politische Machtlosigkeit, die sie als ungefährlichsten Bewerber erscheinen lässt, mit der notwendigen wirtschaftlichen Macht vereinigt." Dieses Selbstbewusstsein ist so deutlich wie realistisch: „Es wird uns niemand zuvorkommen, es wird uns das niemand wegnehmen, weil niemand die hingebungsvolle Menschenkraft aufbringen kann, vom Gelde ganz zu schweigen, wie die Juden." Dennoch war die Aufbauarbeit in Palästina 1898 noch nicht weit fortgeschritten. D. Wolffsohn, Präsident des Bankkomitees und Mitglied derselben Delegation, schreibt in seinem Bericht in derselben Ausgabe von „Die Welt": „Auf die Frage, ob ich jetzt schon in Palästina wohnen möchte, antworte ich ihnen kurz und bündig: Nein! Das ist gerade so, wie wenn man einen Bauherrn oder Architekten fragte, ob er auf einem Bauplatz wohnen möchte. Nein... der Beginn unserer Tätigkeit wird wohl sogleich einen bedeutenden wirtschaftlichen Aufschwung des Landes zur Folge haben."

# Der Zionismus im Urteil von aussen

Das Größenverhältnis zwischen jüdischen und christlichen Kolonisten in Palästina verschob sich gegen Ende des 19. Jahrhunderts so drastisch zugunsten der Juden, dass aus deren Sicht die Christen nur noch als eine Quantité négligeable wahrzunehmen waren. Dennoch ist den Juden das Urteil christlicher Repräsentanten über den Zionismus offensichtlich sehr wichtig. Dies zeigt sich auch in der wiederkehrenden Rubrik „Der Zionismus im Urteil hervorragender Zeitgenossen" in der Zeitschrift „Die Welt", die mit folgender Frage angeschrieben werden: „Was erwarten Sie von der zionistischen Bewegung...?" Ich greife hier ein markantes Beispiel heraus, nämlich die Stellungnahme des bekannten Pfarrers und Politikers Friedrich Naumann, auch deshalb, weil er einer Antwort keines Geringeren als Theodor Herzls gewürdigt wurde, die ebenfalls im Anschluss in Auszügen wiedergegeben wird. Zunächst nun die Sicht Naumanns, „des Führers der national-sozialen Partei in Deutschland", wie sie in „Die Welt" Nr. 29 vom 21. Juli 1899 veröffentlicht wurde: „Von der zionistischen Bewegung erwarte ich, dass sie die jüngeren, gebildeten Juden in ziemlich großer Zahl ergreift und dadurch auf die ganze jüdische Geistesbildung einen nicht schnell wirkenden, aber nachhaltigen Einfluss gewinnen wird. Die Tiefe dieses Einflusses wird allerdings sehr von dem Steigen oder Sinken der antisemitischen Stimmung innerhalb der europäischen ‚Gastvölker' abhängen, denn was die Juden veranlasst, Zionisten zu werden, ist wohl in den meisten Fällen die Einwirkung des politischen und besonders auch des gesellschaftlichen Antisemitismus... Der Zionismus gibt die Idee der Verschmelzung des jüdischen Volksstammes mit den Gastvölkern prinzipiell auf, eine Idee, die seit reichlich 100 Jahren von Praktikern und Idealisten im Judentum vertreten wurde. Dieser Schritt ist psychologisch verständlich, aber sehr folgenschwer, da er eine internationale, israelitische, politische Organisation schaffen will, wie sie vom Antisemitismus ohne zureichende Gründe bisher behauptet wurde... Soweit ich mir durch Augenschein und Literatur ein Bild der Verhältnisse in Palästina habe machen können, wird es sich dort nicht um einen eigenen ‚Volkssitz‘ handeln, da das Land viel zu wenig ergiebig ist, um die Aufwendung großer Mittel zu lohnen. Einzelne Kolonien können nicht gedeihen, aber sonst wird wohl immer das jüdische Palästina ein Gegenstand europäisch-jüdischer Almosen bleiben. Die einheimische jüdische Bevölkerung hat es aus sich heraus nicht verstanden, eine wirtschaftliche oder politische Bedeutung zu bekommen, und ich bezweifle, ob gutgemeinte Anregungen von außen hierin wirklichen Wandel schaffen können. Es sind nicht die entgegenstehenden Kräfte der Mohammedaner oder der Christen, die im letzten Grunde den jammervollen Zustand der palästinensischen Juden verursacht haben. Dass auf Grund diesen Menschenmaterials unter Hinzuziehung europäisch-jüdischer Idealisten ein in sich lebensfähiger jüdischer Zentralkörper sich herausbilden kann, bezweifle ich... In der europäischen Heimat aber scheint mir der Zionismus nicht als Erleichterung der mit dem Wort ‚Judenfrage‘ bezeichneten Schwierigkeit... Ein steigender Zionismus wird zugleich Folge alten und Ursache neuen Antisemitismus sein. Der zionistische, wohlhabende Jude wird seinen Überfluss weniger ‚human‘ als zionistisch verwenden... Jetzt wehrt sich der Jude gegen den Antisemitismus mit humanen, liberalen, kosmopolitischen Argumenten. Womit aber will er sich wehren, wenn er selbst nationaljüdische Grundsätze proklamiert hat?“ Unmittelbar im Anschluss ist die Erwiderung Herzls abgedruckt: „Auf die Bemerkungen des Herrn Pfarrers Naumann wäre vielleicht Folgendes zu entgegnen: Ein Gegensatz zwischen den verschiedenen Völkern und den Juden dürfte sich infolge des Zionismus wohl nur dann ergeben, wenn die Zionisten wüste chauvinistische Gewohnheiten annehmen sollten... Meine Freunde und ich haben jede Gelegenheit benutzt, um vor einer solchen Verirrung zu warnen. Ich glaube auch, dass nichts in unserer Bewegung die Annahme gestattet, als wollten wir uns töricht überheben oder feindselig von der übrigen Kulturmenschheit absondern. Immer haben wir vielmehr deutlich betont, dass wir uns die künftige Existenz unseres Volkes als eine auf der Eintracht aller Völker beruhende denken und an dieser mitarbeiten möchten. Folglich schließt das zionistische Ideal die ‚humanen', allgemein menschenfreundlichen Gedanken nicht aus; es schließt sie ein. Nur wollen wir keine geschlechtslosen Kosmopoliten sein, sondern unser Volkstum bekennen, während wir die höchsten Grundsätze der Humanität pflegen... Es wird aber in der Zukunft eine der schönen und großen Aufgaben des Zionismus sein, durch Tat und Verhalten zu beweisen, dass uns nichts Menschliches fremd geworden ist, auch wenn wir so frei sein wollten, unseren eigenen, armen, geschmähten Stamm nicht zu verleugnen. Wir wollen uns selbst treu sein; man wird uns dann auch eher glauben, dass wir anderen, die es verdienen, treu sein können. Das ist der zionistische Standpunkt...".

Auffallend ist, wie wichtig den Juden die Meinung monarchischer Autoritäten ist.

In der Nummer 1 von „Die Welt" vom Januar 1900 ist zu lesen: „...das Interesse, das unsere Bewegung an maßgebensten Stellen geweckt hat, beweist, dass man uns gerne helfen würde – wenn man könnte. Denn auch die Macht der Großen auf dieser Erde hat bisweilen recht enge Grenzen. An uns aber wird es sein, denen ihr Tun zu erleichtern, die uns wohlwollen. Auch die Könige helfen am liebsten denen, die sich selbst helfen." Schon mehrmals wurde in anderem Zusammenhang auf die positive Beurteilung des Zionismus durch Kaiser Wilhelm II. hingewiesen. Hier nun ein weiteres Beispiel aus „Die Welt" Nr. 4 vom Januar 1899 aus Anlass von Kaisers Geburtstag: „Bedarf es so noch einer Darlegung, weshalb die Zionisten, die auf die Verwirklichung ihrer wirklich großen, idealen Sehnsuchtshoffnungen bauen in unserer nüchternen Zeit, ihre Blicke auf den deutschen Kaiser richten? Sie danken schon jetzt in Treue dem Kaiser für die wohlwollenden Gesinnungen, die er ihrem Bestreben dargetan, und zu seinem Geburtstage wissen sie ihm aus tiefstem Herzen nichts

Besseres zu wünschen, als dass ihm so viel Liebe und Dankbarkeit, worauf er doch so viel Anspruch erworben, stets und überall zuteil werden möge."

In „Die Welt" vom Dezember 1899 steht folgender Artikel unter der Überschrift „Kaiser Franz Joseph über die antisemitischen Exzesse: In den allgemeinen Audienzen wurde am 11. Dezember vormittags in der Wiener Hofburg unter anderen der Rabbiner der Prager israelitischen Kultusgemeinde, Dr. Alexander Kisch, vom Kaiser empfangen. Doktor Kisch war gekommen, um dem Monarchen für die Verleihung des goldenen Verdienstkreuzes mit der Krone den Dank zu sagen. Der Kaiser antwortete: „Ich habe Sie sehr gerne ausgezeichnet, denn ich kenne Ihre Loyalität und Ihre Verdienste, namentlich um die Prager Garnison... Ja Ihre Glaubensgenossen haben jetzt schwere Tage, aber es ist schon besser geworden." Weiter heißt es in dem Artikel: „Doktor Kisch bat um die Erlaubnis, diese gnädigen Worte seinen Glaubensgenossen mitteilen zu dürfen, und der Kaiser sagte zu ihm: ‚Ich bitte, tun Sie das'. Damit war die Audienz beendet."

Noch ein weiterer Monarch kommt mit seiner Meinung über den Zionismus zu Wort. Unter der Überschrift „Der Großherzog von Baden über den Zionismus" wird in „Die Welt" Nr. 32 vom August 1899 berichtet, dass der bekannte jüdische Gelehrte Dr. A. Berliner, Dozent am Rabbinerseminar in Berlin in Audienz vom Großherzog von Baden empfangen wurde. Dr. Berliner über die Stellungnahme des Großherzogs zum Zionismus: „Die Bewegung ist von Bedeutung und bedarf einer kräftigen Unterstützung. Leider haben die Regierungen noch nicht das ganz richtige Verständnis für die Sache, aber es muss mit der Zeit kommen. Für unsere deutschen Juden brauchen wir gottlob solche Zufluchtsstätten nicht, aber für ihre Glaubensgenossen im Osten und Norden...".

# Christliche und jüdische Siedler
# als Konkurrenten

Im Lauf der Jahre, in denen sich die Templer ihrer Sendung bewusst wurden und sich zu organisieren begannen, veränderte sich auch ihr Verhältnis zu den Juden und zum Judentum. Anfänglich war es noch sehr ambivalent, als einerseits die zeitüblichen Vorbehalte gegenüber den Juden als Mitbürger auch von den Templern bestätigt, andererseits aber die Juden als Träger der ursprünglichen Verheißung geachtet wurden. Der Aufbruch des jüdischen Nationalismus brachte dann nicht nur eine neue Besinnung bei den Templern über das eigentliche Erbe des „Volkes Gottes" mit sich, sondern ließ allmählich auch eine Rivalität in der Realisation der Besiedlung Palästinas aufkommen. Im Bericht im Cannstatter Kursaal am 8. September 1868 sagt Hoffmann über die bereits in Palästina siedelnden Juden: „Die Juden wären trotz ihrer verhältnismäßig geringen Zahl doch nicht außer Stande, etwas für die Besserung der Lage zu tun, wenn ihr geistiger Zustand sie dazu befähigte. Denn sie wohnen nicht vereinzelt im Lande herum, sondern sie bilden vier größere Gemeinden in Palästina, nämlich in Jerusalem, Safed, Tiberias, Hebron. Aber statt dass sie darauf dächten, das Land ihrer Väter in einen seiner Bestimmung angemessenen Zustand zu bringen, sind sie in völlige Arbeitslosigkeit versunken und finden es bequemer oder halten es in abergläubischer Frömmigkeit für besser, lange Gebete zu halten und in den Büchern ihrer Schriftgelehrten zu studieren, und dabei von den Almosen ihrer europäischen Glaubensgenossen zu leben, als in einer nützlichen Tätigkeit für ihre Selbsterhaltung sich anzustrengen... Man kann daher nicht sagen, dass die Verachtung, welche auf dieser Nation dort ruht ohne Grund sei. Hiernach kann man beurteilen, welchen Wert die von England aus auch bei uns verbreitete Meinung hat, dass die Umgestaltung des Heiligen Landes durch eine Ansammlung der Juden in Palästina bewirkt werden könne. Nur wenn unter den Juden christliche Gesinnungen erwachen, wenn sie der Einbildung entsagen, als ob die Abstammung von Abraham ihnen einen Vorzug vor anderen Völkern gebe, und sich einer geistigen Neugeburt unterwerfen, können sie, wie die Christen, unter gleicher Bedingung, an der Wiederherstellung Jerusalems mitwirken." Es hat den Anschein, als ob der Vergleich von Juden und Christen sich in der Rivalität um die Landnahme in Palästina noch verschärfte. Die Christen fühlten sich zwar immer noch überlegen, aber sie müssten sich selbst nun am Erfolg messen lassen. In der deutschen Heimat war man sich des Vorsprungs der Christen gegenüber den Juden allgemein bewusst. Die Templer hatten von Anfang an mit den Unbilden und Schwierigkeiten des Siedleralltags zu kämpfen, mit Krankheiten, Missgunst und klimatischen Verhältnissen. Darüber kam ihr religiöser Enthusiasmus immer mehr ins Hintertreffen. Wer nun den Anspruch erheben konnte, „Volk Gottes" zu sein, wurde nachrangig angesichts der Feindschaft, die sowohl den jüdischen als auch den christlichen Siedlern von der einheimischen arabischen Bevölkerung entgegenschlug. Anfangs war diese Situation der gegenseitigen Solidarität förderlich. Jedoch das deutliche Anwachsen des Zustroms von Juden ab den 80er Jahren des 19. Jahrhunderts, insbesondere aus Russland, wurde von den christlichen Einwanderern aus Deutschland zunehmend als Bedrohung empfunden. So schreibt Cristoph Hoffmann in „Die Warte des Tempels" vom 31. August 1882: „Die Einwanderung der Juden in Palästina hat durch den Befehl des Sultans, dass ihnen dieselbe überall in der Türkei, aber nicht in Palästina gestattet sei, keine merkliche Unterbrechung erlitten. In Folge hiervon entstehen immer wieder neue Judenquartiere außerhalb der Stadtmauer Jerusalems... Die Stadt Jaffa ist angefüllt mit einwandernden Judenfamilien, die sich irgendwo anzusiedeln gedenken... So sehr wir diesen jüdischen Kolonisationsunternehmungen Glück wünschen, so können wir uns doch nicht verbergen, dass der Eigennutz der Juden ein schwer zu überwindendes Hindernis ist, das nach unserer Erfahrung nur durch eine höhere geistige Kraft der Unternehmer überwunden werden kann. Ob diese Juden eine solche haben, wird die Zeit lehren... Soviel sollte ihnen eine tausendjährige Erfahrung und das Ungemach der letzten Jahre zeigen, dass das talmudische Formenwesen den Bann, der auf ihnen liegt, nicht zu entfernen vermag." Zum einen ist hier wieder die Ambivalenz im Verhältnis der Templer zu den Juden wahrzunehmen, zum andern aber eben auch die anhaltenden Vorurteile, die gerade in ihrer theologischen Argumentation besonders überheblich wirken. Im Lauf der Zeit entstand eine ernstzunehmende Konkurrenz in Handwerk, Landwirtschaft, Handel und Verkehrswesen. Mit dem gegen Ende des Jahrhunderts sich machtvoll entfaltenden Zionismus und dem rasch anwachsenden Strom von jüdischen Einwanderern nach Palästina veränderte sich erneut die Situation und die Einstellung der Templer. Die antijüdische Gesinnung gewann unter ihnen an Boden. Unverhohlen wurde der Standpunkt vertreten, die Christen und nicht die Juden könnten das Erbe der biblischen Verheißung antreten und mit ihrer Hände Arbeit in die Tat umsetzen. Die seit jeher im Lande wohnenden Juden, zu jener Zeit etwa 10.000 – 12.000, galten unter den Templern als völlig unfähig, für die Entwicklung des Landes etwas Wesentliches beizutragen. Als Christen, denen nun die Verheißung galt, sahen sie sich berufen, den Boden für die Ansiedlung im verheißenen Land zu bereiten. Dieses Streben wurde auf jüdischer Seite selbstverständlich wahrgenommen und zu einem zusätzlichen Movens, selbst in das Land ihrer Väter aufzubrechen. Von einem Wettlauf zu sprechen, wäre sicher übertrieben. Dennoch ist davon auszugehen, dass sich diese Impulse zur Siedlung in Palästina gegenseitig beeinflussten. Letztlich aber muss festgehalten werden, dass die Bereitschaft zur Zusammenarbeit langfristig größer war als rivalisierende und gegeneinander laufende Bestrebungen. Es war eine Zeit wechselvoller Beziehungen zwischen vertrauensvoller Zusammenarbeit einerseits und gelegentlicher gegenseitiger Skepsis. Schon vor Theodor Herzls Zionismusprogramm gab es ernsthafte Unternehmungen mit dem Ziel jüdischer

Siedlungen im Heiligen Land. So zum Beispiel die Organisation „Schiwat Zion". Jüdischen Einwanderungswilligen war dabei klar, dass einer großangelegten Siedlung in Palästina eine systematische Urbarmachung des Landes mit dem Ziel einer funktionierenden Landwirtschaft zur Versorgung einer ständig anwachsenden Bevölkerung vorausgehen musste. Der Erfolg der deutschen Siedler bei der landwirtschaftlichen Kultivierung war für viele Juden eine wichtige Entscheidungshilfe für ihre eigene Übersiedlung nach Palästina. Allerdings zeigte sich bald, dass das Zunehmen der jüdischen Bevölkerung auch einen deutlichen Anstieg der Grundstückspreise nach sich zog. Nach einer längeren Zeit der Vorbehalte seitens der Templer gegenüber den jüdischen Neusiedlern, empfanden sie schließlich die Gründung der ersten konzeptionellen Großsiedlung Petah Tiqwa 1878 als einen wichtigen Meilenstein in den gegenseitigen Beziehungen. Es entstanden sogar persönliche Freundschaften zwischen leitenden Persönlichkeiten auf beiden Seiten, wie die zwischen Immanuel Hoffmann, dem Sohn Christoph Hoffmanns und Karl Netter, dem Gründer der jüdischen Schule in Miqweh-Yisrael. Dennoch breitete sich nach und nach unter den Templern die Sorge aus, der Zionismus könne langfristig zur Folge haben, dass alle nichtjüdischen Siedler des Landes verwiesen werden könnten. Nicht zu übersehen war, dass die türkische Regierung den deutschen Siedlern mehr Sympathie entgegenbrachte als den Zionisten. Ein Konflikt bahnte sich an, als Karl Netter das Siedlungswerk aller Europäer, einschließlich der Juden in Palästina infrage stellte. Er begründete dies mit einer Darstellung der amerikanischen, deutschen und jüdischen Siedlungen, die seines Erachtens Misserfolge waren. Dagegen wandte sich Christoph Hoffmann entschieden, zum einen gegen dessen Bewertung der Templersiedlungen und zum anderen gegen Netters Ansicht, die Ansiedlung osteuropäischer Juden in Amerika sei die bessere Lösung. In einem Artikel in der „Warte des Tempels" vom 11. Mai 1882 schreibt Hoffmann ausführlich, warum die Juden geradezu zur Siedlung in ihrer biblischen Heimat verpflichtet seien. Sie hätten das Land geerbt

„dank der großen Geisteswerke und Waffentaten, die mit dem Andenken an Abraham, Isaak und Jakob, Moses, David und Salomon, an die Propheten und an die Makkabäer verbunden sind. Diese Erinnerungen sind es, die das Volk der Juden auszeichnen; wenn die Juden sie aus ihrem Herzen reißen, so werden die Nationen Europas sie nicht länger ihretwegen achten..." Dies scheint die erste eindeutige positive Stellungnahme seitens der Leitung der Templer zur Siedlung der Juden im Heiligen Land zu sein. Die Templer wehren sich heftig gegen Netters Vorhaltungen zu ihrem Siedlungswesen: „Wie kommt aber Herr Netter dazu, den Kolonisationsversuch der Tempel-Kolonien mit Sachkenntnis zu berichten, da er längere Zeit als Direktor der Anstalt Mikveh Israel in der Nachbarschaft unserer Kolonie bei Jaffa und unserer Ackerbaukolonie Sarona und in öfterem Verkehr mit uns gelebt hat." In der Bewertung der arabischen Einwohner des Landes scheint man einer Meinung zu sein: „Verdrängen kann man allerdings die Araber nicht, da sie die ungeheure Mehrheit und die rechtmäßigen Besitzer des Landes sind... Die Araber sind allerdings großenteils geneigt zum Diebstahl, zum Betrug und zur Lüge, und man muss daher in den Berührungen mit ihnen vorsichtig sein und Streitigkeiten mit ihnen möglichst vermeiden, weil die Gerichte selten nach dem Recht, sondern mehrenteils nach Bezahlung urteilen." Hoffmanns Antwortbrief endet mit den Worten: Den Juden ist zu raten, „lieber auf Auswanderung und Ansiedlung zu verzichten und in ihren bisherigen Wohnorten zu bleiben."

Die Anfänge von Petah Tiqwa waren äußerst mühsam. Schließlich aber stellte sich doch der Erfolg ein, und mit ihm fiel die erste große Einwanderungswelle jüdischer Kolonisten zusammen. Rasch folgte die Gründung weiterer Siedlungen. Zunächst erwuchs den Templern dadurch keine Konkurrenz. Im Gegenteil, die Zahl ihrer Kunden von handwerklichen und landwirtschaftlichen Produkten stieg deutlich an. Auch als Bauleute waren die Deutschen gefragt. Durch die nicht mehr abbrechende Entwicklung der Neugründung jüdischer Siedlungen fühlten sich die Templer allerdings herausgefordert, selbst weitere zu gründen. Dies sollte ihnen aber in den folgenden zwei Jahrzehnten nicht gelingen und danach nur in ganz seltenen Fällen. Dafür war kaum eine offizielle Siedlungspolitik der Türken verantwortlich zu machen, sondern vor allem das immense Ansteigen der Grundstückspreise durch den sich explosionsartig ausbreitenden Landkauf jüdischer Siedler und Gesellschaften. So wuchsen auch die Vorbehalte gegenüber den jüdischen Siedlungskonkurrenten. Sie wurden sogar von einzelnen Deutschen boykottiert, wobei sich die Templer aber meist selbst den größeren Schaden zufügten. Auch im Handel überflügelten die Juden bald das deutsche Marktangebot. Dafür sorgte zweifellos auch der ansteigende Geldstrom von Juden aus dem Ausland. Hier ist vor allem Baron Rothschild zu nennen. Wie sich der Sog nach Palästina allmählich in der Welt ausbreitete, belegt auch schon ein Artikel in „Die Warte des Tempels" vom 18. Juli 1867 über einen Beschluss nordamerikanischer Juden: „Es wurde beschlossen mitzuwirken zu Maßregeln um die Juden aus Serbien, der Moldau, Rumänien und der Berberei nach Palästina zurückzuführen und sie dort anzusiedeln." Bemerkenswert ist der Abdruck folgendes unter der Überschrift „Palästina als Ziel und Boden germanischer Auswanderung" stehenden Artikels in „Die Warte des Tempels" vom 13. August 1868: „Von größerer Wichtigkeit und Bedeutung (als die amerikanische Kolonie in Jaffa) ist jedenfalls das Projekt der Kolonisierung und wo möglich der Erwerbung Palästinas, mit dem man gegenwärtig in der jüdischen Welt allen Ernstes umgeht. Es scheint auch der unter dem Namen ‚Alliance israelite' bereits durch die ganze jüdische Welt verzweigte Bund, an dessen Spitze die namhaftesten Männer stehen, welche teilweise über bedeutende Finanzkräfte zu gebieten haben, dem Unternehmen nicht fern zu stehen, und diese dürften sogar bereit sein, dem Unternehmen große Summen zur Disposition zu stellen, sobald sie sich von der Ausführbarkeit desselben überzeugt haben… Diese Leute gehen nämlich mit dem Gedanken um, von der türkischen Regierung durch großartige Anerbietungen an Geld und finanziellen Vorteilen zu erwirken, dass das Land der Väter ihren Glaubensgenossen zur Einwanderung und Kolonisation geöffnet werde, mit dem Rechte, ihre inneren Angelegenheiten selber zu verwalten und einen eigenen Staat zu bilden unter der Oberhoheit der Pforte oder gar, wenn man türkischerseits darauf eingehen sollte, Palästina käuflich zu erwerben, um wieder eine eigene Heimat zu erlangen und ein besonderes, von den Übrigen auch äußerlich abgesondertes Volk zu werden." Wenn man bedenkt, dass diese Gedanken rund dreißig Jahre vor Herzls „Judenstaat" zu Papier gebracht wurden, legt es sich wieder einmal nahe, den Zionismus nicht als eine Neuschöpfung, sondern als eine Konsequenz aus kontinuierlicher jüdischer Sehnsucht zu verstehen und zu erklären. Er ist eben nicht nur ein Kind des europäischen Nationalismus, sondern in erster Linie die Frucht einer nie abgerissenen religiösen Tradition.

Auch im „Syrischen Waisenhaus" in Jerusalem wurden die Entwicklungen der jüdischen Einwanderung aufmerksam beobachtet. So steht schon in deren regelmäßig erscheinendem Berichtsheft „Der Bote aus Zion" Nr. 4 von 1891 über die große Zahl der jüdischen Zuwanderer (4.000 – 5.000) des zurückliegenden Jahres: „Ein stetiger Fortgang der Einwanderung in dieser Stärke würde allerdings in nicht allzu langer Zeit unser (sic! A.d.V.) Land mit Judenvolk überschwemmen. Es ist aber bereits seit einigen Monaten durch ein Verbot der türkischen Regierung in Konstantinopel dafür gesorgt, dass wir von weiterem Zuzug verschont bleiben. Die Veranlassung zu diesem Verbot soll eine Beschwerdeschrift der hiesigen Bevölkerung gegeben haben, welche ausführte, dass die Juden, weil fast ausnahmslos arm, dem Lande nur zur Last fallen und wegen der größeren Nachfrage zur Verteuerung der Lebensmittel beitragen." Wer hier mit der „hiesigen Bevölkerung" gemeint ist, ist nicht klar umrissen. Dass es die bereits im Land lebenden Juden sind, die solch eine Bittschrift verfassen, ist kaum anzunehmen, da sie selbst zur ärmeren Schicht der Landesbewohner zählen. Machen sich hier die von Europa eingewanderten Christen zu Sprechern der einheimischen, also mehrheitlich muslimischen Bevölkerung? Jedenfalls scheinen sie sich bereits zu den

Einheimischen zu zählen, die gegenüber Zuwanderern schon einen Anspruch anzumelden wagen. Im oben zitierten Artikel heißt es weiter: „Wenn man nun meinen sollte, dies sei ein Anfang der Rückkehr des Volkes Israel zum Ackerbaubetrieb in seinem ursprünglichen Heimatlande, so ginge man irre." Rischon ist nicht eine Kolonie, die dadurch entstanden wäre, dass eine Anzahl von Juden sich da Land gekauft hätte in der Absicht, dasselbe zu bebauen. Und dadurch sich den Lebensunterhalt zu beschaffen. Das Land wurde vielmehr (wie auch bei Pesach [sic!] tikwah, Samarin und Dirân) aus geschäftlichen und national-humanitären Rücksichten von dem mächtigen Judenkönig Rothschild in Paris angekauft und armen Juden in Verbindung mit Landeseingeborenen zur Bebauung übergeben. Nur da, wo jetzt Pesach tikwah steht, waren ursprünglich unter dem Namen Chowat Israel eine Anzahl jüdischer Grundbesitzer und Familien, die sich vom Landbau nähren wollten. Ihr ganzes Besitztum ist aber indes in die Hände Rothschilds übergegangen... Ohne Nötigung ackerbautreibende Israeliten, die wie es scheint aus alter Zeit sich im Lande selbst in unsere Zeit herübergerettet haben, soll es nur in einem Dorfe in der Nähe von Safed geben... Für gewöhnlich beschäftigen sich die hier lebenden Juden in Handwerksstätten und nehmen sich mit besonderer Vorliebe des Handels an, der zum größeren Teil bereits in ihre Hände übergegangen ist und manchem schon Reichtümer eingebracht hat. Nur ist ja ihre Zahl hier verhältnismäßig zu groß, als dass sie sich der Mehrzahl nach diesem Berufe widmen könnten; doch sind von den etwa 1.400 öffentlichen Kaufläden Jerusalems etwa 800 in jüdischen Händen." Auch in „Der Bote aus Zion" Nr. 3 von 1892 werden durchaus kritische Töne gegenüber den Juden angeschlagen: „Sie sind überall und nirgends daheim und auch geschickt, sich in neue Verhältnisse einzuleben, weil ihnen jedes Geschäft recht und anständig ist, wenn es Geld gibt und wenig Aufregung fordert... Zur Erkenntnis der christlichen Wahrheit zu kommen, wird ihnen von zwei Judenmissionsgesellschaften sehr leicht gemacht; aber bei denen, die dort ihr Heil suchen, ist die Triebfeder mehr das Verlangen nach irdischem Brot, als nach dem des Lebens, und dennoch ist und bleibt es unsere Christenaufgabe, zu suchen und selig zu machen alles was verloren ist." Nach diesem kurzen missionarischen Seitenhieb fährt der Autor fort: „Die Juden bauen und vergrößern Jerusalem fortwährend, besonders in der Richtung des Waisenhauses, gegen Westen und N.W. heraus und haben damit bereits das Syr. Waisenhaus überflügelt, so dass es nicht lange Jahre anstehen wird, bis dasselbe mitten in einem Judenquartier liegt."

Unter der Überschrift „Die Erwerbsverhältnisse in Palästina", schreibt T. Blanco in „Die Welt" Nr. 1 vom Januar 1900: „Jüdische Tischler sind hier gutbezahlte Arbeiter. Speziell in der Möbeltischlerei haben die Juden die Oberhand, und nur bei den Bauarbeiten zeigt sich die vorderhand noch geschultere Hand des christlichen deutschen Tischlers... Die Uhrmacher müssen sich auf das bloße Reparieren und wie überall auf den Handel beschränken. Der spottbilligen schweizerischen und deutschen Konkurrenz können unsere Uhrmacher vorderhand nicht begegnen... Der Handel Palästinas, den ich vor einiger Zeit schon an dieser Stelle besprochen habe, ist wohl schon ziemlich entwickelt, doch sind die tonangebenden Kaufleute nicht Juden, sondern Christen und Andersgläubige... Dass das bei einer intensiven jüdischen Einwanderung nicht so bleiben wird, ist klar... Vielleicht aber ist der nicht besonders lohnende Importhandel ein gutes Omen! Denn hoffentlich vereinigen sich schon bald jüdische Kräfte zu einer alle Bedürfnisse des Landes und seiner Bewohner umfassenden Tätigkeit, dann sind wir dem Ziele näher, das wir erstreben."

Eine weitere Information bietet der Artikel „Die allgemeinen wirtschaftlichen Verhältnisse von Jaffa und Jerusalem" in der jüdischen Zeitschrift „Palästina", Heft 2, Februar 1902: „Die deutsche Kolonie in Sarona zählt 270 Seelen. – Es ist unschwer zu verstehen, dass die deutschen Kolonisationsbestrebungen von deutscher Seite gern in ein helleres Licht gestellt werden. Da dies jedoch vielfach – wenn auch zweifellos unbeabsichtigt – auf Kosten des Ansehens der jüdischen Kolonisation geschieht, so dürfte es hier am Platze sein, den Umfang der deutschen Kolonisation im Heiligen Lande (nach Ziffern des ‚Baedeker‘ von 1900) festzustellen.

| | | |
|---|---|---|
| Jaffa | 350 | Seelen |
| Sarona | 270 | Seelen *(jährlich ca. 7000 hl Wein)* |
| Haifa | 362 | Seelen |
| Haifa | 160 | Seelen *(nicht zur Templergemeinde gehörig)* |
| Jerusalem | 400 | Seelen |
| Also in Summa | 1.542 | Seelen. |

Dem steht ein beträchtlich größerer Umfang der jüdischen Kolonisation in Palästina gegenüber, wie an anderer Stelle in diesem Hefte gezeigt ist. Außer den 5000 jüdischen Ackerbau-Kolonisten hat Palästina (mit Syrien) eine jüdische Einwohnerschaft von über 100.000.“

Die Pogrome in Russland 1903 bis 1905 gegen die Juden hatten eine weitere sehr große Auswanderungswelle, die sogenannte „Zweite Aliya“, aus Osteuropa zur Folge. In rund 10 Jahren wanderten bis zu 30.000 Juden nach Palästina aus. Ein weiterer Grund dieser gewaltigen Anstiegs mag auch darin liegen, dass nach Herzls Tod 1904 sich die Kräfte im Zionismus durchsetzten, die eine Beschleunigung der jüdischen Einwanderung befürworteten. Dazu wurden neue Organisationen und Gesellschaften gegründet, so der „Jüdische Nationalfond“, der erst den Erwerb von Landbesitz für die Juden im großen Stil in Palästina ermöglichte.

Fritz Lorch, ein aus Palästina nach Stuttgart zurückgekehrter deutscher Siedler bekam die Möglichkeit, in der „Warte“ seine sehr kritische Meinung über die stark wachsende Siedlungsaktivität der Juden zu veröffentlichen. Er sprach sogar von einer ernsten Gefahr und von einem bevorstehenden Ringen zwischen Juden und Deutschen in Palästina. Lorchs Kampfruf zeigte Wirkung in der Heimat. Seine Kritik wurde lauter und bedrohlicher. Er unterstellte den Juden, die mehrheitlich

aus Russland kamen, sie würden den Revolutionsgedanken mit expor-
tieren und die Türkei in ihrem traditionellen Regime gefährden. Er
ging soweit, den Zionisten zu unterstellen, sie wollten die muslimischen Araber Palästinas angreifen. Lorch schlägt sogar vor, gegen die
Juden ins Feld zu ziehen. Das antisemitische Gedankengut, das anfänglich schon unter den Templern verbreitet war, bekam nun wieder Auftrieb. Dies wiederum blieb den jüdischen Einwanderern in Palästina
nicht verborgen. Neben solchen, die deutschen Pioniergeist lobten,
nahm die Zahl der Deutschen gegenüber feindlich eingestellten Juden
deutlich zu. Die Tatsache, dass die Herausgeber der „Warte" Fritz
Lorch so viel Raum für seine kritischen bis aggressiven Ansichten über
die Juden und ihre Siedlung in Palästina zur Verfügung stellten, muss
ebenso als eine grundlegende Geisteshaltung der Templer in dieser
Epoche gewertet werden. Lorch ging schließlich so weit, dass er
behauptete, die Juden seien auf dem Weg, ein jüdisches Reich mit
Zentrum Jerusalem zu errichten und anstrebten, auch in Syrien und
Mesopotamien zu siedeln. Auffallend ist, dass die jüdische Zeitung
„Die Welt" sehr zurückhaltend war in der Beurteilung deutscher
Siedlungstätigkeit in Palästina und in der ablehnenden Haltung der
deutschen gegenüber den jüdischen Siedlungsrivalen. Dies erklärt sich
nicht zuletzt daraus, dass nicht wenige der jüdischen Einrichtungen,
Institute und Organisationen in Deutschland ihren Sitz hatten. Auch
übte die jüdische Presse Zurückhaltung in zum Teil durchaus berech-
tigter Kritik an der deutschen Haltung gegenüber den jüdischen
Siedlern. Man wollte es mit der deutschen Regierung nicht verderben, weil durchaus zu befürchten war, Deutschland könne die weitere
jüdische Siedlungspolitik ablehnen, um die freundschaftlichen Beziehungen des Deutschen Reiches zur Türkei nicht zu gefährden. Überhaupt
zeigte sich „Die Welt" meist wohlwollend gegenüber deutschen Siedlern
und deutschen Interessen überhaupt. Auch die weitgehend gemeinsame
Sprache sah man dort als hilfreich und verbindend an. Die Mehrheit der
Juden sprach Jiddisch und verstand somit Deutsch. Dadurch ergaben sich
deutlich mehr Handelsbeziehungen mit deutschen als mit englischen

Unternehmen. 1912 wurde der Sitz der „Warte" nach Jerusalem verlegt und erhielt fortan den Namen „Jerusalemer Warte". Grund dafür war nicht zuletzt das Angebot des deutschen Konsulats, die Warte künftig zur Veröffentlichung ihrer amtlichen Nachrichten an alle Deutschen in Palästina zu nutzen. Nun planten die Herausgeber sogar, aus ihrer bislang wöchentlich erscheinenden eine Tageszeitung zu machen. So wuchs der Einfluss der Templer in der Öffentlichkeit Palästinas. Von England aus gesehen, schienen sich die deutschen Interessen mit denen der Zionisten zu verbinden. Die Vorwürfe gingen so weit, dass man der deutschen Regierung unterstellte, die Sache des Zionismus zu unterstützen, um dem Einfluss Englands in Palästina zu schaden. Die Verlegung der Warte-Redaktion nach Jerusalem bewirkte auch eine deutlich vernehmbare Änderung in der Haltung der Templer gegenüber den Juden. Das Verhältnis verbesserte sich auch in der Zusammenarbeit. Leider kam es durch den Ausbruch des 1. Weltkriegs nicht mehr zur Eröffnung des geplanten gemeinsamen jüdisch-deutschen Technikums in Haifa mit Unterrichtssprache Deutsch. Die Juden bevorzugten es auch in anderen Projekten mit den Deutschen und nicht mit den Engländern zusammenzuarbeiten. So gab es gemeinsame Anstrengungen und Koordination auf den Gebieten Forstwirtschaft, Medizin und Landwirtschaft.

Mit Argwohn beobachteten Zionisten und Deutsche in Palästina das französische Vordringen in Palästina. Die deutsche Regierung nutzte nun zunehmend die Templer als ihre eigenen Interessenvertreter vor Ort. Gleichzeitig unterstützte sie die Interessen der Zionisten in Konstantinopel. Schließlich folgten die deutschen Siedler in Palästina auch der politischen Linie Berlins und arrangierten sich mit der jüdischen Seite. Das Bevorstehen eines Krieges brachte zudem die beiden Siedlergruppen einander näher. Damit verstummte auch weitgehend jüdische Kritik an den deutschen Siedlern. Man stand sich von vornherein näher als den Engländern oder gar den Franzosen.

# Jüdische Reaktionen auf die Gründung
# christlicher Siedlungen

Das Verhältnis zwischen jüdischen und christlichen Siedlern wurde zunehmend belastet. Misstrauen und Missgunst blieben nicht aus. Dass es nicht nur Vorurteile der Deutschen gegenüber den Juden gab, sondern auch umgekehrt, dafür zitiert A. Carmel in seinem Buch „Die Siedlungen der württembergischen Templer in Palästina 1868 – 1918" auf Seite 269 ein einschlägiges Beispiel aus der hebräischen Zeitung „Hazewi" von 1885: „Der Deutsche, dessen Art es ist, bei der Ankunft im fremden Land schon zu hassen und der, auch nachdem er längere Zeit selbst jahrelang dort gelebt hat, nicht aufhört, Abneigung gegen das Land und seine Bewohner zu hegen; und dessen ganzes Streben darauf geht, seine Taschen zu füllen und ins ‚Vaterland' heimzukehren... wird dem Bewohner des Landes niemals etwas zu verdienen geben und ihn keine Arbeit machen lassen, die von seinen eigenen Leuten gemacht werden kann; und so wird er allmählich auf allen Wegen den Reichtum des Landes abschöpfen und nichts dafür geben; und auch seine Klugheit und sein Können behält er nur für sich; und er würdigt den Einheimischen keines Blickes, um seine Fähigkeiten zu entwickeln und ihm die Augen zu öffnen und ihm zu helfen, seine Unwissenheit zu überkommen, damit er ein Wissender werde. So verhalten sich die Deutschen immer und überall, in allen Ländern und zu allen Völkern, in deren Mitte sie leben. Aber in ihrer Beziehung zu den Juden haben sie (die deutschen Siedler in Palästina) ihre Maske fallen lassen und zogen zu offenem Kampf gegen sie aus." Wie weit diese Vorwürfe auf die Templer zutrafen, sei dahingestellt. Dennoch müssen sie als latent vorhanden registriert werden. Ein Zeugnis für gegenseitigen Argwohn, der diese Zeit zweifelsohne prägte.

In Haifa kam es zunehmend zu gegenseitigen Empfindlichkeiten zwischen jüdischen und christlichen Siedlern. Über die Deutschen ist Folgendes in der Hebräischen Zeitung von Jerusalem „Habazeleth" vom 3. März 1888 in deutscher Übersetzung und zitiert nach A. Carmel (s.o.) zu lesen: „...die in ihrem Hass gegen unsere Brüder schon in ihrem Vaterland die Feindschaft gegen die Söhne Sems [Antisemitismus] priesen." Über einen deutschen Angestellten des Baron Rothschild heißt es: „...in dessen Augen ein Fingernagel eines deutschen Templers mehr gilt, als die Mägen aller (jüdischen) Bewohner der Kolonie zusammen." Auf jüdischer Seite wird offensichtlich von den deutschen Kolonisten nicht viel gehalten, weil sie „dabei großen Reichtum anhäufen und sich vom Ruin der jüdischen Kolonisten satt machen."

Unter den Templern hatte sich schon die Ansicht verbreitet, die Juden müssten ihnen dafür dankbar sein, dass sie ihnen den Weg zur Siedlung in Palästina bereitet hätten. Es ist zu beobachten, dass die hebräischen Zeitungen in Palästina kaum noch positive Berichte über die Tätigkeit der Templer brachten. Auch in „Die Warte des Tempels" fanden sich nur noch wenig anerkennende Worte über die jüdische Kolonisierung. Das gegenseitige Misstrauen wuchs. Man vermied zunehmend, für die Arbeit der jeweils anderen Seite großes Interesse zu zeigen. In der jüdischen Zeitung „Hazewi" stand: „Können wir den Worten... der Warte..., die uns Honig um den Mund schmiert und Nektar an das Volk Israel austeilt, Glauben schenken, wenn sie freudig über die Stärkung der Juden in diesem Lande spricht?" Die Zahlen sprechen eine eindeutige Sprache: In den 90er Jahren gab es neben bereits rund 50.000 Juden nur ca. 1.500 Deutsche. Waren anfänglich die deutschen Siedlungen in Struktur, Organisation und äußerem Zustand den jüdischen deutlich überlegen, so begann aber bald eine Entwicklung auf der anderen Seite, deren Fortschritt nicht mehr aufzuhalten war. Es war das rasche Erblühen der zionistischen Bewegung, veranlasst durch Theodor Herzl. Nun sah man sich einer nicht mehr zu stoppenden, bestens organisierten Einwanderung gegenüber. Ein fester politischer Wille wurde dahinter wahrnehmbar. Durch das Erscheinen der (deutschsprachigen) zionistischen Wochenzeitung „Die Welt" ab 1897 konnten sich nun die Deutschen ein klares Bild von den Zielen dieser großen jüdischen Bewegung machen und deren Fortschritte und Ziele in ihrer Muttersprache verfolgen. Mehr und mehr fühlten die Templer sich provoziert und infrage gestellt. Entsprechend ihre Reaktion in „Die Warte des Tempels": „Die an der Spitze der zionistischen Bestrebungen stehenden Männer (haben) ihre Aktion nicht ungeschickt eingefädelt, indem sie in erster Linie die Macht des jüdischen GOLDES spielen lassen... Diese Kolonialbank wird sie in die Lage versetzen, dem Sultan die Sanierung der türkischen Finanzen anzubieten für die Genehmigung der jüdischen Besiedlung Palästinas... Dass Palästina als bloße, wie gestaltete ‚Heimstätte' für das talmudische Judentum unserer Tage NICHT dem entsprechen würde, was die biblische Weissagung über die Bedeutung Jerusalems und Palästinas für die ganze Welt in Aussicht stellt, bedarf, wie wir meinen, keiner besonderen Betonung, obwohl man in manchen sogenannten ‚weissagungsgläubigen' christlichen Kreisen anderer Ansicht zu sein scheint." Hier wird angesichts der unaufhaltbaren Zionismusbewegung theologisch argumentiert, das Anliegen der Juden sei nicht biblisch und deshalb falsch. Die eigene Position danach zu befragen, ob sie biblischem Zeugnis entspräche, war nicht in den Blick gekommen.

In „Die Warte des Tempels" vom 03.02.1898 ist zu lesen, dass es unverständlich sei, „warum die beiden Bestrebungen des Zionismus und des Tempels, die so viele Berührungspunkte haben, sich von vornherein feindlich gegenüberstehen müssten." Den anschließenden Gedanken gibt A. Carmel in „Die Siedlungen der württembergischen Templer in Palästina" mit eigenen Worten wieder: Es gibt ja in Palästina genug Platz; und wenn die Juden ihre zukünftigen Einwanderer zum Beispiel in die deutschen Kolonien schicken würden, um die notwendige Vorbereitung zur Landwirtschaft zu bekommen, dann könnten sogar die Deutschen einige Vorteile von den Juden haben." Carmels anschließende Bewertung ist sehr aufschlussreich: „Die Zionistische Organisation reagierte nicht auf die Stellungnahme der Templer. Wegen ihrer geringen Verbreitung hatte die *Warte* kaum einen Einfluss auf die öffentliche Meinung, weder in Palästina noch im Ausland." Dieses Größenverhältnis zwischen der großen zionistischen Bewegung und ihrer Öffentlichkeitsarbeit einerseits und dem überschaubaren Projekt der Templerkolonisation mit ihrem einzigen Presseorgan der Warte darf bei allen Bewertungen und Vergleichen nicht außer Acht gelassen werden. So schreibt Carmel in der realistischen Einschätzung der Proportionen mit Recht: „Es war also überflüssig, einen Aufklärungsfeldzug gegen die Vorwürfe der Templer zu führen..."

Unterschiede in der Bewertung jüdischer und christlicher Siedlungstätigkeit ergaben sich nicht nur aus der Zugehörigkeit zur einen oder zur anderen Gruppe. Unterschiede gab es auch innerhalb der Gruppe durch die jeweils verschiedene Position des Beobachters. Dass es auch innerhalb der Darstellung eines Einzelnen unterschiedliche Akzente und sogar Widersprüche gab, zeigt das Beispiel Professor Dr. Otto Warburgs. Er schreibt in der ersten Nummer der Zeitung „Altneuland" von 1904, dass es einen „modus vivendi" des Umgangs von Juden und Christen in Palästina anzustreben gelte. In seinem Artikel bescheinigt er den Templern große Fähigkeiten insbesondere in der Landwirtschaft. Vor allem hebt er deren „schwäbische Zähigkeit" hervor. Dennoch konstatiert er ihnen, dass „deutsche Kolonisation (im Mittelmeergebiet) keinerlei Aussicht, eine große Bedeutung zu erlangen" habe.

Eine klare und nicht zu überhörende Situationsbewertung gibt A. Carmel (a.a.O., S. 280): „Die Templer konnten sich anscheinend nicht damit abfinden, dass das eingetreten war, was sie befürchtet hatten. Da kommen die Zionisten daher, die (nach Meinung der Templer) ohne sie niemals gewusst hätten, was Palästina ist, und versichern ihnen, dass sie keinen Grund zu Besorgnis haben und auch künftig als geachtete Minderheit im Heiligen Land bleiben können. Das ist nichts anderes als typisch jüdische Frechheit, der der Zionismus ein gerüttelt Maß an Selbstsicherheit verliehen hat – so dachten wohl manche Templer. Daher wollen sie vom Zionismus nichts hören und auch nichts über ihn." Innerhalb der sehr sachlichen Darstellung Carmels nehmen diese etwas spekulativen Sätze eine Ausnahmestellung ein. Wenn er auch vermutlich nicht ganz Falsches über die Templer sagt, so ist hier bei dem ansonsten sehr zitierfreudigen Historiker ein Textzeugnis zu vermissen.

## Jüdische und christliche Bewertung
## der arabischen Bevölkerung

Interessant ist, dass weder die jüdischen noch die christlichen Siedler in Palästina sich grundsätzliche Gedanken über das Schicksal und den Verbleib der arabischen Bevölkerung des Landes machten. Auf beiden Seiten sah man sie außerstande, die Entwicklung ihres eigenen Landes und ihrer Gesellschaft voranzubringen.

Geradezu visionär ist Kurt Blumenfelds Einschätzung der Lage in einem Brief vom 28. September 1842 an Georg Landauer in Jerusalem: „Es ist unfassbar, dass es heute noch Politiker gibt, welche die palästinensische Judenfrage behandeln zu können glauben, ohne zugleich die arabische Frage und die Angelegenheiten der Länder des Nahen Ostens und wahrscheinlich sogar des ganzen östlichen Mittelmeers im Zusammenhang damit zu behandeln."

# Christliche und jüdische Israelsehnsucht

Der Zwang in Ghettos zu leben hat die Juden in Deutschland seit dem Mittelalter geprägt. Vom 10. bis zum 19. Jahrhundert wurden sie ausgegrenzt: Keine Möglichkeit zu politischer Verantwortung, keinerlei Anrecht auf staatsbürgerliche Rechte und keinerlei garantierte Ansprüche auf Sicherheit und Besitz. Wohnrecht konnte jeder Landesherr und jede Bürgerschaft verweigern. Wo es gewährt wurde, bestand aber die Pflicht, nur in ausgegrenzten Gebieten zu wohnen. Sicher sind solche gemeinsamen Wohngebiete zunächst aus dem natürlichen Bedürfnis einer jeden Gruppe in einem vielfältigen Gemeinschaftswesen, sich möglichst zusammenzutun, entstanden. Dieses Wohnen in getrennten Vierteln hat eine lange Geschichte. So wohnten die Juden schon in den römischen Städten von anderen Volksgruppen und Religionsgemeinschaften getrennt. Es war auch ein von den Osmanen konsequent durchgeführtes System des „Herrsche-und-Teile"-Prinzips, wie an der Aufteilung der Altstadt von Jerusalem in getrennte Stadtviertel bis heute zu erkennen ist. Es ist unschwer zu verstehen, dass der Drang der Juden in ein freies Land, in dem sie keinerlei räumlicher und rechtlicher Begrenzung ausgesetzt sein würden, ungeheuer groß war. Man suchte Neuland, in dem man sich ungehindert entfalten konnte. Umso mehr fällt auf, dass das Siedeln in Palästina, sowohl von den Christen, als auch von den Juden fast ausschließlich in religiös und ethnisch homogenen Kolonien geschah. Sicher geschah dies auch wiederum aus dem natürlichen Bedürfnis nach Vertrautheit in einer fremden Umgebung. Dass darin aber von Anfang an auch das Prinzip der Ausgrenzung angelegt war, ist bei Juden wie Christen, insbesondere bei den chiliastischen Gruppen festzustellen. Die Templer zum Beispiel strebten ein eigenes, vorbildliches Gemeinwesen an, das nur Gleichgesinnten offen stand. Bei den Juden ist diese Gefahr ebenso wenig nachhaltig auszuschließen.

Trotz der gelegentlich ins Schwärmerische gesteigerten Israelbegeisterung der Templer in ihrer württembergischen Heimat, muss in besonderer Weise betont werden, welche großartige Pionierleistung beim Aufbau Palästinas in der Neuzeit ihnen zu danken ist. Die Kolonisierung des Landes in der Zusammenarbeit zwischen jüdischen Neusiedlern und Templern gelang trotz gelegentlicher Differenzen und Rivalitäten.

Wenn in der theologischen Diskussion im Blick auf die Staatsgründung Israels in der Neuzeit so häufig von „Kontinuität" die Rede ist, zeigt sich gerade darin, dass es offensichtlich dabei um einen Anspruch und nicht um ein geschichtliches Faktum geht. Gewiss, die Sehnsucht blieb kontinuierlich erhalten. Hinsichtlich des konkreten Besitzes des Landes aber gibt es eben nur Diskontinuität. Gerade das ist ja das Besondere, was in vielen kirchlichen Resolutionen, Denkschriften und Statements mit dem Begriff „Treue Gottes" zum Ausdruck gebracht wird. Die wird aber von Christen wie Juden gleichermaßen beteuert. So hat die Israelsehnsucht beider dieselbe Wurzel. Das erneuerte Interesse am Heiligen Land im 18. und 19. Jahrhundert teilen Juden und Christen. Daraus bezieht auch der Zionismus seine Vitalität. Ganz sicher aber ist er nicht nur ein Kind des europäischen Nationalismus. Er sah sich auch im Zugzwang gegenüber der aufflammenden Israelbegeisterung der Christen. Dies wird meines Erachtens in den mir zugänglichen historischen Darstellungen kaum genannt. Das aber hat doch Konsequenzen. Die weitverbreitete These, dass der Zionismus in seinen Anfängen eine rein säkulare Bewegung gewesen sei, lässt sich nicht unwidersprochen aufrecht erhalten. Der Zionismus ist im Kern die prophetische Vision von der Völkerwallfahrt zum Berg Zion, eine tiefe religiöse Verwurzelung eigener Existenz. Dies ist latent oder offen ausgesprochen auch das Selbstverständnis des Staates Israel. Eine rein politische Begründung würde der großen Zahl der Freunde Israels unter Juden und Christen weltweit keineswegs genügen. Wie die so wichtige Auseinandersetzung zwischen politischen Zionisten und sogenannten Protestrabbinern schon gleich zu Beginn der Bewegung des Zionismus Ende der 19. Jahrhunderts letztlich nicht zugelassen wurde, so unterblieb sie in der nötigen Ernsthaftigkeit bis heute. Ein künftig mit seinen Nachbarn im Nahen Osten in Frieden lebender Staat Israel wird nicht zuletzt sich dieser innenpolitischen latent vorhandenen Ungereimtheit stellen müssen.

# Christlicher Zionismus heute

Theodor Herzls zionistische Initiative fand ein unmittelbares Echo auf christlicher Seite. Noch im selben Jahr 1896, als dessen „Der Judenstaat" erschien, wurde es von dem anglikanischen Chaplain der britischen Botschaft in Wien, William Hechler gelesen. Unmittelbar darauf bot er Herzl seine Dienste an. Es war ganz im Sinne Herzls, insbesondere Nichtjuden als Beistände für sein großes Projekt zu gewinnen. Er war sich im Klaren, dass die oberen Schichten der Juden (er nennt sie in seinem Tagebuch „upper Jews") in Mitteleuropa sich eher von gebildeten Christen, als von Juden der unteren Klasse beeinflussen ließen. Und im Blick auf die von Botschafts-Chaplain Hechler angebotenen Dienste schreibt Herzl: „ein feines Instrument für meinen Zweck". Schon im Pietismus und in der Erweckungsbewegung war das, was man später „christlichen Zionismus" nannte in Form von Philosemitismus vorhanden. Der war zunächst in England mehr verbreitet als in Deutschland. Wann genau der Begriff „christlicher" Zionismus geprägt wurde, ist nicht mehr auszumachen. Aber um die Jahrhundertwende sprach man schon von „Zionsfreunden". Da der Zionismus selbst eine genuin jüdische Bewegung ist, lässt sich der Begriff „Christlicher Zionismus" mit Recht hinterfragen. Inzwischen hat er sich aber eingebürgert und steht für eine in der Regel eher konservativ-evangelikale Position, die sich erst im 20. Jahrhundert deutlich artikulierte. In der 1. Hälfte des Jahrhunderts waren die meisten christlichen Zionisten in Großbritannien zu finden. Nach und nach aber wurden sie in den USA zahlreicher, wo sie sich heute uneingeschränkt für den Staat Israel und dessen Politik gegenüber den Palästinensern einsetzen. Christliche Zionisten verstehen sich als Philosemiten. Darin unterscheiden sie sich durchaus von den chiliastisch geprägten Gruppen des 19. Jahrhunderts in Deutschland, insbesondere in Südwestdeutschland, die sich trotz ihrer Nähe zu den Juden, immer wieder deutlich von ihnen abgrenzten. Der zeitgenössische christliche Zionist beansprucht tiefere Einblicke in Gottes Heilsgeschichte. Er deutet die biblischen Texte als unmittelbar auf das gegenwärtige Zeitgeschehen hinweisende Weissagungen.

# Zusammenfassung

Der Aufbruch der Juden im 19. Jahrhundert ins verheißene Land ihrer Väter hat nicht nur den nationalen Gedanken als äußeren Antrieb. Eine ganze Reihe von Beweggründen und Anlässen trugen dazu bei. Die Judenemanzipation hatte einerseits zwar zu größerer Freiheit geführt, andererseits aber auch die Assimilierung zur Folge gehabt, durch die den Juden ihre Identität verloren zu gehen drohte. Die Judenmission in Europa tat ein Übriges, dass die Juden diesen Aktivitäten zu entkommen suchten. Die erwachende Zionssehnsucht unter Pietisten und Erweckten mit ihrem Aufbruch nach Palästina hat die jüdische Hoffnung auf die Rückkehr in ihr Land zusätzlich entflammt.

Dass unter den in Palästina siedelnden Christen die religiöse Motivation vorherrschend war, steht außer Zweifel. Sicher waren deren Argumente sehr verschieden. Die Templer wollten sich als ‚Volk Gottes‘ im gelobten Land sammeln. Die diversen Missionsgesellschaften wollten die Juden missionieren. Kirchliche, soziale und Bildungseinrichtungen sahen ihren Auftrag an den Armen und Schwachen in der Bibel begründet. Im Gegensatz dazu betonten die Zionisten ständig, ihre Motivation sei rein national. Es ist anzunehmen, dass dies eine wiederkehrende Zweckbehauptung ist. Man möchte keinesfalls mit eifernden Christen in Konkurrenz treten, da deren Aktivitäten keinen großen Anklang in der Weltöffentlichkeit fanden. Handeln aus nationalen Gründen aber war in jener Zeit en vogue. Es ist auffallend, wie zurückhaltend die jüdische Presse in Deutschland mit Kritik an den Siedlungsaktivitäten der Christen in Palästina war. Man wollte es mit der deutschen Regierung nicht verderben. Die jüdische Siedlungspolitik sollte bei der befreundeten türkischen Regierung nicht in Misskredit gebracht werden. Im Gegensatz dazu nahm die in Palästina erscheinende jüdische Presse diesbezüglich kein Blatt vor den Mund. Dort sind kaum noch positive Berichte über die Templer zu finden. Die „Warte" würden ihnen Honig um den Mund schmieren und Nektar an das Volk Israel austeilen. Die Juden würden die Macht des „jüdischen Goldes" spielen lassen. Die Templer, so A. Carmel, seien der Meinung gewesen, die Zionisten hätten ohne sie niemals gewusst, was Palästina ist. Allerdings misst Carmel den Äußerungen des Presseorgans der Templer keine große Bedeutung bei, da es sowohl in Palästina wie in Deutschland nicht sehr verbreitet war. Die Templer aber blieben bei ihren Vorbehalten gegenüber der Rückkehr der Juden nach Palästina „solange sie auf ihrem Irrtum beharren." Und sie waren sehr von ihrem eigenen Vorbild überzeugt; es würde die Juden zum Eifer reizen. Sie gingen noch weiter und nannten Palästina „Ziel und Boden germanischer Auswanderung." Die Deutschen in Palästina würden den „Reichtum des Landes abschöpfen und nichts dafür geben." Kritik an den Aktivitäten der Templer und ähnlich motivierter Gruppen übten auch Bischof Samuel Gobat, Johann Ludwig Schneller, Conrad Schick und Johannes Zeller. Gobat spricht sogar von der „sogenannten Sammlung des Volkes Gottes in Jerusalem" und nennt ihr Tun „Schreckbild".

Ein weiteres Ergebnis dieser Recherchen ist die Erkenntnis, dass die fast schon zur Formel erstarrte ausschließliche Beschuldigung der Nationalsozialisten für das Ausmaß dieser Holocaust-Katastrophe nicht mehr zur Entlastung des eigenen Gewissens der „anderen" oder „nachgeborenen" Deutschen gelten darf. Der Judenhass war schon in den vorangehenden Jahrhunderten in Kirche und Gesellschaft so verbreitet, dass die Nationalsozialisten diesen latent vorhandenen Hass nur noch neu entfachen und auf ihre Mühlen leiten mussten.

Das Neben-, Mit- und Gegeneinander von Christen und Juden – insbesondere im 19. Jahrhundert – lässt sich kaum exakt entflechten und darstellen. Es kann und muss in seiner Differenziertheit und seinem stets fließenden Zustand wahrgenommen und ausgehalten werden. Je präziser die Details einer historischen Beschreibung benannt werden, desto mehr nähern sie sich einer punktuellen Momentaufnahme, die in der Gefahr ist, die kontextuelle Bewegung zu vernachlässigen. In jedem Fall muss festgehalten werden, dass sich das Verhältnis christlicher, insbesondere pietistischer bzw. erweckter Kreise gegenüber den Juden im 19. Jahrhundert zwischen Hochachtung und Missachtung bewegte. Dazu kam, dass man seinerzeit so gut wie nicht miteinander, höchstens übereinander, meist aber gegeneinander redete.

Inzwischen gehen die meisten christlichen Theologen davon aus, dass Gott seinen Bund mit Israel nie gekündigt hat. Erst wo dies anerkannt wird, kann die Kirche an dieser Erwählung teilhaben. Dies ist der entscheidende Paradigmenwechsel, der einen Dialog erst möglich macht. Synagoge und Kirche können nur gemeinsam ein glaubwürdiges Zeugnis für den Frieden abgeben. Beide bleiben aufeinander angewiesen. Wenn wir es zuwege bringen, dass nicht nur evangelikale Christen und konservative Juden ihr gemeinsames Interesse artikulieren, sondern dass auch die Sehnsüchte orientalischer Christen, aufgeklärter Muslime und jüdischer wie christlicher Theologen wahrgenommen und ernstgenommen werden, dann müsste sich die Politik große Mühe geben, Schritt zu halten.

In diesen Prozess muss aber umgehend auch der Islam einbezogen werden. Hier gilt es noch einiges aufzuarbeiten. Bei der Zuwanderung nach Palästina im 19. Jahrhundert machten sich weder Juden noch Christen Gedanken über die Zukunft der Araber in dieser Region. Man traute es ihnen einfach nicht zu, die Entwicklung ihres Landes und ihrer Gesellschaft voranzubringen. Diese mangelnde Sensibilität ist also nicht nur bei den Juden beziehungsweise bei den heutigen Israelis auszumachen und anzuprangern. Es steht auch in einer christlichen Tradition, die den Landesbewohnern damals den nötigen Respekt verweigert hat.

Und weil der Friede nicht teilbar ist, gehören auch die anderen Religionen mit eingeladen. Allen ist gleichermaßen aufgegeben, die verschütteten Ressourcen des Friedens in ihrer eigenen Glaubenstradition wieder freizulegen.

# Zeittafel

| | |
|---|---|
| 1738 | Hinrichtung von Joseph Oppenheimer (gen. Jud Süß) |
| 1791 | Bürgerliche Gleichstellung von Juden durch die Französische Nationalversammlung |
| 1794 – 1796 | Erscheinen von Heinrich Stillings vierbändigem Werk „Das Heimweh" |
| 1797 – 1799 | Napoleons Feldzug in den Nahen Osten |
| 1800 | Johann Jakob Friedrichs Schrift „Glaubens und Hoffnungs-Blick des Volkes Gottes in der antichristlichen Zeit" |
| 1807 | König Friedrich von Württemberg verbietet die Auswanderung seiner Untertanen |
| 1808 | Erste Ansiedlung von Juden in Württemberg durch König Friedrich |
| 1819 | Hepp-Hepp-Pogrome in deutschen und europäischen Städten |
| 1823 | Beginn der „Londoner Judenmission" in Jerusalem (Zionsberg) |
| 1828 | „Gesetz in Betreff der öffentlichen Verhältnisse der israelitischen Glaubens-Genossen" von König Wilhelm I. in Württemberg erlassen |
| 1832 | Ibrahim Pascha aus Ägypten erobert Palästina und residiert in Jerusalem |
| 1841 | Gründung des gemeinsamen Bistums von Anglikanern und preußischen Protestanten. (Bestand in dieser Form bis 1886) |
| 1845 | Beginn der Herausgabe der „Süddeutschen Warte" durch Christoph Hoffmann |

| | |
|---|---|
| 1846 | Die Chrischonabrüder Schick und Palmer werden von Spittler nach Jerusalem entsandt |
| 1847 | Beginn der Gleichberechtigung von Juden in Preußen (Österreich: 1867; Italien 1870; Deutsches Reich: 1870; 1871: England; 1874: Schweiz) |
| 1848 | Kosakenaufstand in Polen mit 100.000 getöteten Juden |
| 1848 | Die „Londoner Juden-Missionsgesellschaft" gründet das „House of Industry" in Jerusalem |
| 1849 | Einweihung der „Christuskirche" beim Jaffator durch Bischof Gobat |
| 1851 | Beginn der Kaiserswerther Diakoniearbeit in Jerusalem durch Theodor Fliedner |
| 1852 | Gründung des „Jerusalem-Vereins" |
| 1854 | Johann Ludwig Schneller wird Hausvater des Brüderhauses in Jerusalem |
| 1854 | Gründung der „Gesellschaft für die Sammlung des Volkes Gottes in Jerusalem" (Templer) in Ludwigsburg |
| 1856 | Die Londoner Juden-Missionsgesellschaft gründet zwei Schulen für Mädchen und Jungen in Jerusalem |
| 1858 | Bau des Österreichischen Hospizes in Jerusalem |
| 1859 | Gründung der „Templergesellschaft" |
| 1859 | Bruch der „Templer" mit der Württembergischen Landeskirche |
| 1860 | Gründung des „Syrischen Waisenhauses" durch Johann Ludwig Schneller in Jerusalem |
| 1860 – 1904 | Theodor Herzl |
| 1861 | Zwi Hirsch Kalischer in Polen ruft zur Kolonisierung Palästinas auf |
| 1864 | Bau der Synagoge der Aschkenasim in Jerusalem |

| 1864 | Endgültige Gleichstellung der Juden in Württemberg durch König Karl: „Gesetz betreffend die bürgerlichen Verhältnisse der israelitischen Glaubensgenossen" |
| 1866 | Bau der ersten Straße von Jaffa nach Jerusalem |
| 1868 | Einweihung der Mädchenschule mit Internat „Thalita Kumi" (Beginn der Arbeit: 1856) |
| 1869 | Der Sultan schenkt das „Muristan"-Grundstück bei der Grabeskirche der preußischen Krone |
| 1870 | Beginn des jüdischen Siedlungswerks in Palästina |
| 1871 | Eröffnung des Deutschen Konsulats in Jerusalem |
| 1873 | Verwüstung und Plünderung jüdischer Geschäfte in Stuttgart |
| 1873 | Gründung der deutschen Tempelgemeinde „Rephaim" / Jerusalem (sog. Deutsche Kolonie) |
| 1877 | Konstituierung des „Deutschen Palästinavereins" in Leipzig |
| 1878 | Gründung der jüdischen Großsiedlung „Petah Tiqwa" in Palästina |
| 1877 – 1878 | Türkisch-Russischer Krieg |
| 1878 | Friede von San Stefano |
| 1878 | Berliner Kongress |
| 1881 – 1903 | „Erste Aliya". Erste große Auswanderungswelle europäischer Juden nach Palästina |
| 1882 | Aufforderung zur Siedlung im Heiligen Land durch Leo Pinskers Schrift „Auto-Emanzipation" |
| 1884 | „Der Bote aus Zion" erscheint zum ersten Mal |
| 1889 | Gründung der „Evangelischen Jerusalem-Stiftung" |
| 1890 | Prägung des Begriffs „Zionismus" durch Nathan Birnbaum aus Wien |

| | |
|---|---|
| 1892 | Eröffnung der Bahnlinie Jaffa-Jerusalem |
| 1896 | Theodor Herzls „Der Judenstaat" erscheint |
| 1897 | 1. Zionistenkongress in Basel |
| 1897 | Die deutschsprachige zionistische Wochenzeitung „Die Welt" erscheint zum ersten Mal |
| 1898 | Einweihung der evang. „Erlöserkirche" in Jerusalem im Beisein des deutschen Kaisers |
| 1898 | 2. Zionistenkongress |
| 1899 | 3. Zionistenkongress |
| 1900 | 4. Zionistenkongress |
| 1901 | 5. Zionistenkongress |
| 1901 | Gründung des „Jüdischen Nationalfonds" in Basel |
| 1903 | 6. Zionistenkongress |
| 1904 | Beginn der jüdischen Zeitung „Altneuland" |
| 1903 – 1905 | Pogrome gegen Juden in Kischniew |
| 1905 | 7. Zionistenkongress |
| 1907 | 8. Zionistenkongress |
| 1909 | 9. Zionistenkongress |
| 1911 | 10. Zionistenkongress |
| 1913 | 11. Zionistenkongress |
| 1904 – 1914 | „Zweite Aliya". Die zweite große Auswanderungswelle europäischer Juden nach Palästina (30.000) |

# Literatur *(19. Jahrhundert und älter ist hervorgehoben)*

1 Akel, Samir, Der Pädagoge und Missionar Johann Ludwig Schneller und seine Erziehungsanstalten (Dissertation), Bielefeld 1978

2 Barth, Fritz, Templer und andere Erweckungsbewegungen im Nördlichen Schwarzwald und weit darüber hinaus, Bad Wildbad 1997

3 Bein, Alex, Theodor Herzl, Wien 1934

4 Ben-Chorin, Schalom, (Hrsg.), Juden / Christen und Judenchristen in Palästina, (Niru-Nir Heft 4), Jerusalem 1941

5 **Bengel, Johann Albrecht, Sechzig erbauliche Reden über die Offenbarung Johannis, Stuttgart 1758**

6 Bidermann, Willi, Vom Schwarzwald ins Heilige Land, Horb am Neckar 1990

7 Bitzer, Karl, Rückschau ins gelobte Land, Stuttgart 1968

8 Carmel, Alex, Die Siedlungen der württembergischen Templer in Palästina 1868-1918, Stuttgart 1973

9 Bloch, Jochanan, Judentum in der Krise – Emanzipation – Sozialismus – Zionismus, Göttingen 1966

10 **Böttcher, W., Die Zukunft Israels und der Christenheit - Israels Bekehrung, Berlin 1848**

Blumenfeld, Kurt, Im Kampf um den Zionismus, Stuttgart 1976

11  Carmel, Alex, Christen als Pioniere im Heiligen Land,
    Basel 1981

12  Dürr, Friedrich, Chronik der Stadt Heilbronn, Bd. I,
    741 – 1895, Heilbronn 1986

13  Dürr, Friedrich, Chronik der Stadt Heilbronn 1896 – 1921,
    Bd. II, Heilbronn 1986

14  Ehmer, Hermann, Bengel in Russland, Ein Beitrag zur
    Rezeptionsgeschichte von Johann Albrecht Bengels Geschichts-
    theologie (Blätter für Württembergische Kirchengeschichte,
    Stuttgart 1994)

15  Ehmer, Hermann, Kleine Geschichte der Evangelischen Kirche
    in Württemberg,
    Leinfelden-Echterdingen, 2008

16  Eichstaedt, Volkmar, Bibliographie zur Geschichte der Judenfrage,
    Hamburg 1938
    Eisler, Jakob, Der deutsche Beitrag zum Aufstieg Jaffas
    1850 – 1914 – Abhandlungen des Deutschen Palästina-Vereins,
    Bd. 22, Wiesbaden 1997

17  Eisler, Jakob,Deutsche evangelische Mission in Jerusalem im
    19. Jahrhundert, in: Jahrbuch Mission 2000

18  Eisler, Jakob, Die Erkundungsreise der Templer nach Palästina
    im Jahre 1858, Stuttgart 2004
    Eisler, Jakob, Kultureller Wandel in Palästina, Epfendorf 2003

19  Eißler, Hans, Wegbereiter für Israel. Aus der Geschichte der
    Anfänge 1850 – 1950,
    Metzingen 2001

20  Erb/Bergmann, Die Hepp-Hepp-Krawalle von 1819,
    Berlin 1989

21  Festreden, gehalten beim 50jährigen Synagogen-Jubiläum
    am 21. Mai. Israelitische Gemeinde Heilbronn

22  Föll, Renate, Sehnsucht nach Jerusalem,
    Zur Ostwanderung schwäbischer Pietisten,
    Tübingen 2002

23 Franke, Hans, Geschichte und Schicksal der Juden in Heilbronn, Heilbronn 1963

**24 Friedrich, Johann Jakob, Glaubens und Hoffnungsblick des Volkes Gottes in der antichristlichen Zeit, 1800**

25 Gidal, Nachum T., Die Juden in Deutschland von der Römerzeit bis zur Weimarer Republik, Gütersloh 1988

**26 Graetz, H., Geschichte der Juden, Magdeburg 1860**

27 Haigis, Peter und Hummel, Gert, Schwäbische Spuren im Kaukasus - Auswanderungsschicksale, Metzingen 2002

28 Heman - Harling, Geschichte des jüdischen Volkes seit der Zerstörung Jerusalems, Stuttgart 1927

29 Herzl, Theodor, Der Judenstaat, Zürich 2006

**30 Hess, Moses, Rom und Jerusalem – Die letzte Nationalitätenfrage, Paris 1862**

31 Heyer, Friedrich, Kirchengeschichte des Heiligen Landes, Stuttgart 1984

32 Kalischer, Zwi Hirsch, Drischath Zion, oder Zions Wiederherstellung, aus dem Hebräischen übersetzt von Dr. Popper, Berlin 1905, 2. Auflage

33 Karnatz, Bernhard (Hrsg.), Palästina und wir – Festschrift zum hundertjährigen Bestehen des Jerusalemvereins, Berlin 1952

34 Kickel, Walter, Das gelobte Land, München 1984

**35 Küpfer, (Pfarrer), Was hältst Du von Israels Rettung?, Straßburg 1862**

36   Krupp, Michael, Zionismus und Staat Israel,
     Gütersloh 1983

**37   Lange, Friedrich, Geschichte des Tempels,
     Jerusalem / Stuttgart 1899**

38   Leibbrandt, Georg, Die Auswanderung aus Schwaben
     nach Russland 1816-1823 (Schriften des Deutschen
     Auslandsinstituts Stuttgart),
     Stuttgart 1928

39   Mayer, Oskar, Die Geschichte der Juden in Heilbronn,
     Festschrift, Heilbronn 1927

40   Neill, Stephen, Geschichte der christlichen Missionen,
     Erlangen 1990 (2)

**Oetinger, Friedrich Christoph, Biblisches und
Emblematisches Wörter-Buch,
Stuttgart 1776**

Parkes, James, Die Judenfrage als Weltproblem,
Duisburg 1948

41   Pulzer, Peter G. J., Die Entstehung des politischen
     Antisemitismus in Deutschland und Österreich 1867 bis 1914,
     Gütersloh 1966

42   Rabenau, Eitel-Friedrich von, Die deutschen Ansiedlungen in
     Palästina, (Palästina und Wir, Festschrift zum hundertjährigen
     Bestehen des Jerusalemvereins),
     Berlin 1952

43   Raheb, Mitri, Das reformatorische Erbe unter den Palästinensern,
     Gütersloh 1990

44   Rennstich, Karl, „...nicht jammern, Hand anlegen!", Christian
     Friedrich Spittler Leben und Werk, Metzingen 1987

45   Rohrbach/Schmidt, Judenbilder, Reinbeck 1990

**46   Roi, Joh. F.A. de le, Die evangelische Christenheit und die
     Juden, (Schriften des Institutum Judaicum in Berlin, Nr. 9,
     Bd. I Berlin 1891 Bd II) Berlin 1892**

47  Roi, Joh. F.A. de le, Judentaufen im 19. Jahrhundert, (Schriften des Institutum Judaicum in Berlin, Nr. 27), Leipzig 1899

48  Rose, Emily C., Als Moises Kaz seine Stadt vor Napoleon rettete, Stuttgart 1999

49  Schneller, Ludwig, Vater Schneller, Leipzig 1925

50  Schrenk, Viola, Pfarrer Eduard Lamparter (1860-1945) im Streit um Judenmission und Antisemitismus, Württembergs Protestantismus in der Weimarer Republik, Stuttgart 2005

51  Schrenk, Viola, „Seelen Christo zuführen" Die Anfänge der preußischen Judenmission, Berlin 2007

52  Stegemann, Ekkehard W. (Hrsg.), 100 Jahre Zionismus, Stuttgart 2000

53  Schäfer, Gerhard, Kleine Württembergische Kirchengeschichte, Stuttgart 1964

54  Stilling, Heinrich, Das Heimweh, Bd.1, Frankfurt u. Leipzig 1794

55  Stilling, Heinrich, Das Heimweh, Bd.2-4, Marburg 1794-1796

56  Stilling, Heinrich, Der Schlüssel zum Heimweh, Frankfurt und Leipzig 1805

57  Strobel, August, Conrad Schick - Ein Leben für Jerusalem, Fürth 1988

58  Strobel, August (Hrsg.), Jahrbuch des Deutschen Evangelischen Instituts für Altertumswissenschaft des Heiligen Landes, Fürth i.B. 1989

59  Vischer, Wilhelm, Der neue Staat „Israel und der Wille Gottes, Basel 1953

60 Wolf, Philipp, Zur Geschichte der evangelischen Judenmission im Bayern des 19. Jahrhunderts - Zwischen Hoffnung und Enttäuschung, (Zeitschrift für bayerische Kirchengeschichte, Jgg. 54, Nürnberg 1985)

61 Zak, Alexander, Jüdische Säkularisierung, in: (Juden / Christen und Juden-Christen in Palästina, Hrsg. Schalom Ben-Chorin, Jerusalem 1941)

62 Zwink, Eberhard/Trautwein, Joachim, Geistliche Gedichte und Gesänge für die nach Osten eilenden Zioniden.
1817 (Blätter für Württembergische Kirchengeschichte 1994)

## Gesangbücher

**63 Davidisches Psalterspiel der Zionskinder,
Frankfurt am Main 1753**

**64 Geistliche Gedichte und Gesänge für die nach Osten
eilenden Zioniden.
1817 (siehe Zwink/Trautwein)**

**65 Zions-Harfe,
Cannstatt 1778**

66 Evangelisches Gesangbuch
der Württembergischen Landeskirche,
Stuttgart 1996

# Zeitschriften / Zeitungen

| | |
|---|---|
| AZJ | „Allgemeine Zeitung des Judentums",<br>Leipzig ab 1837 |
| O | „Der Orient",<br>Leipzig ab 1840 |
| SW | „Süddeutsche Warte",<br>Ludwigsburg ab 1845 |
| J | „Jeschurun",<br>Frankfurt/M. ab 1855 |
| NNM | „Neueste Nachrichten aus dem Morgenlande",<br>Berlin ab 1857 |
| WT | „Die Warte des Tempels",<br>Ludwigsburg ab 1877 |
| BaZ | „Der Bote aus Zion",<br>Jerusalem ab 1884 |
| W | „Die Welt" – Zentralorgan der Zionistischen Bewegung,<br>Wien ab 1897 |
| P | „Palästina",<br>Berlin ab 1902 |
| AN | „Altneuland" Monatsschrift,<br>Berlin ab 1904 |
| JW | „Jerusalemer Warte",<br>Jerusalem ab 1912 |
| SaH | „Saat auf Hoffnung"(SaH),<br>Leipzig und Dresden ab 1863 |

[„Habazeleth" – Hebräische Zeitung, Jerusalem ab 1869]

[„Hazewi" – Hebräische Zeitung, Jerusalem ab 1884]